倖存的女孩

The Last Girl

My Story of Captivity,
and My Fight Against
the Islamic State

我被俘虜、以及
逃離伊斯蘭國的日子

為保護當事人身分，文中部分人物的姓名和個人特徵皆經過變更。如與任何存活或亡故者雷同，純屬巧合而非刻意。

茲以本書獻給每一個亞茲迪人

目次

父親巴賽・穆拉德・塔哈年輕時。

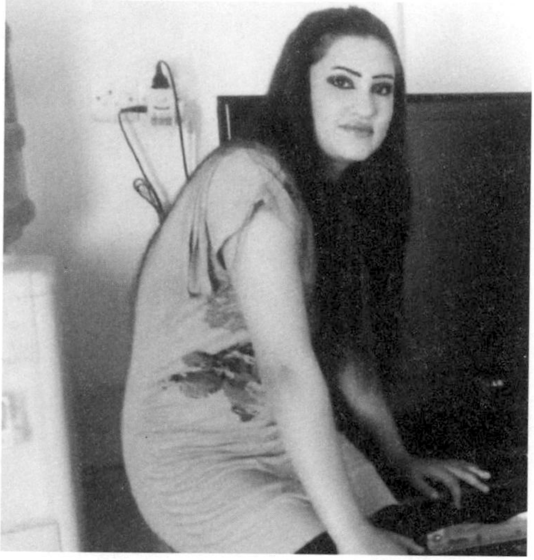

姪女凱薩琳在2013年一場婚禮上。

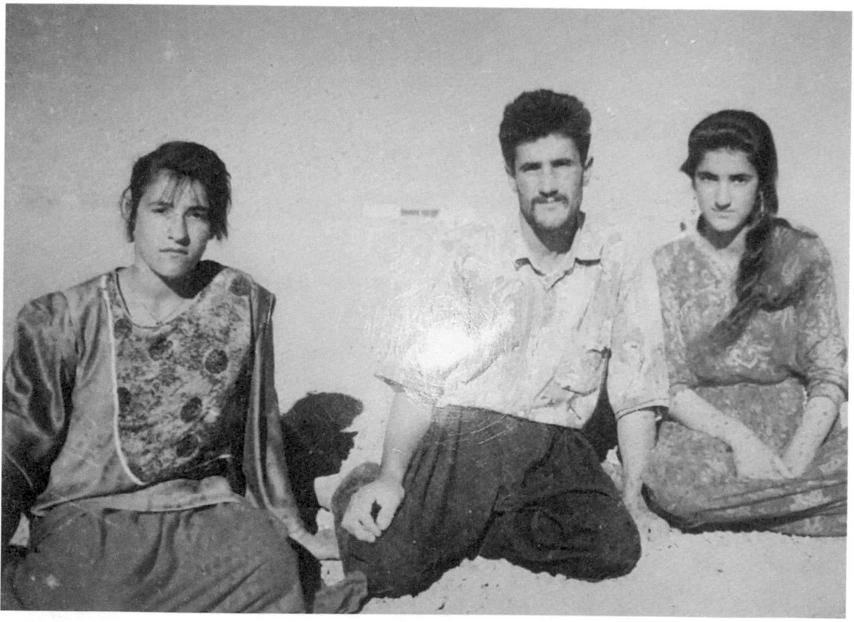

左起：姊姊艾德姬、哥哥賈洛、姊姊狄瑪兒。

左起：嫂嫂塞斯特、姊姊艾德姬、哥哥凱里、姪女芭蘇、姊姊狄瑪兒、姪女瑪伊莎和我在2011年合影。

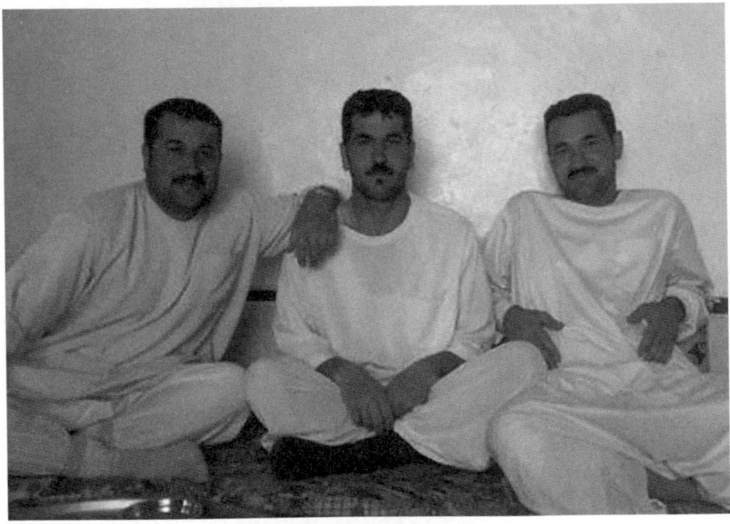

左起：哥哥馬蘇德、沙烏德和赫茲尼。

母親在孫子的婚禮上。

吉蘭和赫茲尼2014年結婚當天。

赫茲尼開父親的牽引機，後面載我和凱薩琳（左邊）。

後排左起順時針：嫂嫂吉蘭、嫂嫂莫娜、母親、姪女芭蘇、姊姊艾德姬、姪女娜卓、凱薩琳、瑪伊莎和我，2014年在克邱家中合影。

同父異母的哥哥哈吉。

我的胞兄和同父異母的哥哥在2014年合影。後排左起：赫茲尼、一個鄰居、同父異母的哥哥哈雷德、胞兄薩伊德。前排左起：同父異母的哥哥瓦利德、胞兄沙烏德和我。

2011年和同學在學校。

我的母親夏美。

伊拉克北部
二〇一四年八月到九月
伊朗
庫德民主黨活動地區
伊拉克庫德斯坦自治區
艾比爾
蘇萊曼尼亞
吉爾庫克
庫德愛國聯盟活動地區

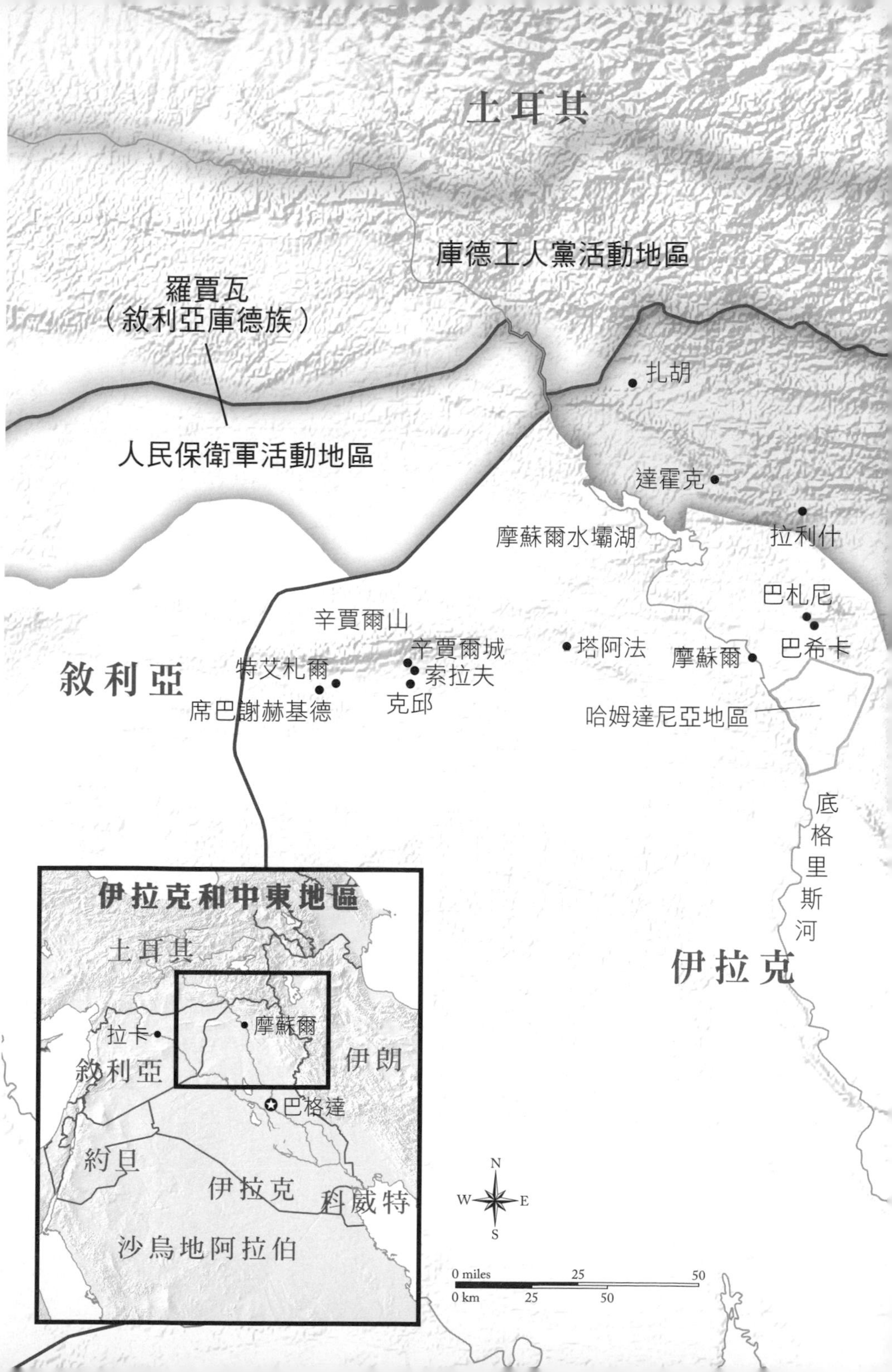
土耳其
庫德工人黨活動地區
羅賈瓦
（敘利亞庫德族）
人民保衛軍活動地區
扎胡
達霍克
拉利什
摩蘇爾水壩湖
巴札尼
巴希卡
辛賈爾山
辛賈爾城
塔阿法
摩蘇爾
特艾札爾
索拉夫
席巴謝赫基德
克邱
敘利亞
哈姆達尼亞地區
底格里斯河
伊拉克
伊拉克和中東地區
土耳其
拉卡
摩蘇爾
敘利亞
伊朗
巴格達
約旦
伊拉克
科威特
沙烏地阿拉伯
N
W
E
S
0 miles
25
50
0 km
25
50

中文版獨家收錄

作者專訪

你是亞茲迪（Yazidi）人，是種古老一神教的一分子，你可以說說你的宗教嗎？當今世界上大概有多少亞茲迪人？

二〇一四年以前，即伊斯蘭國開始針對亞茲迪人實行種族滅絕之前，我們在全世界大約有一百萬人。亞茲迪人大多住在辛賈爾（Sinjar）、尼尼微平原（Nineveh Plain）和達霍克省（Duhok），也就是伊拉克北部拉利什（Lalish）附近地區。拉利什是我們的聖地，也是其他聖堂之所在。我們是個小社群，過著簡單的生活。

亞茲迪教（Yazidism）沒有聖書，其傳統和信仰都是透過數千年來的口耳相傳。我們的故事代代相傳，神如何創造世界和七名天使，每一名各有不同任務。就人類而言，最重要的天使叫塔烏西．美雷克（Tawusi Melek），是他開啟創造的過程，先是塵世，接著產生我們所見的一切。塔烏西．美雷克賦予亞當，也就是第一個人類生命，在此之後仍是我們和神之前的聯繫。我們相信轉世，相信我們在塵世的情誼會在來世幫助我們，特別是來世的兄姊，他們會在我們死後於神的面前替我們辯護。

千百年來，我們的故事都被刻意曲解，並用來壓迫我們。殺傷力最大的謊言是塔烏西・美雷克實為墮落天使，我們崇拜他就等於崇拜惡魔。但在亞茲迪教，我們並不信仰邪惡勢力，我們的口說傳統也完全沒有這種論調。伊斯蘭國入侵辛賈爾時，就說我們崇拜惡魔，且因為我們沒有聖書，就是不信神者。但從小到大，我身邊亞茲迪人的信仰都與善行密不可分，例如施捨食物給需要的民眾，和安慰服喪的人。亞茲迪教讓我的族人成為箭靶，但也是亞茲迪教維繫了我們的生命。

你說已有數十萬名亞茲迪人因伊斯蘭國流離失所。他們現在住在哪裡？他們，包括你在內，如今過著什麼樣的生活？

多數因伊斯蘭國而流離失所的亞茲迪人，在伊拉克庫德斯坦（Kurdistan）的難民營裡生活。那是伊拉克北部庫德族（Kurds）的半自治區。營區裡的生活很安全，雖然安全是最重要的，但生活也極為艱困。男人很難找到工作，孩子要上學也很困難。難民的生活看似完全靜止。今年，當伊拉克國軍從伊斯蘭國手中解放亞茲迪人的地區，包括我的故鄉克邱（Kocho），難民營裡的民眾希望能回家。但辛賈爾仍有衝突，這次是庫德族和伊拉克的軍隊在爭奪區域控制權，因此辛賈爾仍不夠安全穩定，我們還回不去。

其他人，例如我和姊姊狄瑪兒，則離開伊拉克前往德國。我們很感激德國在我們最需要時收容我們，讓我得以從事人權運動的工作，也讓狄瑪兒能夠為她自己開拓新的人生，但我好想回伊拉克。在克邱被解放後，我曾回去數個小時。那是一次痛苦到極點的旅行。我的村子被占領的好戰分子摧毀了；我們家已成瓦礫堆。但我還是求那些跟我一起去的人，包括我的朋友，亞茲達（Yazda）的共同創辦人穆拉德．伊斯邁爾，讓我在克邱多待一會兒，幾分鐘也好。我的心在克邱，而一如多數亞茲迪人，在我能永遠回家之前，仍覺得自己不完整。

你和你的嫂嫂是透過地下網絡逃脫伊斯蘭國俘虜的亞茲迪人。你可以跟我們談談這些網絡嗎，在網絡中運作的人，包括你的哥哥赫茲尼，有危險嗎？

伊拉克和敘利亞各地都有人努力營救亞茲迪婦女和女孩，有的成功，有的失敗。在《倖存的女孩》中，我想特別提出幾種亞茲迪人逃離奴役的方式。就算現在已經有很多人投入其中，例如從受害者的家人、庫德族自治政府官員，到要付錢的計程車司機或伊斯蘭國的內線，但每一次援救都不一樣，而安排救援行動是令人暈頭轉向的事。我哥赫茲尼是許多放棄正常生活的希望來協助同胞逃離伊斯蘭國的亞茲迪人之一。

這些亞茲迪人不僅為此目標奉獻所有，也為每一個他們試圖營救的生命付出情感。我們的社群很小；透過家人、學校或朋友，被害人很容易和赫茲尼、穆拉德或其他亞茲達成員建立連結。我在書裡講到我的姪女凱薩琳，她在逃出伊斯蘭國期間喪命。當時是赫茲尼協助安排她的偷運事宜，而現在他每天都在思念凱薩琳，覺得要為她的死負責，就算他已經為了救她竭盡所能。雖然受害者和赫茲尼或亞茲達沒有親屬關係，但對他們來說，她們的自由仍是生死攸關的大事。一個亞茲迪女孩被俘，就是我們全體族人被俘。

在《倖存的女孩》最後，你寫道：「現在我明白，那些對我所犯的罪行，我生來就注定被它們包圍。」這句話是什麼意思？

雖然我不認為自己被俘虜的經歷所定義，亞茲迪人也不是；但我會成為今天這樣的女子和社運人士，確實是因為那場種族滅絕。我知道，伊斯蘭國對我族人的所作所為，已經形塑了我的人生。

你為什麼如此強烈地認為不僅要在戰場對抗伊斯蘭國，也要上法庭呢？

光在軍事上摧毀伊斯蘭國是不夠的。為了讓世界看清他們的真面目，他們需要在國際法庭上為種族滅絕和違反人權等罪行負起刑責。這是讓亞茲迪人繼續過我們的日子、弔慰我們的死者，以及重建我們失去一切的唯一途徑；也是避免種族滅絕再次發生的不二法門。如果不設法阻止另一場像盧安達或辛賈爾這樣的大屠殺，我們要國際法庭何用？一次判例就足以告誡好戰分子：二十一世紀的世界重視生命與人性勝過權力與恐懼，而我們不僅能夠保護最脆弱的人，也將不顧一切保護最脆弱的人。

克邱在二〇一七年五月底從伊斯蘭國手中解放，你也在六月回去過。你見到了什麼？你的村民會回去嗎？

克邱遭到破壞，但仍有家的感覺。就算我家幾乎什麼都不剩，但我一穿過那些門，仍然好想留下來。我想把碎石和灰燼清掃乾淨、重新建造房屋。待在德國這麼遠的地方是種煎熬。我不僅希望回克邱過我的人生，也知道在回家之前，我無法真正為那些被伊斯蘭國殺害的家人和朋友哀悼。

短時間內我的村民應該很難回去，雖然大家都像我一樣期待。現在我們四散各地，而且官員告訴我們那裡還是太危險，不宜回去。看起來，就算伊斯蘭國走了，亞茲迪人的未來仍混沌未明。我們可以說服國際社群為亞茲迪人在那裡建立一個安全地帶嗎？多數亞茲迪人相信，沒有國際保護和新的安全管理體系，他們將無法回歸故里。國際有力人士會像一九九〇年代幫助庫德族那樣幫助我們嗎？伊斯蘭國已將伊拉克撕裂成百萬碎片。只要安全情況許可，我就會回克邱去；世上沒有其他地方能讓我生命完整。但如果世界和國際社群忘了尚未停止的種族滅絕，以及伊拉克仍繼續分崩離析，我可能永遠沒辦法回家。

伊拉克最近籲請國際社群協助調查伊斯蘭國對亞茲迪人所犯之罪行。你認為，這是落實正義的一大步嗎？

很高興伊拉克政府終於請求聯合國協助調查伊斯蘭國的罪行，而安全理事會在九月二十一日回應，該會已通過歷史性決議，將成立國際調查小組蒐集伊斯蘭國在伊拉克的犯罪證據。這就是我的律師艾瑪·庫隆尼、亞茲達組織和我一年多來努力的目標。

雖然伊斯蘭國正在戰場上吃敗仗，受害者仍需要正義才能療癒及和解。還有許多事情要做，比如監督安理會如何進行實地調查；但我還是欣然接受，這項決議是一連串過程的第一步，但願正義能為我的族人和所有伊斯蘭國的受害者伸張。

有什麼我們一般人幫得上忙的地方嗎？

亞茲迪人的迫害是仍未結束的重要議題，世界必須密切關注。目前仍有一千多名亞茲迪女孩和婦女被伊斯蘭國俘虜。我不敢想像她們的經歷。我在伊斯蘭國手中的遭遇將持續糾纏我一輩子。某種程度上，那個創傷就是我現在的人生。但我很幸運；我很快就脫逃了，並得到好心人家的幫助。我始終沒有被送出國界到敘利亞。雖然危險，但我的脫逃終究是成功了。

首先，一般人可以聆聽想傾訴自身遭遇的亞茲迪人說話，並尊重不想或不能分享故事的亞茲迪人。他們必須敞開心胸傾聽種族滅絕的各個面向，不僅是女性的性奴役，了解這場悲劇已深及我們社群的每一個角落，一有機會，他們必須告訴政治人物、聯合國、新聞記者和任何有能力幫助的人，還有數萬亞茲迪人在難民營過著麻木不仁的生活，還有超過一千名女性和孩子仍被俘，而我們的家園仍飽受威脅。這個世界有道德義務協助亞茲迪人撤出伊拉克，或提供他們能繼續生活的安全環境。

世人必須認識亞茲迪人是誰，必須了解，世界各地的少數族群，不論人口多麼少，都該有發言權、該被保護。我相信有愈多人認識我們，我的孩子和他們的孩子就愈不會活在種族滅絕的恐懼中。

推薦序

艾瑪・庫隆尼（Amal Clooney）
人權律師

娜迪雅・穆拉德不只是我的委託人，還是我的朋友。在倫敦經介紹認識時，她問我能否擔任她的律師。她解釋，她無法提供資金，而訴訟可能相當漫長且無勝算。但她說，在你決定之前，聽聽我的故事。二〇一四年，伊斯蘭國攻擊娜迪雅在伊拉克的村莊，於是，還是二十一歲學生的她，人生毀了。她眼睜睜看著母親和兄長被強行拖走處死，她自己則被伊斯蘭國戰士賣來賣去。她被迫祈禱，被迫盛裝打扮讓人強姦，一天晚上甚至被一群男人凌虐到不省人事。她給我看她被菸燙和毆打的傷痕，還告訴我，從頭到尾，伊斯蘭國的好戰分子都叫她「骯髒的不信神者（nonbeliever）」，並揚言征服亞茲迪所有女性、讓她們的宗教從地球徹底消失。

娜迪雅是數千名被伊斯蘭國俘虜進而在市場及臉書（Facebook）販賣的女性之一——賣價有時低到二十美元。娜迪雅的母親跟其他八十名年長女性被處死，並被埋進無名墳墓。她的六個哥哥則在同一天和數百名男性一起遇害。

娜迪雅告訴我的這些已屬於種族滅絕。種族滅絕並非偶然發生，必須得事先計畫。在展開種族滅絕前，伊斯蘭國的「研究調查與法特瓦部」[1]已研究過亞茲迪人，他們斷定：亞茲迪人做為說庫德語的族群，卻沒有聖書，即是不信神者，將其奴役不過是「伊斯蘭教法（Shariah）中已肯定確立的一部分。」這就是為什麼，依據伊斯蘭國扭曲的道德觀，亞茲迪人——不同於基督徒、什葉派等等——可以「有系統地」被強暴之因。確實，這是摧毀他們最有效的辦法。

接踵而至的是以產業規模建立起的邪惡官僚制度。伊斯蘭國甚至發行名為《對待俘虜和奴隸問答》（*Taking Captives and Slaves*）的小冊子來提供更多指導方針。「問：是否允許和未達青春期的女性奴隸性交？答：若該名少女適合性交，則允許和未達青春期的女性奴隸性交。問：是否允許販賣女性俘虜？答：允許買賣或贈送女性俘虜和奴隸，因為她們只是財產。」

娜迪雅在倫敦告訴我她的故事時，伊斯蘭國針對亞茲迪人進行的種族滅絕已近兩年。數千名亞茲迪婦孺仍在伊斯蘭國手裡，卻沒有任何伊斯蘭國成員在世界任何地方的法庭因這些罪行被起訴。證據不是失落就是湮滅中。正義的希望渺茫。

當然，我接下了這個案子。而娜迪雅和我花了一年多的時間，戮力為正義奮戰。我們多次和伊拉克政府、聯合國代表、聯合國安理會（UN Security Council）成員和伊斯蘭國的受害者會面。我編纂報告、提供草稿和法律分析、發表演說，懇求聯合國採取行動。跟我們對話的人大多告訴我們這不可能：安理會已經很久很久沒有出面對國際正義展開行動了。

但就在我寫這篇前言的時候，聯合國安理會已正式通過一項指標性的決議：成立調查小組蒐集伊斯蘭國在伊拉克的罪證。這對娜迪雅和伊斯蘭國的受害者而言是重大的勝利，因為這意味證據將被保存、伊斯蘭國的個別成員可送交審判。決議無異議通過之際，我和娜迪雅並肩坐在安理會現場。看到十五隻手高高舉起，我們不禁相視而笑。

身為人權律師，我的工作通常是代替聲音被壓抑的人發言：牢裡的新聞記者，或上法庭奮戰的戰爭罪受害者。伊斯蘭國綁架、奴役、強暴和凌遲娜迪雅，並一天殺掉她七名家人，無疑是要她噤聲。但娜迪雅拒絕沉默。她反抗人生貼給她的所有標籤：孤兒、強姦受害者、奴隸、難民。她反過來創造新的身分：生還者、亞茲迪領導人、女權倡議者、諾貝爾和平獎提名人、聯合國親善大使，以及新銳作家。

在我認識她的這段期間，娜迪雅不僅找回自己的聲音，還為每一個遭受種族滅絕迫害的亞茲迪人、每一名受虐婦女、每一個被棄之不顧的難民發聲。

那些以為施暴就可讓她靜默不語的人，他們錯了。娜迪雅．穆拉德的精神沒有崩潰，聲音不會減弱。而且，透過這本書，她的聲音將比之前更響亮。

二〇一七年九月

1 譯註：法特瓦（Fatwa）即伊斯蘭教令，指伊斯蘭教士針對議題所做的宗教性詮釋。

第一部

第一章

二〇一四年初夏，正當我忙著準備高中最後一年的課業，兩個農民在克邱（Kocho）外圍失蹤。克邱是位於伊拉克北部、亞茲迪人（Yazidi）居住的小村落，我在這裡出生，直到不久前，也以為自己一輩子會住在那裡。這一刻，兩個男人還靜靜徜徉在自家粗製的柏油帆布底下，下一刻，就被囚禁在附近一個村子的小房間。那個村子主要住著遜尼派阿拉伯人。除了農人，綁匪還帶走一隻母雞和好幾隻小雞，這讓我們大惑不解。「也許他們只是餓了。」我們對彼此這麼說，但那無法使我們安下心來。

在我活著的這些年，克邱一直是亞茲迪人的村落，游牧的農人和牧羊人率先來到這個窮鄉僻壤，決定在此建立家園來保護妻子不受沙漠酷熱之苦，也讓綿羊有更好的草地蹓躂。他們選擇的土地位於伊拉克辛賈爾（Sinjar）地區的最南端，適合畜牧，卻十分危險：伊拉克的亞茲迪人口大多住在辛賈爾地區，但其南端已非常接近非亞茲迪的伊拉克。當第一批亞茲迪家庭於一九五〇年代初期抵達克邱，此地住著為摩蘇爾（Mosul）地主工作的遜尼派阿拉伯農人。但那些亞茲迪家庭聘了一位律師買下這片土地——那名本身是穆斯林的律師仍被視為英雄——而在我出生的時候，克邱已發展到約有兩百戶人家，眾人的感情如同大家庭般親密，其實，說我們是同一個大家族也不為過。

這片讓我們獨一無二的土地，也使我們易受攻擊。因宗教信仰之故，亞茲迪人已被迫害數個世紀，而相較於多數亞茲迪城鎮和村落，克邱離高大險峻、屏障我們好幾代的辛賈爾山甚遠。長久以來，我們一直被遜尼派阿拉伯人和遜尼派庫德族（Kurds）水火不容的勢力拉扯、被要求拋棄亞茲迪傳統、認同庫德族或阿拉伯人的身分。二〇一三年時，克邱與山區之間的道路還沒鋪好前，我們得開將近一個鐘頭的白色Datsun小貨車，在塵土飛揚中穿過辛賈爾城才能抵達山麓。成長期間，我離敘利亞人比我們的聖殿更近，離陌生人比安全更近。

驅車前往山區是快樂的事。在辛賈爾城，我們可以找到糖果和在克邱吃不到的一種羔羊肉三明治，而我父親幾乎每次都會停車讓我們恣意採買。我們的貨車行駛時會揚起陣陣塵土，但我仍喜歡躺在露天的車板上，直到開出村子、遠離好奇的鄰居，再跳起來感覺風撲打著頭髮，並且沿途欣賞牲畜進食的朦朧景致。我很容易看到入迷，在貨車後面愈站愈挺，直到父親或大哥艾里亞斯對我咆哮：我再不小心，就要飛出去了。

在相反的方向，遠離羔羊肉三明治和山區的安適，是伊拉克其他地區。承平時期，如果沒在趕路，亞茲迪商人可能會從克邱開車十五分鐘到最近的遜尼派村莊賣穀物或牛奶。我們在那些村子有幾位朋友：婚禮上遇到的女孩、這學期借宿克邱學校的老師、獲邀在男嬰行割禮時抱他們的男人——我們此後便和那個亞茲迪家庭關係緊密，成為「kiriv」，類似代父母的角色。穆斯林的醫師會在我們生病時到克邱或辛賈爾城看診，穆斯林的商人會開車到鎮上各處兜售連衣裙和糖果，或其他你在克邱為數甚少、大多只賣必需品的店裡找不到的東西。以往，我的兄長時常去非亞茲迪的村莊打零工賺點錢。

數百年來的不信任，是彼此關係的負擔——如果婚禮上有穆斯林的賓客拒絕吃我們的食物，無論有多委婉，你很難不覺得難受——儘管如此，雙方仍保有真誠的友誼。這樣的關係維持了好幾代，歷經鄂圖曼土耳其的控制、英國殖民、薩達姆．海珊（Saddam Hussein）和美國占領時期。在克邱，我們特別出名的一點，就是和遜尼派村莊關係密切。

但當伊拉克發生戰鬥（伊拉克似乎老是在打仗），那些村莊的陰影就會往我們這些小小的亞茲迪鄰居籠罩過來，古老的偏見輕易硬化成了仇恨。仇恨，往往會跟隨暴力。至少過去十年，自從伊拉克人和美國人在二〇〇三年開戰，進而惡化成更激烈的地方性戰鬥、最後催生出羽翼豐滿的恐怖主義，我們家鄉之間的距離就變得遙遠。附近的村子開始藏匿極端分子，他們譴責基督徒和非遜尼派穆斯林，甚至視亞茲迪人為「卡菲勒」（*kuffar*，單數為*kafir*），意指值得殺的不信神者。二〇〇七年，一些極端分子駕駛一部油罐車和三輛汽車，進入克邱西北方十哩兩座亞茲迪城鎮忙碌的中心區，引爆炸死數百位向車奔去的民眾——很多人以為車子是載運物品來市場販售的。

亞茲迪教（Yazidism）是古老的一神教，靠聖者口頭傳播我們的故事。雖然和中東地區許多宗教，包括密特拉教（Mithraism）、瑣羅亞斯德教（Zoroastrianism）、伊斯蘭教和猶太教都有雷同之處，但它確實獨樹一格，連把故事背得滾瓜爛熟的聖者都可能覺得困難。我會把我的宗教想像成一棵已有數千圈年輪的老樹，每一圈都在訴說亞茲迪人漫長歷史的某個故事。令人傷心的是，許多故事都是悲劇。

今日，世上只有大約一百萬個亞茲迪人。只要我還活著——我知道，早在我出生很久很久以前——我們的宗教就賦予了我們定義、將我們凝聚成命運共同體。但這也讓我們成為較大的族群迫害目標，從鄂圖曼人到海珊的復興黨員（Baathist），人人攻擊我們、試圖脅迫我們對他們效忠。他們詆毀我們的宗教、說我們崇拜惡魔、骯髒齷齪、要求我們放棄自己的信仰。亞茲迪人熬過一代接一代以及意欲殲滅我們的攻擊行動，無論是殺害我們、強迫我們改變信仰，或逼使我們離開自己的土地、奪走我們擁有一切的行動。二〇一四年以前，外來強權共試圖摧毀我們七十三次。以前我們把那些攻擊亞茲迪人的敕令行動稱作「*firman*」，一個鄂圖曼詞語，後來，我們學到「種族滅絕」一詞。

一聽到兩名農人的贖金，全村陷入恐慌。「四萬美元。」綁匪在電話裡告訴農人的妻子。「或者帶你的孩子來，你們全家一起皈依伊斯蘭教。」否則，他們說，兩人會沒命。讓兩個妻子在我們的「mukhtar」，即村長艾哈邁德．賈索面前潰堤的不是錢；四萬美金當然是天價數目，但那只是錢。我們都知道，兩名農人寧死也不會改宗，所以在一天深夜，男人破窗逃跑、穿越大麥田在家現身，還活著，膝蓋以下全是塵土而心有餘悸地喘氣時，村民無不如釋重負、喜極而泣。但綁架並未就此停止。

沒過多久，我家人雇用的男子迪山，在辛賈爾山附近的原野看顧綿羊時被擄走。我們的綿羊可是我的母親和兄長花了很多年時間購買飼育的，每一隻都與眾不同。我們以這些動物為傲，當成寵物一般對待；沒在村外漫遊時，動物就住在我們的庭院。一年一度的剪羊毛本身就是慶典。我喜歡那項儀式，喜歡柔軟羊毛飄落地面宛如雲堆，喜歡瀰漫我家的麝香味，喜歡聽綿羊順從地咩咩輕叫。母親夏美會將羊毛塞進五顏六色的布料做成厚重的被子，我最愛蓋著睡覺。有時我會深深依戀某隻小羊而必須在牠的宰殺之日離家，不忍卒睹。在迪山被綁走的時候，我們家擁有一百多隻綿羊——對我們來說，那可是一小筆財富。

猶記得那兩個農人被劫持時，母雞和小雞也一起被帶走，我哥薩伊德趕緊跳上小貨車，衝往辛賈爾山下（道路鋪好後大約要開二十分鐘），查看我們的綿羊。「想也知道，羊一定被帶走了。」我們呻吟道：「那些羊是我們的一切欸。」稍後，薩伊德打電話給家母時，聽起來很困惑。「只有兩隻被帶走。」他報告：一隻行動緩慢的年邁公羊和一隻年幼的母羊。其他都滿足地在棕綠色的草地上吃草，並會跟著我哥回家。我們不覺莞爾，鬆了口氣。但我的大哥艾里亞斯卻憂心忡忡。「我不懂。」他說：「那些村民並不富有。他們為什麼不把綿羊帶走？」他認為其中必有蹊蹺。

迪山被擄走的隔天，克邱陷入混亂。村民擠在自家門前，夥同輪流在村子圍牆外的檢查哨站崗的男人，密切注意每一部進入克邱的陌生車輛。我一個哥哥赫茲尼原本在辛賈爾城當警察，這天也回家和其他村裡的男人會合。他們高聲爭論該做什麼。迪山的叔叔想要報復，決定率領一批人馬到克邱東邊一個由保守派遜尼部落領導的村子。「我們會把他們的兩個牧羊人帶回來。」他怒不可抑地宣布：「這樣他們就非放回迪山不可！」

這是高風險的計畫，不是每個人都支持迪山的叔叔。就連從我父親那兒遺傳到戰鬥的英勇和敏捷的哥哥們也意見分歧。只比我大兩歲的薩伊德經常幻想有朝一日終能證明自己的英雄氣概。他支持報復。比我大十多歲、在我們之中最富同理心的赫茲尼則認為那樣太危險。儘管如此，迪山的叔叔仍帶了他找得到的助手去，抓了兩個遜尼派阿拉伯牧羊人，把他們載回克邱，鎖在他家裡，等待。

村裡大部分的爭端都由我們務實又民主的村長艾哈邁德．賈索解決，這次他站在赫茲尼那邊。「我們和遜尼派鄰居的關係已經夠緊張了。」他這麼說：「誰知道如果我們試圖跟他們逞兇鬥狠，他們會作何回應。」此外，他也警告，克邱村外的情勢遠比我們想像中險惡及複雜。一個自稱伊斯蘭國、在伊拉克境內生根而過去幾年在敘利亞成長茁壯的組織，已經占領數個離我們非常近的村落，那些身穿黑衣開卡車經過的人就是了。村長告訴我們，是他們擄走我們的牧羊人。艾哈邁德這樣對迪山的叔叔說，「你這樣只會讓事情更糟。」於是，遜尼派牧羊人被挾持不到半天就被放回去了。但迪山仍未獲釋。

艾哈邁德・賈索是聰明人，而賈索家族有長達數十年和遜尼派阿拉伯部落周旋談判的經驗。村裡每個人遭遇困難都會向他們求助，在克邱村外，他們也以處事圓滑機敏著稱。然而，我們當中有些人懷疑，這一次他是不是太委曲求全，反而向恐怖分子傳遞亞茲迪人不會自我保護的訊息。目前，夾在我們和伊斯蘭國之間的是伊拉克的庫德族戰士，人稱「敢死軍」(peshmerga)，他們是在近兩個月前摩蘇爾淪陷時，從庫德族自治區調派過來守衛克邱的。我們把敢死軍當貴賓對待。他們在我們的學校裡打地舖，每週都有不同人家宰殺小羊犒賞他們，這對貧窮的村民來說可是相當大的獻祭。我也非常尊敬那些戰士。我還聽說有來自敘利亞和土耳其的庫德族女性挺身對抗恐怖主義，還攜帶武器，一想到她們，我就覺得勇敢。

有些人，包括我幾個哥哥，認為我們應當有自衛的權利。他們希望在檢查哨配置人手，艾哈邁德・賈索的兄弟納伊夫則試著說服庫德族當局讓他成立亞茲迪的敢死軍分隊，但沒人理他。沒有人願意訓練亞茲迪人，或鼓勵亞茲迪人加入對抗恐怖分子的戰鬥。敢死軍向我們保證，只要他們在這裡，就沒什麼好擔心的，而他們會像捍衛伊拉克庫德斯坦（Kurdistan）首都一樣堅定地捍衛亞茲迪人。「我們寧可丟掉艾比爾（Erbil）也不會讓辛賈爾淪陷。」他們信誓旦旦，要我們信任他們，而我們信任了。

儘管如此，多數克邱人仍會擺武器在家中，例如沉重的AK步槍、一兩把通常用來在節日宰殺動物的大刀。許多亞茲迪男人，包括我年紀夠大的哥哥，都在二〇〇三年職缺出來後擔任邊界巡邏或警察的工作，而我們深信，只要有專業人員守衛克邱邊界，我們的男人就能保護家人。畢竟是這些人而非敢死軍，在二〇〇七年攻擊事件後徒手用泥土興築一道圍繞村落的障礙，是克邱的男人日夜巡邏邊界整整一年，在臨時檢查哨攔車、留意陌生人，直到我們覺得夠安全而能回歸正常生活為止。

迪山被擄走的事情讓我們全都驚慌失措。但敢死軍未給予任何協助。可能他們認為這只是村民間的小爭執，而跟庫德斯坦自治政府總統馬蘇德．巴爾札尼（Masoud Barzani）派他們離開安全無虞的庫德斯坦、進入伊拉克未設防地區一事無關。也有可能他們跟我們一樣害怕。有些士兵看起來沒比我媽最小的兒子薩伊德大多少。戰爭會改變人，特別是男人。沒多久前，薩伊德還跟我和姪女凱薩琳在院子裡玩，還不知道男孩不該喜歡洋娃娃。但最近，薩伊德已對席捲伊拉克和敘利亞的暴力深深著迷。有一天我瞥見他在看手機裡伊斯蘭國斬首的影片。他一邊顫抖，一邊看著影片，而更令我驚訝的是，他竟高舉手機，讓我也看得到。哥哥馬蘇德走進房間時火冒三丈，「你怎麼可以讓娜迪雅看那個！」他對薩伊德大叫，薩伊德畏縮了。他很抱歉，但我理解，那些駭人場景的事發地點離我們家那麼近，很難轉頭不看。

一想到我們可憐牧羊人被俘虜的事，那段影片的畫面就猛然浮現腦海。**要是敢死軍不幫我們討回迪山，我得做些什麼**。我這麼想，一邊跑回家裡。我是家中老么、排行十一名兄弟姊妹之末，還是女孩。但我直言不諱、會表達意見，而此時我覺得憤怒如排山倒海。

我家位於村子的北端，是一排一層樓的泥磚房間，像一條項鍊的珠子般排列，由沒有門的通道連接，通道也連到大院子，那兒有菜園和我們稱作「坦都」(tandoor)的烤麵包窯，通常也有綿羊和雞隻。我和母親、八個哥哥之中的六個、兩個姊姊和兩個姊夫及他們的孩子同住，走路就可抵達我另兩個哥哥、同父異母的兄弟姊妹及大部分姑姑叔叔和其子女的住處。冬天下雨時屋頂會漏水，夏天室內則可能感覺跟爐灶一樣，迫使我們爬樓梯上屋頂睡覺。每當有一部分屋頂塌落，我們會拿從馬蘇德的機械工廠撿來的金屬片修補，而當我們需要更多空間，我們就增建。我們正為新家省吃儉用，希望能有水泥磚造、更堅固耐久的屋子。一天又一天，我們離新家愈來愈近。

我從前門進屋，跑到和其他女孩共用的房間，房裡有面鏡子。我包了一條淡色頭巾，就是我平常彎腰種菜時避免頭髮遮住眼睛的那條。我試著想像戰士會為戰鬥做什麼準備。多年務農的勞動讓我的身體比外表看起來強壯。但我仍不知道，如果看到綁匪或隔壁村的人開車穿過克邱，我該做些什麼？跟他們說什麼？「恐怖分子把我們的牧羊人帶到你們村子去了。」我對著鏡子練習，怒氣騰騰，「你們可以阻止他們。至少可以告訴我們他被帶到哪裡去了。」我從院子的角落抓來一根木棒，就像牧羊人用的那種，然後回到前門，幾個哥哥跟我媽正站在那裡講話。他們幾乎沒注意到我。

幾分鐘後，一部來自綁匪村落的白色小貨車沿主幹道而來，兩個男人在前座，兩個在後。我依稀認得他們是擄走迪山的那個遜尼部落的阿拉伯人。我們看著他們的貨車緩緩爬下泥土路，蜿蜒穿過村子，慢條斯理，彷彿毫無畏懼。他們沒有理由非經過克邱不可，繞村而過的路也到得了辛賈爾和摩蘇爾等城市。他們出現在這裡，好像在奚落我們似的。我從家人之中衝出去，跑到馬路中央，擋在貨車前面。「停車！」我大叫，在頭頂揮舞木棒，試著讓自己看起來更碩大，「告訴我迪山在哪裡！」

結果出動了半數家人才能阻止我。「你以為自己在幹什麼？」艾里亞斯怒斥，「攻擊他們？打破他們的擋風玻璃？」他和其他哥哥才剛從田裡回來，筋疲力竭，散發採收洋蔥的臭味。對他們來說，我企圖為迪山報仇之舉就像小孩子亂發脾氣。我媽也很氣我跑到馬路中間。在正常情況下她會容忍我使性子，甚至被我的脾氣逗樂，但那段日子大家都繃得很緊。讓自己引人注意似乎很危險，尤其是年輕未婚女性。「過來這裡，坐下。」她嚴厲地說：「你這麼做很丟臉欸，娜迪雅，這沒你的事。男人會處理。」

日子繼續過。伊拉克人，尤其是亞茲迪人和其他少數民族，皆善於適應新的威脅。如果你想要在一個看似隨時會分崩離析的國家過接近正常的生活，就不得不如此。有時調適相對輕微。我們就按比例縮小夢想，完成學業的夢想、放棄農務改做其他較輕鬆工作的夢想、婚禮準時舉行的夢想，而我們都知道，那些夢想原本就遙不可及。有時候，調適是在沒有人注意的情況下循序漸進發生，我們在學校會停止和穆斯林學生說話，或者如果有陌生人進村子，我們會被拉進屋內，只因為擔心受怕。我們看著電視上攻擊事件的新聞，開始對政治更感憂慮。或者我們會完全不管政治，覺得保持沉默最安全。在每一次攻擊後，男人會增建克邱外圍的土牆，開始加蓋西側面敘利亞的土牆，直到某天一覺醒來，發現我們已經完全被牆圍住。然後，因為我們仍覺得不安全，男人又在村子周圍挖了壕溝。

我們會一代一代逐漸習慣輕微的痛苦或不公不義，直到習以為常而不放在心上。我想像這就是我們已然接受的某些侮辱，例如我們的食物遭到拒絕的原因；當初第一個察覺的人，八成覺得自己好像犯了什麼罪。就連一道道敕令的威脅，亞茲迪人也習慣了，雖然那種調適更像扭曲。令人心痛。

在迪山仍被俘的情況下，我和手足回到洋蔥田。那裡一如往常。數個月前栽種的蔬菜已經長大；如果我們不摘採，沒有人會摘採。如果不把洋蔥賣出去，我們就沒有錢。所以我們在糾結的綠芽前跪成一排，用力地從土裡一把一把拉出球莖，用編織的塑膠袋收集起來，放在那裡等它們成熟再拿去市場賣。今年我們要拿去穆斯林村落賣嗎？我們備感疑惑，但無人能夠回答。每當有人拉出一顆又黑又臭、汙泥般的腐爛洋蔥，我們會痛苦呻吟、摀住鼻子，然後繼續幹活。

因為這是平常就在做的事，我們會閒聊、互相取笑、說大家都聽過一百萬遍的故事。家姊艾德姬是全家的開心果，回想我追車那天的情景：一個瘦到皮包骨的農家丫頭，頭巾垂落眼前，在頭頂揮舞木棒；我們全都笑得前俯後仰，差點摔到土裡去。我們把這項工作當成遊戲，比賽誰採收最多洋蔥，就像數個月前比賽誰播下最多種子那樣。當夕陽西下，我們就回家跟母親一起在院子裡吃晚餐，然後肩靠肩睡在屋頂的墊子上，一邊賞月，一邊說悄悄話，直到睏倦使全家人徹底安靜。

我們要在將近兩週後，伊斯蘭國占領克邱和辛賈爾大部分地區後，才明白綁匪為什麼要偷走那些動物——母雞、小雞和兩隻綿羊。一名協助將所有克邱居民趕進村裡中學的好戰分子，後來跟村裡一些女性解釋綁架事件。「你們說我們不知從哪裡冒出來，但我們有傳遞訊息給你們唷。」他邊說邊耍著步槍，「我們帶走母雞和小雞是在告訴你們，我們將帶走你們的女人和小孩。帶走老公羊，就像帶走你們的部落頭子，而當我們殺掉那隻公羊，就意味我們計畫殺死那些頭子。至於幼小的母羊嘛，指的就是你們女孩囉。」

第二章

我媽媽很愛我，但她當初其實不想生我。在懷我前幾個月，她一有機會就存錢——東省西省、上市場找的零錢、偷賣番茄賺的錢——花在她不敢要求我父親做的避孕措施。亞茲迪人不會跟不信亞茲迪教的人結婚，也不允許外人皈依亞茲迪教，所以建立龐大的家族是保證不會斷後的最佳方式。何況，你擁有愈多孩子，田裡的人手就愈充裕。我媽設法買了三個月的避孕藥，把錢花光了，然後，差不多馬上懷了我，她第十一個、也是最後一個小孩。

她是家父的第二任妻子。家父的第一任妻子早逝，留給他尚需女人協助養育的四個小孩。美麗的家母出身自克邱一個貧窮但虔誠的人家，她的父親相當樂意把她送給家父當妻子。那時家父已經擁有一些土地和動物，相對克邱其他居民富裕。所以在她二十歲生日前、甚至還沒學會做菜前，家母就成為妻子和四個孩子的繼母，而她自己也隨即懷孕。她沒上過學，不會讀寫。一如許多以庫德語為母語的亞茲迪人，她不大會說阿拉伯語，只能勉強和來鎮上參加婚禮或經商的阿拉伯村民溝通。就連我們的宗教故事，她也無法理解。但她工作勤奮，一手包辦農人妻子要擔下的許多工作。生產十一次還不夠，除了我雙胞胎哥哥沙烏德和馬蘇德的那次危險分娩，每一次都在家裡生。懷孕的亞茲迪女性還要搬木柴、栽種作物、開牽引機到分娩的那一刻，就連產後也要帶著小孩工作。

在克邱一帶，家父是出了名非常傳統又虔誠的亞茲迪男人。他的頭髮綁了長辮子，頭包了一條白布。每當「*qawwal*」，即吹長笛、打鼓、吟讚美詩的巡迴宗教教師訪問克邱，家父是歡迎他們的代表之一。他是「jevat」，即集會所的重要意見人士，在那裡，男性村民齊聚一堂，和村長討論社區面臨的問題。

不公義比任何肉體損傷更令父親痛苦，而他的傲骨是他力量的源泉。與他親近的村民都喜歡傳揚他的英勇事蹟，例如他曾從某個決意殺害我們村長的鄰近部落手中救出艾哈邁德・賈索。還有一次，某位遜尼派阿拉伯部落領袖擁有的昂貴阿拉伯馬奔逃出馬廄，而家父用手槍保護克邱的貧窮農人卡拉夫，還被人看到在附近的原野騎著其中一匹。

「你的父親總是想做對的事。」在他過世後，他的朋友這麼告訴我們。「有一次他讓一個逃脫伊拉克軍隊的庫德族叛軍睡在家裡，就算因此把警察引入家門。」故事繼續：當叛軍被發現，警察想把兩個人一併打入監牢，但家父靠口才擺脫困境。「我不是因為政治幫助他，」他告訴警察：「我幫助他是因為他是男子漢，我也是男子漢。」於是他們就放他走了。「結果那名叛軍是馬蘇德・巴爾札尼的朋友！」父親的朋友回憶道，事隔多年仍覺得神奇。

家父不是惡霸，但必要時不惜動手。他在田裡一場意外失去一隻眼睛，而眼窩裡留下的東西——一顆乳白色小球，很像我小時候玩的彈珠——可能讓他看起來凶神惡煞。從那時起我常想，要是伊斯蘭國來克邱時父親還活著，他一定會揭竿起義，反抗恐怖分子。

一九九三年，也就是我出生那年，我父母親的關係破裂，而家母受盡苦楚。父親第一任妻子的長子在幾年前的兩伊戰爭喪命，家母告訴我，此後事情就急轉直下。父親帶了另一個女人莎拉回家，跟她結婚，讓她跟兩人的孩子住進那棟家母一直認定歸她所有的房子。重婚在亞茲迪教並不違法，但在克邱，並非人人都能全身而退。不過當時沒有人質疑父親。娶莎拉的時候，父親擁有大筆土地和大批綿羊，何況在與伊朗交戰和國際制裁的時期，任何人在伊拉克都難以生存，而他需要一個大家庭，比家母所能提供更大的家庭來幫他的忙。

至今我仍覺得很難批評父親娶莎拉的事。如果你的生存與一年種植番茄的數量，或花在帶羊群去更好草地的時間直接相關，就能理解他為什麼想要再娶個老婆、生更多孩子。那並非滿足私欲。但後來，當他正式離開家母，把我們統統趕出原本的房子，到後方一小棟建物生活時，我了解他娶二房並非全是務實考量。他愛莎拉勝過母親。我接受那個事實，一如我相信當他第一次帶新妻子回家時，母親的心一定碎了一地。在父親離開我們後，母親會跟我和兩個姊姊狄瑪兒和艾德姬說：「請神庇佑，發生在我身上的事不會發生在你們身上。」我希望自己樣樣都像母親，唯獨不想被拋棄。

我的兄長就沒有那麼諒解了。「神會要你為此付出代價的！」馬蘇德曾這麼對父親咆哮。但連他們也不得不承認，家母和莎拉不要住在一個屋簷下、爭奪父親關注的日子比較輕鬆；幾年之後，我們已學會如何共存。克邱很小，我們常見到他和莎拉。我每天上小學的路上都會經過他們的房子，也就是我出生的地方；他們養的狗是那條路上唯一跟我夠熟而不會吠叫的狗。我們會聚在一起過節，有時父親也會開車載我們去辛賈爾城或山區。二〇〇三年他心臟病發，我們全都親眼看著強壯的父親一下子變成重病的老人，得住院和坐輪椅。幾天後他過世了，除了心臟病，也好像因不堪身孱體弱而羞愧死似的。馬蘇德後悔曾對他大吼大叫。他以為父親堅強到什麼都能承受。

家母是篤信宗教的女人，對許多亞茲迪人用來解釋現在或預測將來的徵象和夢境深信不疑。每逢新月乍現天際，我會看到她在院子裡點蠟燭。「這是孩子最脆弱、最容易生病和發生意外的時候。」她解釋：「我在祈禱你們不會發生那樣的事情。」

我常肚子疼，而每次肚子疼，母親就會帶我去找亞茲迪的治療師，他們會給我草藥和茶，就算我討厭那些味道，她也會逼我喝；而每當有人死去，她會拜訪「*kochek*」，亞茲迪的神祕主義者，他會協助確認死者已進入來世。亞茲迪人的聖堂位於伊拉克北部的拉利什山谷（Lalish），而許多朝聖者在離開拉利什之前會取一些土壤包在一小塊布裡，折成三角形，放在口袋或皮夾當護身符。我媽身上一定有那樣的聖土，特別是在我哥離家赴軍隊工作之後。「娜迪雅，他們需要得到保護，愈多愈好。」她會這麼說：「他們做的事情非常危險。」

她也務實而勤奮，竭盡所能讓我們過更好的生活。亞茲迪人是伊拉克最窮的一群人，而就算以克邱的標準來看，我家也算窮的，特別是雙親離異之後。多年來，我的哥哥們會徒手掘井，一寸寸優雅地放低身子進入濕而帶硫磺的地下，小心謹慎，以免骨折。他們也跟我媽和我姊一起去別人家的土地耕作、採收番茄和洋蔥而只分得小部分的利潤。我人生的頭十年，晚餐很少有肉吃，主要以燙蔬菜為食，而我哥常說他們都要等長褲破到露出腿才會買新的。

慢慢地，拜我媽辛苦工作和二〇〇三年後伊拉克北部經濟成長所賜，我們的情況，以及大部分亞茲迪人的情況都有所改善。在中央政府和庫德政府開放職缺給亞茲迪人後，我的兄長紛紛從事邊界衛哨和警察的工作。那很危險，但待遇不薄。我哥賈洛加入的塔阿法（Tal Afar）機場警衛隊，成立第一年就在戰鬥中折損大半人員。過了幾年，我們終於能從父親的土地搬到自己的房子了。

那些只知道我媽信仰虔誠、工作勤奮的人，會很驚訝原來她很風趣，以及能夠幽默看待自己的艱苦。她愛開玩笑，會惡作劇，而且生冷不忌，就連她幾乎確定不會再婚的事實也不忌諱。在她和家父分開數年後，某天有個男人造訪克邱，希望贏得家母的青睞。當她聽說他人在門口，便抓了根柴枝追著他跑，叫他滾蛋，說她永遠不會再婚。回到家裡後，她放聲大笑，「你們該去看看他有多驚恐！」她告訴我們細節，還模仿他的樣子，把我們逗得哈哈大笑，「就算我要結婚，也不會嫁給一個會被拿柴枝的老太婆趕跑的男人！」

她什麼事都可以拿來開玩笑，被父親拋棄可以、我沉迷髮型和化妝可以、她自己的失敗也可以。她從我出生前開始上成人識字課，而當我長得夠大，我開始當她的家教。她學得很快，我想，這有一部分是因為她能對自己犯的錯一笑置之。

當她講到在懷我前設法避孕的事，好像在講她許久前在一本書裡讀到的故事，而她只愛那故事的笑點。她不願意懷我生我的笑點在於因為現在的她無法想像沒有我的日子。她會笑是因為她在我出生的那一刻就深深愛上我，也因為我每天早上都會在她烤麵包時待在土窯旁一邊取暖，一邊跟她說話。我們會笑是因為每當她寵我姊或姪女而不寵我時我都會吃醋，因為我發誓永遠不會離開家裡，也因為從我出生那天起我們就睡同一張床，直到伊斯蘭國來到克邱把我們拆散。她是我們的母親，同時也是我們的父親，而當我們長到夠大、了解她究竟蒙受多少苦難之後，對她的愛又更深了。

我從小就深深依戀我的家，從沒想過到別的地方生活。在外人心目中，克邱可能窮到無法快樂，與世隔絕、土地貧瘠到除了赤貧外什麼都沒有。美國士兵一定有這種印象，因為他們一來到這裡，孩子就一擁而上，跟他們乞討筆和糖果。我也在那些要東西的孩子之中。

庫德族的政治人物偶爾會來克邱，不過那是最近幾年的事，也大多在選舉前才來。二〇〇三年後，庫德族的政黨之一，巴爾札尼的庫德民主黨（Kurdistan Democratic Party，簡稱ＫＤＰ）在克邱成立一間只有兩個房間的小辦公室，但似乎主要做為隸屬該黨村民的俱樂部使用。很多人私下抱怨庫德民主黨對他們施壓，要他們支持該黨、說亞茲迪人屬庫德族、辛賈爾是庫德斯坦的一部分。伊拉克政治人物對我們視而不見，之前海珊曾試著逼迫我們說自己是阿拉伯人，好像我們一受威脅就會放棄原有的身分認同，而一放棄身分認同就永遠不會造反似的。

某種程度上，光是住在克邱，就是一種違抗。一九七〇年代中期，海珊開始強迫包括庫德族和亞茲迪人在內的少數民族遷出原本的村鎮，住進計畫社區內的煤渣磚房屋以利管控，人稱伊北「阿拉伯化」（Arabization）運動。但克邱離山區夠遠而不在計畫內。在那些新社區逐漸過時的亞茲迪傳統，在我的村落欣欣向榮。婦女仍和祖母一樣穿白紗衣裙、戴白頭巾；精心籌備的婚禮會演奏傳統亞茲迪音樂、跳傳統亞茲迪舞；我們仍為過失齋戒贖罪，而很多亞茲迪人都放棄這項習俗了。這裡安全而關係親密，就連土地或婚姻糾紛，最後也都大事化小。至少那些都不會衝擊我們對彼此的愛。村民可以毫無畏懼地夜訪彼此住家和在街上行走。我曾聽到訪客說，夜晚時從遠處遙望，克邱在黑暗中閃閃發光。艾德姬發誓曾聽到有人形容克邱是「辛賈爾的巴黎」。

克邱是個年輕的村落，滿村都是孩子。這裡的居民鮮少年長到親眼見過敕令，因此很多人都以為那段日子已經過去，世界已經現代化，已文明開化，不會再有一整個族群只因宗教信仰就被滅絕。我知道我也曾那樣想。我們像聽民間故事一般聽過往的屠殺事件長大，而那些故事讓我們更團結。一個故事中，家母一名友人敘述她和母親及姊姊逃離土耳其之壓迫。土耳其曾有許多亞茲迪人居住，而她們被困在一個洞穴裡好幾天沒東西吃，靠她母親煮皮革維生。這個故事我聽過好幾次，每次聽都覺得胃在翻攪。我覺得自己寧願餓死也不會吃皮革，那只是個故事罷了。

誠然，克邱的生活可能非常艱難。那麼多小孩，無論爸媽有多愛他們，仍是爸媽的負擔，爸媽必須夜以繼日地工作來撫養家人。當我們生病而無法靠草藥治癒時，就必須帶去辛賈爾城或摩蘇爾看醫生。需要衣服時，那些衣服是由母親一針一線親手縫製，或者，在我們家境稍好一點後，一年上城裡的市場購買一次。在聯合國為了迫使海珊下台而對伊拉克實施經濟制裁的年代，我們曾因買不到糖而哭。當村裡終於開始興建學校，先是小學，多年後也建了中學，爸媽得衡量讓孩子受教育而不留在家裡工作的利弊得失。長久以來，一般亞茲迪人沒有受教育的權利，伊拉克政府不允，宗教領袖也不允，因為他們擔心公立學校教育會鼓勵異族通婚，進而導致改宗和喪失亞茲迪的身分認同。而對爸媽來說，放棄免費的勞力是莫大的犧牲。至於受教育會有什麼樣的未來，做什麼樣的工作，那些又在哪裡？爸媽並不知道。克邱沒有工作，而永遠離鄉背井、告別其他亞茲迪人的生活，僅吸引絕望透頂或野心勃勃的人。

爸媽的愛也很容易變成痛苦的源頭。在田裡的生活很危險，意外頻傳。家母強調，當她姊姊在自家的小麥田中央摔出疾行的牽引機、當場被活活輾死的剎那，她就從女孩長大成人了。疾病有時也昂貴得無法治療。我哥賈洛和妻子珍南因珍南家族的遺傳性疾病一連失去好幾個寶寶。他們窮得買不起藥，也沒辦法帶寶寶去看醫生，於是，八個孩子有四個早夭。

離婚也帶走我姊狄瑪兒的孩子。在亞茲迪社會，一如伊拉克其他社會，一旦婚姻終止，無論事因為何，女性都沒有什麼權利。也有孩子死於戰火。我在第一次波斯灣戰爭兩年後、兩伊戰爭結束五年後出生。為時八年的兩伊戰爭是場無意義的爭鬥，似乎只為了滿足海珊折磨人民的欲望。我們再也見不到那些死於戰火的孩子，但回憶像鬼魂一樣在屋裡徘徊不去。我爸在他的長子被殺時剪去自己的辮子，而雖然我有個哥哥以那個兒子為名，爸卻只能叫他的綽號，赫茲尼，意味「悲傷」。

我們依照收成情況和亞茲迪的節日衡量要過什麼樣的生活。季節可能相當殘酷。冬季，克邱的巷子積滿水泥一般的爛泥，會把鞋子從腳底吸走；而在酷熱的夏天，我們得在半夜拖著沉重的腳步到田裡去收成，以免白天被烈陽曬到虛脫。有時收成令人失望，一旦如此，沮喪會籠罩好幾個月，至少到播下下一輪種子才會好轉。有些時候，無論收成多寡，都賺不到足夠的錢。我們備嘗艱辛，使勁把一包一包的農作物拖去市場，讓顧客拿起蔬菜在手裡翻看，當顧客走開，我們才明白什麼賣得出去，什麼沒人買。小麥和大麥的利潤最高。洋蔥賣得掉，但利潤不多。很多年來我們索性餵牲畜吃過熟的番茄，只為擺脫過剩。

儘管如此，無論日子多艱難，我從沒想去克邱以外的地方生活。雖然巷子會在冬天積爛泥巴，但你不必走遠就能見到最愛的人。夏天固然燠熱難耐，但那意味一家人會肩並肩睡在屋頂，也可以和同樣睡在自家屋頂的鄰人談天說笑。在田裡工作很苦，但我們賺得到足夠的錢來過快樂簡樸的生活。我是這麼愛我的村子，小時候最喜歡的遊戲就是拿廢棄紙箱和少許垃圾做克邱的模型。凱薩琳和我會在模型屋子裡擺滿手工做的木頭娃娃，然後將他們配對結婚。當然，在每一場婚禮前，我都會讓木頭女娃先去我用塑膠番茄箱做的那幢精美房屋，也就是我經營的美髮沙龍。

我永遠不想離開克邱的最重要原因，是我的家人在那裡。我們自己就是一個小村落。我有八個哥哥：艾里亞斯，長兄如父。凱里是第一個冒生命危險擔任邊境衛兵、協助供養我們的哥哥。皮瑟固執、忠誠，絕不讓人欺負我們。馬蘇德長大後成為克邱最優秀的技工（也是出色足球員），他的雙胞胎弟弟沙烏德在村裡經營小便利店。賈洛對每個人推心置腹，甚至包括陌生人。薩伊德精力旺盛、調皮搗蛋，渴望當英雄；還有夢想家赫茲尼，大家爭寵的對象。我還有兩個姊姊：已為人母、安靜寡言的狄瑪兒，以及這天才吵著要哥哥讓她一個女流開我們家的小貨車、隔天又為院子裡一隻小羊暴斃泣不成聲的艾德姬，她們都還住在家裡，而我同父異母的手足哈利德、瓦利德、哈吉、納瓦夫、哈蘭姆和哈雅姆，都住在附近。

克邱是家母夏美一如世上每個好媽媽奉獻生命、確保我們衣食無虞又懷抱著希望的地方。雖然克邱不是我最後一次見到她的地方，但我每天想到她的時候，她都在這裡。就連經濟制裁的困厄年代，她也會設法滿足我們所需。沒有錢買點心，她就給我們大麥讓我們去在地商店換口香糖。買不起巡迴商人賣的衣服，她就纏到對方接受賒帳。要是有哪個哥哥抱怨負債，她會笑說：「起碼現在當他們來克邱，我們家會是他們第一個拜訪的地方！」

她在貧困中長大，從來不想要我們顯出貧窮的樣子，但村民仍希望提供幫助，行有餘力就會送少量麵粉或蒸丸子給我們。我很小的時候，母親有一次從磨坊走回家，袋子裡只有一點麵粉，她的叔叔蘇萊曼叫住她：「我知道你需要幫助。你為什麼從來不來找我？」

起初她搖搖頭。「叔叔，我們很好。」她說：「我們需要的都有。」但蘇萊曼堅持：「我有一堆多出來的小麥，你得拿一些回去。」而下一件我們知道的事情是：滿滿四大油壺的小麥被送到我們家來，足夠做兩個月的麵包。我媽對自己需要幫助深感羞恥，眼眶泛淚地告訴我們發生了什麼事，並發誓要讓我們有更好的生活。她一天天實踐諾言。她的存在令人安心，就算恐怖分子已近在咫尺。「神會保護亞茲迪人的。」她每天都跟我們這樣說。

有太多太多事情會讓我想起母親。白色。絕妙但或許不恰當的玩笑。孔雀，亞茲迪人視之為聖物，以及每當我看到孔雀的圖片，就會在腦中唸起的簡短祈禱文。二十一年來，母親是每一天的重心。每天早上她都很早起來做麵包，坐在院子裡坦都烤窯前的矮凳子，把一球一球麵糰擀平，啪的一聲貼在窯的側壁，烤到膨脹、起泡，準備好浸入碗中已融化的金黃色羊奶油。

二十一年來，我每天早上都被「啪、啪、啪」，麵糰貼上窯壁的聲音和奶油的青草味喚醒，讓我知道母親就在身邊。半夢半醒間，我會去坦都前面陪她，跟她聊天，學校啊、婚禮啊、跟哥哥姊姊吵架啊，無所不聊，冬天還會在爐火旁暖和雙手。我從小就相信蛇會在室外淋浴間的鐵皮屋頂孵寶寶。「我有聽到牠們的聲音！」我這般堅持地對她說，還模仿滑行的聲響。但她只對她最小的孩子回以微笑。

「娜迪雅是太膽小，不敢一個人洗澡啦！」兄姊這麼嘲笑我，而就算有小蛇掉到我頭上，促使我們終於改建淋浴間，我仍不得不承認，他們說的有幾分事實。我從來不想一個人。

我會一邊把剛出爐麵包的燒焦邊緣剝掉，一邊跟媽更新我的人生計畫。我原本打算在家裡開髮廊，而現在我不只想幫人弄頭髮。現在我們已經買得起村外城市裡流行的化妝墨粉和眼影，所以我想在中學教完歷史課回家後，也要幫人化妝。母親點頭表示贊同。「只要你永遠不要離開我就好，娜迪雅。」她會一邊這麼說，一邊拿布把熱騰騰的麵包包起來。「那還用說，」我總是這樣回答：「我永遠不會離開你的。」

第三章

亞茲迪人相信，神在創造人類之前，先創造了七個神聖的生物，通常稱為天使，而他們都是神的顯現。

神在用一顆珍珠般球體的碎片拼成宇宙之後，派大天使塔烏西·美雷克（Tawusi Melek）到塵世，美雷克化為孔雀的形體，用他五彩繽紛的羽毛為世界上色。然後，美雷克在塵世見到亞當，第一個人類。神賦予亞當不死和完美，而大天使質疑神的決定。美雷克指出，如果亞當會生殖，他就不能長生不死，也不能完美無瑕。他得吃神禁止他吃的小麥。神告訴天使，就聽他的，同時將世界的命運交到塔烏西·美雷克手中。亞當開始吃小麥，被逐出天堂，而後亞茲迪人的第二代便於世界誕生。

孔雀天使成為神和塵世的聯繫，也是人類和天國的連結，向神展現他的價值。我們常對塔烏西·美雷克祈禱，我們的新年慶祝他來到塵世的那一日。孔雀色彩鮮豔的形象裝飾了許多亞茲迪的人家，提醒我們，正因他神性的智慧，我們才能存在人世。亞茲迪人敬愛塔烏西·美雷克對神無止境的奉獻，也敬愛他連結了我們和唯一的神。但穆斯林伊拉克人卻基於在我們的故事裡毫無根據的理由，輕蔑孔雀天使、詆毀我們向他祈禱之舉。

說來痛心（且亞茲迪人根本不該說這些話），但伊拉克很多人一聽到孔雀天使的故事，就說我們崇拜惡魔。他們說，塔烏西．美雷克是神的大天使，跟《可蘭經》裡的魔鬼伊卜列斯（Iblis）如出一轍。他們聲稱我們的天使蔑視亞當，因此也違抗神。有些人引用多半是在二十世紀初期、由不熟悉亞茲迪口說傳統的外界學者撰寫的文本，說塔烏西．美雷克因為不肯接受亞當而被打入地獄；這不是事實。這是錯誤的詮釋，但已造成嚴重的後果。我們用來解釋信仰核心、解釋在亞茲迪教中我們視為良善之種種一切的故事，卻被別人拿來當成將我們趕盡殺絕的理由。

這是關於亞茲迪人最惡毒的謊言，但不是唯一的謊言。有人說亞茲迪教不是「真正」的宗教，因為我們沒有像《聖經》和《可蘭經》那種正式的典籍。因為我們週三不洗澡，就有人說我們骯髒，但那是塔烏西．美雷克初至塵世的日子，是我們的休息祈禱日。因為我們面對太陽祈禱，就有人說我們是異教徒。我們相信轉世，這有助於我們面對死亡和凝聚社群，但穆斯林嗤之以鼻，因為亞伯拉罕諸教都不信這個。有些亞茲迪人避吃特定食物，例如萵苣，就被人嘲笑習慣怪異。也有些亞茲迪人不穿藍色，認為那是塔烏西．美雷克的神聖色彩，人類不得使用，而就連這個選擇也遭奚落。

在克邱長大的我，對我本身的宗教所知不多。只有少數亞茲迪人生在世襲的宗教階級，即教導其他亞茲迪人宗教的教長（sheikh）和長老。到我十幾歲時，我家才有足夠的錢帶我去拉利什受洗，而我不可能常常過去向住在那裡的教長學習。攻擊和迫害使我們四散各地、人數銳減，也讓我們的故事更難口耳相傳。顯而易見，在錯誤的人手中，我們的宗教很容易被拿來對付自己人。也因為如此，我們很高興我們的宗教領袖保衛了亞茲迪教。

有些事情從亞茲迪人很小的時候就會學到。我知道亞茲迪的節日，比較了解怎麼慶祝勝過背後的神學。我知道在亞茲迪的新年，要繪彩蛋、造訪家族的墓地、在聖堂裡點蠟燭。我知道十月是最適合去拉利什的月分，那是什克汗（Sheikhan）地區的聖谷，是最重要的宗教領袖巴巴教長（Baba Sheikh）和聖殿管理者巴巴僧人（Baba Chawish）歡迎朝聖者之地。在十二月，我們會齋戒三天贖罪。亞茲迪不准教外通婚，亦不允許改宗。我們學到曾有七十三道敕令衝著亞茲迪人而來，而那些迫害的故事與我們的身分緊密交纏，就如同那些神聖的故事。我知道亞茲迪教活在生來就要保存它的男男女女心中，而我是其中一分子。

家母教我們如何祈禱，早晨面對太陽、白天面對拉利什、晚上面對月亮。這些是規則，但大多具有彈性。祈禱本該是一種自我表現，不是瑣事，更非空洞的儀式。你可以默默在心底祈禱，也可以大聲唸出來，可以獨自祈禱，也可以在團體裡祈禱，只要團體成員都是亞茲迪人。祈禱也有些連帶行為，例如親吻有些亞茲迪男女戴在手腕的紅白手鐲，或者男人會親吻他們傳統白色汗衫的衣領。

跟我一起長大的亞茲迪人大多一天祈禱三次，不管在哪裡祈禱都可以。我通常會在聖堂祈禱、在田裡祈禱、在屋頂甚至在廚房幫我媽做飯時祈禱。在背誦一些讚美神和塔烏西．美雷克的禱文後，你想說什麼都可以。「把你的煩惱告訴塔烏西．美雷克。」媽告訴我們，一邊示範動作，「如果你在擔心某個你愛的人，或者你害怕什麼事情，都可以告訴他。這些是塔烏西．美雷克可以幫助你的事情。」我過去常祈禱我自己的未來，完成學業、自己開美髮院，以及我兄姊和母親的未來。現在我則為我的宗教和人民的生存祈禱。

亞茲迪人已經這樣生活了很久：以我們的宗教為傲、甘於脫離其他社會。我們並不企求更多土地或權力，我們的宗教也沒有任何教義命令我們征服非亞茲迪人和傳播我們的信仰。外人無論如何都不能皈依亞茲迪教。但在我童年期間，我們的社區一直在變。村民買了電視，一開始滿足於國營電視，後來碟形衛星天線讓我們看得到土耳其的肥皂劇和庫德族的新聞。我們買了第一部看來好像在變魔術的電動洗衣機，不過我媽還是用手洗她的傳統白頭巾和衣物。很多亞茲迪人移居美國、德國或加拿大，建立和西方的關係。當然，我這一代也能做一件我們的爸媽作夢也想不到的事：上學。

克邱的第一所學校建於一九七〇年代海珊當政時。最高只到五年級，授課用阿拉伯語而非庫德語，而內容充斥國家主義。國家制定的課程清楚說明誰是伊拉克的要人和伊拉克人信奉哪一種宗教。我在學校讀的歷史課本裡沒有亞茲迪人存在，庫德族則被描述成國家的威脅。我讀的伊拉克歷史，開頭就是伊拉克發動的一連串戰事，讓伊拉克阿拉伯人與意欲奪走伊拉克土地的外人交火。那是一段血淋淋的歷史，意在讓我們以自己的國家和趕走英國殖民者、推翻國王的偉大領袖為傲，卻對我造成反效果。後來我想，那些書本恐怕就是鄰村加入伊斯蘭國，或在恐怖分子攻擊亞茲迪人時袖手旁觀的原因之一。念完伊拉克學校的人不會覺得我們的宗教理應得到保護，也不會覺得無止境的戰爭有啥不對或奇怪的。打從我們上學的第一天，學校就在教我們暴力了。

小時候，我的國家令我困惑不已。它看來好像自成一顆星球，由許多不同的陸地組成，而數十年的經濟制裁、戰爭、政治腐敗和占領，讓鄰居分崩離析。最北端是渴望獨立的庫德族。南方主要是什葉派穆斯林，伊拉克宗教多數，也是目前政治多數人口的家園。住在中間的是遜尼派阿拉伯人，曾在海珊擔任總統期間統治這個國家，現在則與之對抗。

那是簡單版的地圖，三條橫跨伊拉克國土、多少呈現水平的實心色帶。那排除了亞茲迪人，或把他們貼上「其他」的標籤。伊拉克的現實情況難以描繪得多，連在這裡出生的人都可能茫無頭緒。我從小到大，克邱村民不大談論政治。我們操心作物的輪替、誰要結婚、哪一隻綿羊在泌乳——來自小農村的人都了解的那種事情。中央政府除了徵募亞茲迪人幫他們打仗和加入阿拉伯復興社會黨（Baath Party）外，似乎對我們漠不關心。但我們確實思考了許多在伊拉克做為少數民族的意義，若地圖能納入那些跟亞茲迪人一樣被劃歸「其他」的族群，就會將那三條色帶打旋成五顏六色的彈珠。

在克邱的東北，若把靠近伊拉克庫德斯坦南緣的幾個點連起來，就會呈現出土庫曼（Turkmen）民族的居住地，他們是穆斯林，什葉派和遜尼派都有。基督徒——包括亞述人（Assyrian）、迦勒底人（Chaldean）和亞美尼亞人（Armenian）——有許多社區四散全國各地，特別是尼尼微平原（Nineveh Plain）。其他地方，呈點狀分布的是卡卡伊人（Kaka'i）、夏巴克人（Shabak）、羅姆人（Roma）和曼底安人（Mandaean）等小族群，非洲人和沼澤地阿拉伯人（Marsh Arab）就更不用說了。我聽說巴格達附近某處仍有一個伊拉克猶太人的小社區。宗教也和種族交融，例如多數庫德人是遜尼派穆斯林，但對他們來說，最重要的是庫德族的身分。許多亞茲迪人認為亞茲迪既是種族也是宗教身分。多數伊拉克阿拉伯人是什葉派或遜尼派穆斯林，而這種分歧已造成長年烽火不斷。這些細節鮮少出現在我們的伊拉克歷史課本中。

要從我家到學校，我得沿著一條環繞城鎮邊緣、塵土飛揚的路，先經過巴夏爾的家——她的父親亡於蓋達組織之手；再經過我出生的屋子，我爸和莎拉仍住在那裡；最後經過我的朋友瓦拉的家。瓦拉長得很漂亮，臉蛋白皙圓潤，文靜的舉止跟我的吵鬧恰好互補。每天早上她都會跟我一起走路上學。一個人走路挺糟的。很多人家都在院子裡養牧羊犬，那些碩大的動物會守在園子裡，朝每一個經過的路人鬼吼鬼叫。如果門是開的，惡犬會向我們撲過來，作勢咬人。牠們不是寵物，又大又危險，而瓦拉和我會拔腿狂奔，到學校時氣喘吁吁、汗流浹背。只有我父親的狗認得我，會放我們一馬。

我們的學校是用砂色混凝土建造的單調建築，用褪色的海報做裝飾，四周有低矮的圍牆，還有一座小而乏味的遊戲場。不論是否美觀，能夠去那裡讀書和見朋友感覺都像奇蹟。在遊戲場裡，我和瓦拉、凱薩琳會和其他一些女孩玩一種叫「*bin akhy*」的遊戲，那在庫德語的意思是「土裡」。我們會同時在土裡藏東西，彈珠、錢幣，甚至汽水瓶蓋，然後像瘋子一樣跑來跑去、在遊戲場裡挖洞，玩到老師對我們咆哮才停止，這時我們的指甲已結了一塊塊的土，回家免不了挨媽媽一頓罵。你找到的東西就是你的，玩到最後幾乎總有人淚眼汪汪。那是個古老的遊戲，連我媽都記得自己玩過。

雖然課文裡充斥著闕漏和不公，但歷史仍是我最喜歡也最擅長的科目。我最爛的是英文。我努力把書唸好，因為我知道當在我讀書的時候，兄姊可是在田裡賣命工作。我媽也窮到買不起多數同學都有揹的書包，但我從未抱怨。我不喜歡跟她要東西。

當中學還在建造時，她付不出計程車資送我去念好幾個村子以外的學校，於是我又回到田裡工作，同時祈禱我們的學校趕快蓋好。埋怨無濟於事，錢就是不會憑空出現，而我當然不是克邱唯一一個爸媽供不起赴外地就學的孩子。

一九九一年海珊入侵科威特後，聯合國對伊拉克實施經濟制裁，希望藉此限制海珊的權力。長大後，我不明白為什麼會有制裁這回事。在我們家唯二會談論海珊的是馬蘇德和赫茲尼，而那也只是為了讓抱怨電視演說或對國營電視台的宣傳翻白眼的人安靜下來。海珊試著博取亞茲迪人的忠誠，好讓亞茲迪人支持他反庫德族或幫他打仗，但他拉攏的方式是命令我們加入復興黨和叫我們阿拉伯人，而非亞茲迪人。

有時候，電視畫面中就只有海珊本人坐在書桌後面抽菸，一名留小鬍子的衛兵隨侍在側，暢談關於伊朗的故事，戰爭如何如何，他又是如何如何才智過人。「他在講什麼啊？」我們會問彼此，而每個人都聳肩。憲法完全沒提到亞茲迪人，一有反叛的跡象，就迅速遭受迎頭痛擊。有時我很想嘲笑在電視上看到的這個戴著滑稽帽子的獨裁者，但我哥告誡我不要笑。「他們在監視我們。」馬蘇德說：「講話要小心。」海珊組織龐大的情報部，到處都有眼線。

我在那段期間了解的是，在經濟制裁期間受創最深的不是政治菁英，當然也非海珊本人，而是伊拉克老百姓。我們的醫院和市場都倒了。藥品變得更貴，麵粉混了用來製造水泥的石膏。在我看來，惡化的情況在學校尤其顯著。伊拉克的教育體系曾吸引來自中東各地的學生，之後卻在經濟制裁下崩壞了。教師領不到薪水，因此就算伊拉克有近百分之五十的男人失業，也很難找到教師。在我眼中，當我開始上學時來到克邱的少數教師宛如英雄，他們住在學校，和亞茲迪的老師一起教學，所以我用功讀書做為報答。

海珊執政時，設立學校的目的昭然若揭：他希望藉由提供國家教育來奪走亞茲迪人的身分認同。

每一門課、每一本教科書都沒有提到我們、我們的家族、我們的宗教或那些不利於我們的敕令。雖然多數亞茲迪人從小講庫德語，上課卻是用阿拉伯語。庫德語是反叛的語言，亞茲迪人說的庫德語則可能被視為對國家更大的威脅。話雖如此，我仍興致勃勃地盡可能天天上學，也很快學會阿拉伯語。我不覺得學阿拉伯語或研讀不完整的伊拉克歷史就是屈服於海珊或背叛亞茲迪人；我覺得自己更有力量，也更聰明了。我在家仍說庫德語、用庫德語祈禱。傳給瓦拉或凱薩琳的紙條，也是用庫德文寫，而我永遠只會稱自己是亞茲迪人，不會有其他說法。我分辨得出來，不管我們在校學習什麼，上學都是重要的事。隨著克邱的所有孩子接受教育，我們和國家及外面世界的連結逐漸改變，社會也愈益開放。年輕的亞茲迪人熱愛我們的宗教，但也想成為世界的一部分，而當我們長大成人，我相信我們自己也會成為老師，把亞茲迪人寫入歷史課本，甚至參選國會議員，在巴格達為亞茲迪人的權益奮鬥。當時我有這種感覺：海珊想要讓我們消失的計畫，將適得其反。

第四章

二〇〇三年，父親過世前幾個月，美軍入侵巴格達。我們沒有衛星電視目睹戰爭爆發，也沒有手機跟國家其他地方聯繫，所以很慢才得知海珊有多快倒台。聯軍在往首都途中吵鬧地飛過克邱上空，使我們從睡夢中驚醒。那是我第一次親眼看到飛機。

那時我們不知道戰爭會持續多久或對伊拉克造成多大的衝擊，但用最簡單的話說，希望在海珊下台後，煮飯用的瓦斯能比較容易買到。

美國入侵後的前幾個月，我幾乎僅記得父親過世的事。在亞茲迪文化，每當有人去世，特別是死亡來得突然或來得太早時，喪事會持續很久，且動員全村。鄰居會和死者的親人和朋友一起放下正常生活。悲傷會淹沒每一戶人家、每一間商店，蔓延大街小巷，好像全村的人都喝了同一批酸掉的牛奶似的。婚禮會取消，節日慶典會移至室內，女人會把白色衣裳換成黑的。我們會把快樂當成必須防範的小偷，因為我們知道快樂有多容易拭去離去摯愛的回憶，或讓我們在該悲傷的時候忘情歡樂，所以我們會限制娛樂，電視和收音機都不會打開，無論巴格達可能發生什麼事。

家父過世幾年前曾帶我和凱薩琳到辛賈爾山慶祝亞茲迪人的新年。那是我最後一次跟父親到山裡去。我們的新年在四月，伊拉克北部的山丘閃耀淺綠色的微光，刺骨的寒冷和緩成宜人涼爽的時節，但在夏天到來之前，熱就會像高速巴士悄悄接近了。四月是對豐收滿懷希望的月分，也代表將有好幾個月可徜徉戶外、睡屋頂、從又冷又擠的屋裡解脫。亞茲迪人與大自然關係密切。自然孕育我們，保護我們，而當我們死去，我們的肉體會變回泥土。我們的新年提醒著我們這點。

在新年，我們會拜訪那年家裡出外牧羊、把綿羊趕得更靠近山區、從這片草地蹓到那片草地讓羊兒吃飽的人。這種工作趣味盎然。牧羊人會睡在戶外，蓋著手織毯子。他們的生活簡單，有很多時間思考，沒什麼需要憂慮。但這也是累人的工作，遠離家裡和家人，而在他們愈來愈想家的時候，在克邱的我們也思念著他們。我媽離家照顧羊群的那年，我在念中學，而我心煩意亂到每一門課都不及格。「沒有你我跟瞎了一樣。」她回來時我這麼告訴她。

跟父親共度的最後一個新年，我和凱薩琳坐貨車後面，父親和艾里亞斯坐前座，從後視鏡監看著，確定我們沒做什麼輕率之舉。風景匆匆而過，濕潤的春草和黃色的小麥如浮光掠影。我們手牽著手閒聊，捏造這天事件的浮誇版本，好拿來跟在家等候的孩子炫耀。就他們而言，我們不必下田、不必上學和工作，真是爽翻了。當貨車沿路奔馳，凱薩琳和我差點彈出車外，而捆綁在車斗裡、我們旁邊的羔羊是我們見過最大的一隻。「我們吃了好多糖果。」回家後我們這麼炫耀，看他們羨慕的表情，「我們跳了一整晚的舞，要睡覺時外面天都亮了。你們該親眼瞧瞧的。」

真正的事實其實相去不遠。父親很少對我們渴望的糖果說不，而在山腳下，和牧羊人的團聚永遠讓人開心。那隻真的跟我們一起搭貨車過來的羔羊，這時會由父親宰殺、女人烹煮，柔嫩、可口，而我們全都跳了亞茲迪的舞蹈，手拉著手圍成大圓圈旋轉。在羔羊吃得差不多、音樂關掉後，我們睡在帳篷裡，四周築了蘆葦做的籬笆擋風。天氣比較溫和時，我們就拆掉籬笆，以天空為帳。那是簡單的隱居生活。你只需要擔憂身邊的人事物，而那些近在咫尺，觸手可及。

我不知道父親會對美國進犯伊拉克和推翻海珊之事作何感想，但我希望他活得夠久，看得到伊拉克轉變。庫德族歡迎美軍，協助他們進入伊拉克，更對罷黜海珊的主意欣喜若狂。那名獨裁者已將矛頭對準庫德族數十載，一九八〇年代晚期，他的空軍曾在他自稱的安法爾戰役（Anfal Campaign）中試圖使用化學武器消滅庫德人。那次種族清洗讓庫德族吃了秤砣鐵了心，盡一切可能保衛自己、抵抗巴格達政府。正因安法爾戰役，美國人、英國人和法國人分別在庫德族的北部和南部的什葉派地區設置禁航區，而此後庫德族就非常樂意當他們的盟友。時至今日，庫德族仍稱二〇〇三年的美國入侵為「解放」，也視之為徹底轉變的開端：從受盡欺凌的小村落搖身變成飯店與石油公司林立的大型現代化城鎮。

總的來說，亞茲迪人歡迎美國人，但對於海珊下台後的生活，就不像庫德族那麼有把握了。經濟制裁已使我們和其他伊拉克人生活困頓，而我們都知道海珊是對伊拉克行恐怖統治的獨裁者。但於此同時，在復興社會黨執政下，在克邱的我們仍能信奉我們的宗教、耕耘我們的土地和組織家庭。我們跟遜尼派阿拉伯人的家庭來往密切，尤其是我們視為和家庭關係緊密的代父母，而我們的孤立教會我們珍惜這些連結，我們的貧窮告訴我們務實重於一切。巴格達和庫德族首府艾比爾似是與克邱相隔遙遠的世界。富有的庫德族和阿拉伯鄰人所做唯一對我們要緊的決定，是不管我們，放我們自生自滅。

話雖如此，美國人所給關於就業、自由和安全的承諾，很快讓亞茲迪人完全倒向他們。美國信得過我們是因為我們毫無理由效忠任何被他們視為敵人的人，於是我們很多男人去擔任翻譯，或和伊拉克或美軍共事。海珊被逼得躲起來，後來被找到而判處絞刑，他的復興黨機構隨之瓦解。遜尼派阿拉伯人，包括克邱附近的鄰居，失去在這個國家的權力，而在辛賈爾的亞茲迪人地區，原由遜尼派阿拉伯人擔任的警察和政治人物都換成庫德人。

辛賈爾是一塊爭議領土，戰略上靠近摩蘇爾和敘利亞，也可能富含天然氣，因此巴格達和庫德斯坦都說辛賈爾是他們的。一如吉爾庫克，伊拉克東部另一塊爭議領土，庫德族的政黨認為辛賈爾是他們廣大庫德族故土的一部分。據他們的說法，沒有辛賈爾，庫德族的國家——如果他們獨立建國的話——就不完整。二〇〇三年後，在美國的支持下，隨著遜尼派阿拉伯人不斷失去財富和權力，和庫德民主黨結盟的庫德族人開心地前來填補辛賈爾的真空。他們成立政治事務機構、派黨員擔任機構人員。隨著遜尼族暴動愈演愈烈，他們在我們路上的檢查哨配置人手。他們告訴我們，海珊叫我們阿拉伯人是不對的，我們一直是庫德人。

在克邱，二〇〇三年後的轉變甚鉅。兩年後，庫德人開始興建手機基地台，下課後，我會和朋友到村外看著那巨大的金屬建築，像摩天大樓從我們的農田拔地而起。「克邱終於要和世界連結了！」我的哥哥們高興地說。很快，大部分的男性和少數女性都有手機了。碟型衛星天線安裝在屋頂，意味不再只能收看敘利亞電影和伊拉克國營電視台，而海珊的行軍和演說已從客廳消失。我的叔叔是村裡頭一批拿到碟型衛星天線的人，他一裝好，我們就大舉湧入他家客廳看看有什麼可以看。我哥搜尋新聞，特別是庫德族的頻道，我則迷上一部劇中主角一下愛一下不愛的土耳其肥皂劇。

我們都抗拒叫自己阿拉伯人，但我們是庫德人的說法，較容易為一些人接受。許多亞茲迪人覺得較親近庫德人，畢竟有相同的語言和種族淵源，何況辛賈爾在庫德族進駐後的進步有目共睹，就算那其實跟美國較有關係。軍隊和安全部隊的職務突然對亞茲迪人開放，我還有一些哥哥和堂表兄弟遠赴艾比爾在旅館和餐廳工作；而每天似乎都有新的旅館和餐廳在蓋。那裡很快塞滿來自伊拉克其他地方的石油員工和觀光客，來此尋找較涼爽的氣候、可靠的電力或暫時逃離肆虐國土其他地區的暴力。我哥沙烏德在庫德斯坦西部的達霍克（Duhok）附近從事營建工作，操作水泥攪拌機。他會帶庫德族的故事回家，說他們跟阿拉伯人一樣，瞧不起亞茲迪人。但我們仍需要錢。

凱里開始擔任邊境衛兵不久後，赫茲尼成為辛賈爾城的政治人物。他們的薪水讓我們家首次有了穩定的收入，而開始過著真正像樣的生活，我們開始思考未來，而不只是思考隔天該怎麼過。我們買了自己的土地耕種，還能有自己的羊放牧，不必再為地主工作。克邱村外鋪好的馬路大幅縮短開車到山區的時間。我們在村子附近的田地野餐，吃一盤盤的肉和切細的蔬菜，男人喝土耳其啤酒和甜到讓我嘴唇皺巴巴的茶。我們的婚禮變得更精緻；女人有時會為了買衣服來回辛賈爾城兩趟，男人則宰更多羔羊，如果夠富裕也會宰牛來與賓客分享。

有些亞茲迪人認為未來的辛賈爾會成為強大的地方政府，且仍歸伊拉克管轄，但也有人認為我們最終會變成獨立後的庫德斯坦領土。隨著庫德民主黨在克邱設立辦公室和敢死軍進駐辛賈爾，長大後的我覺得那就是我們的命運。我們和遜尼派阿拉伯的鄰居漸行漸遠。在更容易前往庫德斯坦的同時，到遜尼派村落卻變得更難，叛軍和指引叛軍的極端神學已在那些村落生根發展。在此同時，遜尼派阿拉伯人並不喜歡庫德人在辛賈爾出現。那提醒他們失去的權力，他們還說，在庫德族控制下，他們自覺在辛賈爾不受歡迎，也不再拜訪亞茲迪的村落，甚至包括代父母生活的村落。庫德族敢死軍會在曾由復興黨員駐守的檢查哨盤查他們，而在美國人到來、裁撤海珊的機構後，很多遜尼派阿拉伯人失去薪水和工作。不久前他們還是這個國家最富裕、關係最緊密的人，但在占領伊拉克的美國人支持什葉派政府執政之下，遜尼派阿拉伯人忽然喪失權力。被隔離在自個兒村子的他們，很快決定反擊。不到幾年，他們的反擊增添了宗教不能容忍的柴火，而那使亞茲迪人成為箭靶，就算我們在伊拉克從來不具有任何權力。

當時我並不知道庫德政府刻意使亞茲迪人疏遠阿拉伯鄰居的原因，是因為那有助於他們打贏占領辛賈爾的戰役，也不知道美軍占領對遜尼派平民的傷害有多大。我渾然不覺，就在我上學的時候，一場沒有名字的暴動正為蓋達組織乃至伊斯蘭國在我們鄰村的蓬勃發展鋪路。伊拉克各地的遜尼派部落紛紛試圖反叛巴格達的什葉派政權和美國人，大多以失敗收場。他們逐漸習慣暴力和高壓統治，而那持續甚久，使得許多我這個年紀和比我小的遜尼派穆斯林長大後心裡只有戰爭，而戰爭不過是伊斯蘭原教旨主義詮釋的一部分。

伊斯蘭國就在我們毗鄰的村落慢慢茁壯，等我注意到時，星火已變成篝火。對一個年輕的亞茲迪女孩來說，美國和庫德族接管後的人生只有變好，沒有變壞。克邱正在擴展，我有學校唸，我們也逐漸擺脫貧窮。新的憲法賦予庫德人更多權力，並要求少數民族服膺政府。我知道我的國家正處於交戰狀態，但那看來與我們無關。

一開始，美國士兵幾乎每週都會來克邱一次發放食物及補給品，並且和村裡的領導人談話。我們需要學校嗎？需要鋪路嗎？需要自來水以便不必再跟貨車一箱一箱買嗎？所有問題的答案，當然都是肯定的。艾哈邁德．賈索邀請士兵過來享用豐盛精緻的佳餚，當美國人說在克邱覺得安全無虞、可以把武器擱在牆邊放鬆一下，我們的男人得意洋洋。「他們知道亞茲迪人會保護他們。」艾哈邁德．賈索說。

◆

當美國士兵駛進克邱，武裝車揚起塵土、轆轆馬達聲淹沒村裡的喧囂，孩子一擁而上。他們會給我們口香糖和糖果，幫笑臉盈盈拿著禮物的我們拍照。我們驚訝地看著他們筆挺的制服，與和藹可親、對答如流的態度，跟之前的伊拉克士兵完全不一樣。他們會向我們的爸媽極力誇獎克邱人有多好客、我們的村莊有多乾淨舒適、我們有多了解美國是來幫我們脫離海珊和獲得自由的。「美國人愛亞茲迪人。」他們告訴我們：「特別是克邱人。我們覺得在這裡毫無拘束感。」就算他們的來訪愈來愈稀罕，然後完全中止，我們仍把美國人的讚美視為榮譽徽章。

二〇〇六年，我十三歲的時候，一個美國士兵送我一枚戒指當禮物。就一圈簡單的指環鑲著一小顆紅石頭，我擁有的第一件珠寶。那立刻成為我最貴重的財物，我不管去哪裡都戴著，去學校也戴、田裡挖土也戴、在家看我媽烤麵包也戴，甚至晚上睡覺也戴。一年後，我的無名指戴不下了，於是我把它移到小指，這樣就不必放在家裡。但它一直在小指滑上滑下，卡不住指節，而我擔心把它弄丟，我不時瞥它一眼確定它還在，也不時握拳感覺它擠壓指頭。

然後有一天，我跟兄姊出門栽種洋蔥的秧苗，低頭一看，戒指不見了。我本來就很討厭洋蔥，每一株都必須小心置入冰冷的土裡，而且就連秧苗都會讓你的手指臭乎乎的。這會兒我更對這株小植物大發雷霆，發狂地到處亂挖，想找回我的禮物。兄姊注意到我的驚慌，問我發生了什麼事。「戒指不見了！」我告訴他們，於是他們放下工作幫忙找。他們知道那對我有多重要。

我們搜遍整塊田地，在深色土壤裡翻找一小道金色和紅色的蹤影，但不管找得多努力，我哭得多悽慘，就是找不到。當夕陽西下，我們不得不放棄，回家吃晚飯。「娜迪雅，那沒什麼大不了啦，」艾里亞斯在我們步行回家的路上說：「只是個小東西嘛。你這一生會有更多珠寶的。」但我還是一連哭了好幾天。我深信自己不會再擁有這麼好的東西，也擔心如果有一天那個美國士兵回來，會氣我搞丟他的禮物。

一年後奇蹟發生。在採收從那些秧苗長出來的新洋蔥時，凱里看到土裡露出金色的小指環。「娜迪雅，你的戒指！」我哥眉開眼笑，拿起來給我看，我馬上飛奔過去，從他手上一把抓來，然後擁抱他，我的英雄。但當我試著套上時，卻發現無論我怎麼試，這會兒戒指小得連我的小指都戴不下了。後來，我媽看到它擱在我的梳妝台上，便力勸我把它賣掉。「娜迪雅，那已經不合你的手了。」她說：「沒道理戴不下還留著。」對她來說，只要踏錯一步，貧窮就會再次上門。因為我向來都照她的話做，我去了辛賈爾城的集市，把戒指賣給一個珠寶商。

後來我深感罪惡。那枚戒指是件禮物，在我看來，把它變賣是不對的。我很擔心萬一那個士兵回來，問起他的禮物，會作何反應。他會認為我背叛他嗎？認為我不喜歡那枚戒指嗎？國家其他地區的戰事更加激烈，美國人捉襟見肘，裝甲車已經很少開來克邱，我也好幾個月沒見到那名士兵了。我有些鄰居抱怨美國人已經忘了我們，且擔心萬一和他們斷了聯繫，亞茲迪人將失去防護。但我卻鬆了口氣：這樣我就不必解釋戒指怎麼了。說不定，送我戒指的士兵，就算人很和善，也會不高興我把他的禮物賣給辛賈爾城的珠寶商。從美國來的他，可能不了解那一小筆錢對我們的意義。

第五章

當伊拉克的情況變得很糟，克邱的亞茲迪人通常會像感受餘震一般感受到暴力的衝擊。我們避開了最糟的部分：叛軍和美國海軍陸戰隊在安巴爾省（Anbar）的戰鬥、什葉派獨裁政權在巴格達崛起，以及蓋達組織日益茁壯。我們會看電視，擔心村裡任職軍警的男人，但克邱似乎都能從天天在我國其他地方發生的自殺炸彈攻擊和路邊的土製炸彈事件中倖免。現今的伊拉克是如此支離破碎，恐怕永遠不可能修復：我們從遠處看著它崩解。

凱里、赫茲尼和賈洛會在長期擔任衛戍職務後，帶著在外面戰鬥的故事回家。有時他們會去庫德斯坦、恐怖攻擊幾乎不為人知的地方。其他時候他們會被送出敢死軍守衛的地區，進入伊拉克未知的地帶，讓留在家鄉的我們提心吊膽。那些工作可能危險至極。就算沒有直接遭遇戰鬥或恐怖主義，幫美國人當翻譯也會讓你成為目標。許多亞茲迪人尋求美國政治庇護，因為在叛軍發現他們為美國人工作後，身家性命就受到威脅了。

這場戰爭拖得比任何人預期的久。海珊被罷黜不到幾個月，人們已迅速忘卻那些振奮的心情。這距離海珊的雕像在巴格達菲爾杜斯廣場（Firdous Square）倒下，美國士兵四散伊拉克各地和村民握手，保證興建學校、釋放政治犯、讓伊拉克平民生活更容易，才短短幾個月。二〇〇七年，距海珊下台不過幾年，伊拉克又陷入暴亂，而美國派了兩萬多名士兵過來，他們稱為「增援」，主要回應安巴爾和巴格達日益熾烈的暴力。有一陣子，增援看似奏效。攻擊事件減少，海軍陸戰隊占領城市，挨家挨戶搜尋叛軍。但對亞茲迪人來說，戰爭就是在增援的那一年來到門外。

二〇〇七年八月，全伊拉克戰爭最糟的一場恐怖攻擊，也是史上死亡人數次多的恐怖攻擊，發生於克邱西邊的兩個亞茲迪城鎮：席巴謝赫基德（Siba Sheikh Khider）和特艾札爾（Tel Ezeir）（復興黨分別稱兩地為卡塔尼亞〔Qahtaniy〕和賈吉拉〔Jazeera〕）。八月十四日晚餐時間，聽說要為當地亞茲迪人運來補給品和食物的一部油罐車和三輛汽車，停在兩鎮的鎮中心並引爆。共有八百人死亡，被炸彈炸成碎片或被倒塌的建築物壓死，另有一千多人受傷。兩起爆炸是如此劇烈，連在克邱的我們也看得到火光四射、煙霧瀰漫。於是我們開始監視通往本村的道路，提防不認識的車輛。

這些攻擊固然駭人聽聞，但其實只是遲早的問題。多年來，亞茲迪人和遜尼派阿拉伯人的關係已愈來愈緊張，更因庫德族人在辛賈爾勢力的擴張和遜尼派地區持續激進化而變本加厲。那一年稍早，美軍增援幾個月後，遜尼派誓言為一個名叫杜娃．凱莉爾．艾斯瓦德（Du'a Khalil Aswad）的亞茲迪少女之死復仇：她的親戚懷疑她想皈依伊斯蘭教和嫁給伊斯蘭男人，因此殘酷地丟石頭砸死她。雖然亞茲迪人同樣為這件事感到震驚而厭惡，但於事無補；外界已經把我們貼上野蠻和反穆斯林的標籤。

榮譽處決（Honor killing，或稱名譽殺人）發生在伊拉克全境，也發生在亞茲迪教的社會，而改信他教之所以被視為背叛家族和社區，部分是因為數百年來，亞茲迪人一直被迫改宗來保全性命。話雖如此，我們不會殺害背離亞茲迪教的女人和男人，所以對杜娃家人的做法感到羞恥。她不只是被活活丟死，圍觀的民眾驚懼卻不能也不願阻止，她被殺的影片還被上傳網路散播，被新聞頻道擷取，進而被拿來做為抨擊我們的藉口，不論我們有多嚴厲譴責。

杜娃的事情一傳開來，稱我們不信神、死不足惜的宣傳——類似今天伊斯蘭國使用的語言——就開始在摩蘇爾周邊傳播。大多為遜尼派的庫德族人也將矛頭指向我們。我們活在羞愧和恐懼中。亞茲迪的大學生紛紛從庫德斯坦和摩蘇爾的學校退學，海外的亞茲迪人也突然得開始自我辯護：之前從未聽聞亞茲迪教的人，現在認定我們是殺人不眨眼的宗教。

由於亞茲迪教沒有真正的媒體代表和強力的政界代言人來解釋真正發生的事，遜尼派社會對我們的仇恨愈來愈深。也許仇恨本來就有，只是沒有表現出來。現在既然蓋子掀掉了，也就迅速蔓延開來。杜娃遇害兩週後，遜尼派的持槍者攔下一輛載了亞茲迪人的巴士，處死其中二十三名乘客，說在替杜娃報仇。我們防範了類似攻擊，卻未料到席巴謝赫基德和特艾札爾會發生那等慘劇。

一看到爆炸，我哥就擠進車子裡，開往事發地點，和數百位亞茲迪人一起運送食物、床墊和藥品到那兩個村子。他們那天晚上回到家，滿面愁容、一身疲憊。「情況超乎你所能想像的糟。」艾里亞斯說：「城鎮毀了，到處都有死人。」

我媽要他們坐下，在他們清理手上的髒東西時沏茶。「我看到一具屍體斷成兩半。」赫茲尼顫抖地說：「好像整個城鎮都被血覆蓋似的。」爆炸威力驚人，把屍體炸得四分五裂，連街道上空的輸電線都有頭髮和衣物的碎片。醫院和診所很快就人滿為患，藥物用罄。我哥的朋友蕭卡特看到一具屍體被醫務員抓著腳拖行，於心不忍，遂一把接過來，自己扛到停屍間。「那好歹是別人的父親或兒子啊。」他說：「怎麼可以那樣在泥土上拖。」

家人神情恍惚繞著災區打轉，靜靜穿過煙霧瀰漫的空氣。或者大聲呼喚摯愛名字，其中有些可能早在家人停止搜尋之前就死了。最後，在全村清理完畢、盡可能辨認屍體身分後，家人會齊聚亂葬崗哀悼。「也許活下來更糟。」赫茲尼說。

在那次攻擊行動之後，我們採取了若干預防措施。男人輪班在東西邊各兩個哨守衛克邱，配備AK步槍和手槍。他們會訊問乘坐陌生車輛的人——大多是不認識的遜尼派阿拉伯人和庫德人——並時時密切注意有沒有具威脅性的可疑分子。其他城鎮的亞茲迪人都在城鎮周圍建造土堤和挖壕溝，讓汽車炸彈無法長驅直入，但在克邱，就算距離幾個遜尼派阿拉伯人的村落很近，卻要到多年以後才開始堆土挖溝。我不知道為什麼——也許我們仍寄望和鄰居的關係夠深厚穩固，不會威脅到我們的安全。也許我們不想覺得受困或孤立。風平浪靜的一年過去，男人便離開衛哨了。

◆

赫茲尼是我家裡唯一試圖離開伊拉克的人。當時是二〇〇九年，恐怖攻擊兩年後。他愛上鄰居的女兒吉蘭，但吉蘭的爸媽不同意婚事，因為我們比他們窮得多。這並未阻止赫茲尼。當吉蘭的爸媽不准我哥進他們家裡找她，兩個人就爬上屋頂，隔著分隔兩家的窄巷說話。當吉蘭的爸媽加高屋頂邊緣遮擋他們的女兒，赫茲尼就在屋頂上堆磚塊，直到站上去可以看到牆的另一側。「什麼都阻擋不了我。」赫茲尼說。他天生害羞，但深陷愛河後似乎什麼都願意做，只要能和吉蘭在一起。

赫茲尼派兄弟和堂表兄弟到吉蘭家裡，囿於傳統，她家人必須提供客人茶水和食物；趁他們無暇多顧，吉蘭就溜出家門和赫茲尼碰面。她愛他一如他愛她之深，也告訴她的爸媽想嫁給他，但他們依然反對。我對此火冒三丈，吉蘭能嫁給赫茲尼可是三生有幸，他那麼深情又忠實，但我媽一如以往一笑置之。「至少他們只嫌我們窮。」她說：「而貧窮並沒有什麼不對。」

赫茲尼知道，除非他賺到一些錢，吉蘭的爸媽絕對不會同意這門親事，而當時他無法在伊拉克找到工作。他愈來愈沮喪。不同於吉蘭，他覺得家裡沒什麼值得留戀的，既然他沒辦法擁有她，他就沒有留下的理由。當村裡其他幾個男人決定要去已經有些亞茲迪人移居的德國闖闖看，赫茲尼決定加入。在他收拾行李時，我們都在哭。我對他的離開非常不捨，我無法想像少一個哥哥的日子。

離開之前，赫茲尼邀吉蘭去克邱村外參加一場婚禮，那裡他們可以避開村民的耳語，放膽說話。她到場，離開人群，找到他。他還記得她一身白衣。「我兩、三年就回來。」他告訴她：「到時我們就有錢展開新的人生。」然後，在我們準備進行兩次年度齋戒的其中一次之前，赫茲尼和其他男人離開克邱了。

首先，他們徒步越過伊拉克北方邊界，進入土耳其，慢慢往伊斯坦堡前進。一到伊斯坦堡，便付錢請偷渡客開聯結車載他們進入希臘。偷渡客叫他們告訴邊界衛兵他們是巴勒斯坦人。「要是他們知道你們是伊拉克人，就會逮捕你們。」他說，然後把聯結車的門關上，開過邊界。

幾天後，赫茲尼打電話給我們時，是從監獄打的。那時我們剛坐下來準備開齋，媽的手機響了。

一個與赫茲尼同行的伊拉克人嚇到不敢撒謊，所以他們全都被查獲。赫茲尼說，監獄很可怕，擁擠不堪，只有鋪在混凝土板的薄床墊可以睡。沒人告訴他們何時會獲釋或會不會被判罪。一次，為吸引衛兵注意，有囚犯放火燒床墊，害赫茲尼擔心大夥兒都會被煙活活嗆死。他問我們齋戒進行得怎麼樣。「我也餓了。」他說。此後，每當赫茲尼打電話來，媽就泣不成聲，使我哥得搶在她之前把電話接起來。

三個半月後，赫茲尼回到克邱。他形容枯槁、侷促不安，而一見到他我就想，幸好我完全沒有去德國的欲望。至今我依然認為，被迫出於恐懼而離鄉背井，是人類所能面臨最不正義的事情之一。你愛的一切都被偷走，使你得冒著生命危險，生活在對你毫無意義的地方。你其實不想去，但因為你出自一個現以戰爭和恐怖主義聞名的國家，不得不去。所以後半輩子你得一邊思念你拋下的人事物，一邊祈禱不會被驅逐出境。赫茲尼的故事讓我想到，伊拉克難民的路線永遠是回到監獄，或回到你出發的地方。

赫茲尼的失敗有如塞翁失馬。回到家後，他要娶吉蘭的決心更加堅定，而在兩人分開的日子，她也下定決心。她的家人依舊不答應，但這對愛侶有亞茲迪的習俗撐腰。根據我們的文化，如果兩個人真心相愛而想要結婚，無論家人怎麼想，都可以私奔。這能證明兩人把彼此看得比什麼都重要；而在那之後，家人可自行決定要不要接受婚姻。這種習俗聽起來可能很老派，甚至被形容為落伍，就像女人「跟男人跑了」，但其實是開明、解放的，那取走父母的權力，轉交給年輕情侶，尤其是同意私奔計畫的女孩。

所以一天晚上，沒有向任何人透露半個字，吉蘭溜出她家後門，跟正在賈洛車裡等待的赫茲尼會合。他們動身前往鄰村，走蓋達組織控制的道路，以免在幹道碰到吉蘭的父親。（赫茲尼說他覺得吉蘭父親比恐怖分子更可怕。）幾天後，他們結婚了；幾個月後，經過雙方家庭時而歡喜時而緊張、重點在於錢的協商，後來他們在克邱補辦真正的婚禮。此後，每當赫茲尼回首他功敗垂成的移民之舉，總會笑著說：「感謝神讓我在希臘被捕！」然後把妻子拉到身邊。

在那之後，我們全都認命地待在克邱，就算外面的威脅與日俱增。當美國人在二〇一〇年國會選舉幾個月後離開，全國各地的團體便展開混亂的權力鬥爭。伊拉克境內天天都有炸彈爆炸，殺害什葉派的朝聖者或巴格達的孩童，徹底粉碎我們在後美國時期的和平希望。在巴格達開店賣酒的亞茲迪人遭極端分子鎖定，我們只好退回相對安全的亞茲迪城鎮和村落。

不久，濫觴於突尼西亞的反政府示威活動蔓延到敘利亞，遭到總統巴夏爾．阿塞德（Bashar al-Assad）迅速而殘暴的鎮壓。至二〇一二年，敘利亞已因內戰形同解體，二〇一三年，一個自稱伊拉克和沙姆伊斯蘭國（Islamic State of Iraq and al-Sham）、已在後戰爭時代的伊拉克大有斬獲的新極端團體，在敘利亞的混亂中蓬勃發展。沒多久他們就占領敘利亞大半地區，一心想越過邊界打回伊拉克，因為支持者在遜尼派地區等著他們。兩年後，伊斯蘭國徹底擊潰伊拉克北部的軍隊，後者將崗哨拱手讓給嚴重低估實力的敵人。二〇一四年六月，在我們不知不覺中，伊斯蘭國攻下伊拉克第二大城，位於克邱東方約八十哩的摩蘇爾。

摩蘇爾淪陷後，庫德族自治區政府（Kurdistan Regional Government，簡稱KRG）增派敢死軍到辛賈爾保衛亞茲迪的城鎮。士兵一卡車一卡車來，保證會維護我們的安全。我們有些人被伊斯蘭國嚇到而覺得伊拉克庫德斯坦安全得多，因此想要離開辛賈爾前往庫德族設立已擠滿流離失所的基督徒、什葉派、遜尼派和敘利亞難民的營區。但庫德族官方勸我們不必。試圖離開辛賈爾前往伊拉克庫德斯坦的亞茲迪人都在村子附近的檢查哨被戍守的庫德族人阻擋，被告知無需擔心。

有些家人認為留在克邱無異於自殺。「我們被『達伊沙』[2]三面包圍欸！」他們抗議道，而他們說得沒錯，只有一條通往敘利亞的路不會直接經過敵人。但克邱是自尊心強的村子。我們不想放棄胼手胝足掙得的一切，家人存了一輩子的錢建造的混凝土家園、學校、大批大批的綿羊、寶寶誕生的房間。其他伊拉克人本就質疑亞茲迪人對辛賈爾土地的權利，我們認為如果離開，就會證明他們是對的；如果我們不願意待在辛賈爾，就代表我們沒有嘴裡說的那麼愛它。艾哈邁德．賈索在集會所召開會議，做了決定。「我們全村留下。」他這麼說，堅信我們和遜尼派阿拉伯人的關係穩固到足以保我們平安。所以我們留下來了。

我媽試著盡可能和平常一樣維繫家中生活，但我們仍對陌生訪客或威脅性的聲音提高警覺。七月

2　譯註：達伊沙（Daesh）為「伊拉克和沙姆伊斯蘭國」阿拉伯文首字母縮寫的英文轉寫。

一天晚上，大約十一點左右，我和艾德姬、凱薩琳、凱里、赫茲尼走一小段路到農場給動物磨乾草。盛夏時節，白天待在農場實在太熱，所以我們通常晚飯後去，那時月亮仍能幫忙照亮雜務，空氣也涼爽一些。我們慢慢走。磨乾草既吃力又髒亂，沒有人期待幹這種活兒。不管多小心，我們回到家時頭髮和衣服裡面一定會沾到乾草粉末，又癢又刺，手臂也會因為把乾草搬進研磨機而痠痛。

我們工作了一會兒，凱薩琳和我在拖車裡堆乾草，其他人則從地面把乾草拋給我們。我們聊天、開玩笑，但對話比平常來得緊張。在這片開闊的原野，看得到克邱以外的陸地，而我們忍不住好奇和擔心，在那裡的黑暗中進行著什麼勾當。忽然南邊通到村子的路被車燈點亮，我們紛紛放下手邊工作，看著頭燈愈來愈亮，車子的輪廓逐漸清晰。那是一列大型裝甲車，軍隊會用的那種。

「我們該離開了。」凱薩琳嘀咕道。她跟我最害怕，但艾德姬不肯逃跑。「我們得繼續工作。」她說，又抱起一堆乾草，送進處理機，「我們不能老是這麼害怕。」

那時凱里是從邊界巡警的工作回家休假，他已經在那裡幹了九年，比我們所有人都清楚克邱村外發生的事。他對那種事情有洞察的眼光。望向那些車燈，他放下懷裡的乾草，用手像遮陽板那樣遮住刺眼的強光。「那些是伊斯蘭國的護衛隊。」他說：「看起來像要開往邊界進入敘利亞。」那不尋常，他告訴我們，他們靠得太近了。

第六章

伊斯蘭國在二〇一四年八月三日的清晨，太陽升起前來到克邱的外緣。第一批卡車抵達時，我正躺在屋頂的床墊上，艾德姬和狄瑪兒之間。伊拉克夏天的空氣又熱又多塵土，但我還是喜歡睡外面，就像我喜歡坐貨車後頭，不喜歡被困在裡面一樣。我們會把屋頂隔成幾個部分，給已婚夫婦和他們的小家庭隱私，但還是會隔著牆說悄悄話和跨越屋頂交談。平常，在鄰居討論白天生活和默禱的聲音中，我很容易入睡，而最近，隨著暴力橫掃伊拉克，待在看得到來人的屋頂上，感覺比較沒那麼容易受到攻擊。

那一晚沒有人入睡。幾個鐘頭前，伊斯蘭國對數個鄰近村落發動奇襲，迫使數千亞茲迪人離開家園，成群前往辛賈爾山區，而那支茫然恐慌的隊伍，很快變得稀稀落落。在他們身後，好戰分子殺死每一個不肯皈依伊斯蘭，或太固執、太困惑而不肯離家的，也揪出腳步太慢的，射殺他們或割他們的喉嚨。當那些卡車隆隆接近克邱，聽來就像接連在農村靜謐中爆炸的手榴彈。我們怕得蜷縮身子，緊挨彼此。

伊斯蘭國輕易攻占辛賈爾，僅遭遇數百名亞茲迪男人抵抗，他們持自己的武器奮力捍衛家鄉，但一下子就彈盡援絕。我們很快明白，鄰村許多遜尼派阿拉伯人都歡迎這些激進分子，甚至加入他們，封鎖亞茲迪人安全逃生的路，允許恐怖分子俘虜所有未能逃出克邱鄰村的非遜尼派，並跟著恐怖分子洗劫人去樓空的亞茲迪村落。但更令我們震驚的是那些信誓旦旦保護我們的庫德族人。深夜，在毫無知會下，那些一再保證會為我們戰鬥到底的敢死軍已撤離辛賈爾，擠上卡車，在伊斯蘭國好戰分子來襲前開回安全的地方。

庫德政府後來表示，這是「戰略性的撤退」。他們說，士兵人數不足以保住這個地區，而他們的指揮官認為，留下來無異於自殺，還不如到伊拉克其他地區繼續對抗比較有勝算。我們試著將怒火集中於做決定的庫德斯坦領導人而非個別士兵。我們不能理解的是，他們為什麼不告而別，為什麼不帶我們一起走，或協助我們前往安全的地方。若知道他們離開，我們就會去庫德斯坦了；若知道他們離開，我幾乎可以肯定，在伊斯蘭國抵達之際，克邱不會有半個人。

村民說庫德族背叛。家在崗哨附近的村民見到敢死軍漏夜離開，曾乞求他們至少把武器留下來給村民使用，乞求不成。消息迅速傳遍村裡，但仍要過一段時間，事實才被會意過來。敢死軍向來備受尊敬，很多人深信他們會回來執行任務，以至於我們第一次在克邱聽到伊斯蘭國的一連串槍聲時，有些婦女竊竊私語：「說不定是敢死軍回來救我們了。」

敢死軍走了，好戰分子迅速填補撤守的軍事崗哨和檢查站，把我們困在村裡。我們沒有逃脫計畫，而伊斯蘭國隨即封鎖連接辛賈爾南部村落和山區的道路。在這之前，已經有不少人家躲到山裡去了。當晚試圖逃走的少數人家都被捕獲，慘遭殺害或擄走。我媽的外甥企圖和家人開車離開，而伊斯蘭國攔下他們時，當場格殺了男性。「我不知道那些女人後來怎麼了。」媽接到電話後這樣告訴我們，所以我們盡往最壞的情況想。像這樣的事情開始傳遍街巷，使家家戶戶彌漫恐懼。

伊斯蘭國來到克邱時，赫茲尼和沙烏德都在外地工作，赫茲尼在辛賈爾城，沙烏德在庫德斯坦，他們整晚打電話回來，因為人在遠方，也因為平安無事。他們竭盡所能告訴我們辛賈爾發生的事。成千上萬奔逃的亞茲迪人，帶著牲畜沿單線道的馬路往山裡去。幸運的能擠進車裡或掛在卡車旁邊穿越人群，以最快速度前進。有些讓長者坐獨輪車推行，有些揹著走，被壓得彎腰駝背。正午的太陽炙熱得危險，有些老邁或生病的橫死路旁，削瘦的身體像掉落的樹枝崩塌入沙土。經過的人是如此著急地趕往山區，也如此害怕被恐怖分子捕獲，因而似乎對此渾然不覺。

亞茲迪人往山區前進的路上，隨身物品沿途掉落。嬰兒車、外套、鍋子，他們離家之初，一定覺得無法捨棄那些。沒有鍋子要怎麼煮東西呢？萬一抱寶寶抱到手痠怎麼辦？可能在冬天之前回到家嗎？但最後，隨著腳步愈益沉重，往山區的距離似乎更漫長，那些東西都變成累贅，而像垃圾一樣被留在路邊。孩子拖著腳走，走到鞋子解體。一抵達山區，有些人直接爬上陡峭的山腰，有些人藏身洞穴、聖堂或山裡的村落。汽車沿蜿蜒的道路疾駛，有些因駕駛忙中失控而在路邊翻覆。山裡的高原擠滿流離失所的人。

到了山頂也不得輕鬆。有些亞茲迪人立刻搜尋食物、飲水或失散的親人，向山村的居民求助。有些人一動不動坐在原地。也許他們累了，也許在這個從伊斯蘭國入侵辛賈爾之後第一個平靜的片刻，相對安全的時刻，開始回想剛剛發生的事。他們的村子被占領了，他們曾有的一切，現在都是別人的了。當伊斯蘭國席捲辛庫爾地區，好戰分子摧毀了多座矗立山腳邊的小聖堂。山區附近一座平常留給孩子用的墓園，現在擠滿各種年紀的屍體，以及遭伊斯蘭國殺害或在往山區的路上死去的人。數百人慘遭屠殺。男童和少女則被擄走，送往摩蘇爾或敘利亞。較年長的女性，如家母年紀的女性，則被集中處決，埋入亂葬崗。

山裡的亞茲迪人回想逃命時所做的決定，也許是攔截開往山區的車才能率先抵達，也許一路沒停下來載走路的人。他們有可能帶動物一起走，或多等一會兒，救其他人的命嗎？我媽的外甥天生殘疾不良於行，當伊斯蘭國入侵時，他堅持讓他愛的人先上山，知道他靠雙腳是走不到的。他能及時趕到嗎？現在倖存者被困在山頂的酷暑裡，伊斯蘭國群集山下，而毫無救援的跡象。

接獲這些消息時，我們覺得聽見了自己的未來，所以我們祈禱。我們打電話給在遜尼派阿拉伯村落和庫德斯坦認識的每一個人，但沒有人帶來希望。伊斯蘭國沒有在那一晚或隔天上午攻擊克邱，但他們讓大家知道，如果我們想逃跑，他們會殺了我們。住在靠村莊周邊的居民告訴我們那些人的樣貌。有些人的頭巾遮住眼睛。大多數留鬍子。他們攜帶美國的武器，是美國離開時轉交給伊拉克軍隊，然後在伊拉克軍隊已撤離的崗哨被伊斯蘭國搶來。那些好戰分子的外表就跟電視上和網路宣傳影片裡面的一模一樣。我無法把他們當人看。就像他們帶的槍和開的坦克，對我來說，那些男人本身就是武器，而他們對準我的村子。

♦

第一天，八月三日，一名伊斯蘭國的指揮官來到克邱，艾哈邁德．賈索召集村裡的男人進集會所。因為艾里亞斯是長子，他過去看看情況。我們在自家院子裡，坐在綿羊旁邊的影子裡等待。我們已經把綿羊送回來看管，牠們輕柔地咩咩叫，完全不知道發生什麼事。

凱薩琳坐在我旁邊，看來稚嫩而恐懼。雖然我們年紀差了幾歲，但在學校上同年級，而我們形影不離。十幾歲的時候，我們都迷上化妝和髮型、拿對方當模特兒練習，並在村裡的婚禮初次展現我們嶄新的風格和技術。新娘是我們的靈感來源，因為她們都於婚禮那天在外表投入最多金錢和時間，看起來都像從雜誌照片走出來似的。我仔細研究新娘：**她是怎麼弄出那樣的髮型？她塗了多濃的口紅？**然後我會跟新娘要一張照片，加進我保存在一本綠色相簿裡的選集。我想像，當我自己開美髮院時，女顧客會翻閱那本相簿，尋找最理想的髮型。在伊斯蘭國到來時，我已經有兩百多張照片。我最喜歡的是一個年輕褐髮女子的照片，她的頭髮在頭頂蓬鬆地鬈曲，點綴數朵小白花。

凱薩琳和我常努力處理我們的長髮，用滿手掌的橄欖油護理，用散沫花染色，但今天我們連梳都沒梳。我的姪女臉色蒼白、一語不發，而我突然覺得自己比她年長好多好多。我想要讓她舒坦些。「別擔心，」我告訴她，牽起她的手，「不會有事的。」那是我媽告訴我的話，為孩子抱持希望仍是她份內之事，儘管我並不相信，而現在，為凱薩琳抱持希望成了我份內之事。

艾里亞斯走進院子，大家都轉頭看他。他呼吸急促，彷彿從集會所一路衝回家，而他試著平復心情才開始說話。「達伊沙已經包圍克邱，」他說：「不可能離開了。」

伊斯蘭國的指揮官警告集會所的男人，如果試圖逃離，就會被嚴懲。「他說已經有四戶人家試了。」艾里亞斯告訴我們：「結果被攔下來。男人不願意改宗，就被殺了。女人緊抱住小孩，但被硬生生拆散。他們還搶走車子和女兒。」

「敢死軍一定會回來。」我媽從她坐的地方低聲說道：「我們得祈禱。神會拯救我們的。」

「會有人來幫我們的。」馬蘇德說，他很生氣，「他們不能把我們留在這裡。」

「指揮官說我們得打電話給在辛賈爾山的親人，叫他們回來投案。」艾里亞斯繼續說：「他們叫我們告訴那些親人，只要肯下山，就會被赦免。」

我們不發一語，慢慢理解這個消息。雖然山上生活困苦，至少那些抵達山上的亞茲迪人已經遠離伊斯蘭國。我們相信山能保護我們免受迫害。有好幾代的亞茲迪人曾逃進山裡安全的洞穴、喝山上的溪流、靠從樹上摘的無花果和石榴活下來。我們的聖堂和教長環繞山的四周，所以認為神一定會特別仔細看顧它。赫茲尼已經從辛賈爾城平安抵達山區，他打電話回家時，斥責我們為他擔心。「你們為我們哭泣，我們才要為你們哭泣呢。」他說：「我們已經得救了。」

好戰分子叫我們做什麼，我們就做什麼。當他們一家一家收取村民的武器，我們交出全部，只留一把，在一天深夜，我們趁他們看不到的時候埋在農田裡。我們不嘗試逃跑。每天艾里亞斯或別的哥哥都會去集會所聽取伊斯蘭國指揮官的指令，然後回家告訴我們最新消息。我們待在室內，安靜無聲。最後，那把埋起來的槍仍埋在那裡。而不管伊斯蘭國做何承諾，我們寧死也不願叫赫茲尼或其他人離開辛賈爾山。大家都知道下山的亞茲迪人會有什麼樣的下場。

第七章

克邱被包圍了將近兩週。有些日子就一團模糊地過去，每一刻都一樣，而有些日子我覺得每一秒都如芒刺在背。早上，伊斯蘭國的檢查哨會迴盪伊斯蘭禱告的呼喚，這雖然在克邱不常聽聞，但我在學校修習伊斯蘭和前往辛賈爾城時已知之甚詳。在辛賈爾城，較年長的亞茲迪人會抱怨聽到這種呼聲。「辛賈爾不再是亞茲迪人的城市了。」他們會嘆口氣，相信我們很快會被局限在小村子和小鎮，而亞茲迪地區較令人嚮往的部分則會淪入較富有、連結較強的阿拉伯人和庫德族之手。話雖如此，在伊斯蘭國來辛賈爾之前，對於禱告的呼喚，我從不真的覺得困擾。但在伊斯蘭國包圍我們後，那個聲音就變得威嚇兇惡。

親戚開始紛紛湧入我們的屋子。赫茲尼的妻子吉蘭離棄他們在鎮外快蓋好的房子過來會合，堂表親戚和同父異母的兄弟姊妹也從村裡各角落過來，帶著小旅行箱或食物和寶寶的配方奶。沙烏德的妻子夏琳才剛生產，當她帶著哭哭啼啼的粉紅色嬰兒來投靠，女人把寶寶團團圍住，似是充滿希望的意象。我們為數甚少的房間很快堆滿衣物、毯子、照片和貴重物品，任何她們帶得過來的東西。白天我們會擠在電視機旁邊找亞茲迪人在辛賈爾被殘殺的新聞。那就像噩夢成真。飛機沒辦法飛得夠低來發送救援物資，而一包一包空投的食物和飲水，看似全部被崇山峻嶺吞沒。

亞茲迪人急著搶搭伊拉克軍隊降落在山頭道路的直升機，把寶寶和長者推上去，機上的士兵阻擋他們，大叫空間不夠。「這麼多人直升機沒辦法起飛！」士兵這樣叫喊，但山頂發狂的人聽不進這個邏輯。我們聽說有個女人硬是要隨一架直升機離開，抓著起落架，在直升機升空後懸盪了一會兒，便支撐不住而墜落。有人說當她的身體撞到底下的岩石時，看來就像西瓜爆開。

赫茲尼驚險地在伊斯蘭國占領辛賈爾城之前抵達山區。在他所屬的警察局撤離後，他和另一個警察一同步行前往。因為不想留下任何武器給正朝城裡而來的恐怖分子，他單位的每個男人都手持一把步槍，也把手槍塞進褲子裡。沿途天氣炎熱、灰塵瀰漫，而他們提心吊膽，不知道好戰分子可能躲在哪裡，或從哪個方向來。在札伊那布（Zainab）外大約半哩處，他們看著一部伊斯蘭國的軍卡衝往鎮裡什葉派的清真寺，緊接著清真寺就被炸得粉碎。他們改變方向沿著公路走，差點被三部載滿伊斯蘭國分子的軍卡發現。幾分鐘後，那些人就處死了走在赫茲尼和同事後面的男人。「是奇蹟救了我。」我哥後來這樣跟我說。

在山頂上，白天酷熱、夜晚嚴寒。他們沒有食物，也開始有人脫水而死。第一天，流離失所的亞茲迪人宰殺了從山腰趕上來的綿羊，每人都分得一小塊肉。第二天，赫茲尼和一些人爬下山的東側前往一個伊斯蘭國尚未抵達的小村莊，在村裡將一部牽引機裝滿生的小麥，開回山頂煮熟分給一人一杯，剛好填肚子。一天，一些來自人民保護聯盟（ＹＰＧ）——以土耳其為基地的庫德族游擊隊庫德工人黨（Kurdistan Workers Party，簡稱ＰＫＫ）的敘利亞分支——的激進分子，從敘利亞帶來麵包和糧食。最後人民保護聯盟在美軍空襲的配合下，為亞茲迪人從辛賈爾開了一條路通往敘利亞由庫德族掌控的地區。自敘利亞內戰爆發，那裡算該國相對安全的地方。和庫德工人黨結盟的庫德族人，一直試圖在那裡建立自治區。伊斯蘭國在亞茲迪人逃離時開槍射擊，但仍有數萬人順利下山，進入相對安全之境。赫茲尼逃下山，到達扎胡（Zakho）附近的姑姑家。當亞茲迪人奮力穿越敘利亞的庫德族控制區和進入伊拉克庫德斯坦，住在那些地方的庫德人——多數為遜尼派——紛紛開車來接應，提供食物、飲水和衣物。也有人敞開家門、店面和學校接納逃難的亞茲迪人。他們展現的悲憫胸懷讓我們感動至今。

在屠殺之前，我沒有深思過庫德工人黨的事。他們在辛賈爾人數不多，雖然我有時會在庫德族的電視台看到他們的身影，在與伊朗接壤的康迪爾山（Qandil Mountains）裡，穿著寬鬆的灰色制服跪在AK步槍旁邊。他們看來與我的人生毫無干係，他們反土耳其政府的戰鬥也與我無關。但在拯救受困山區的亞茲迪人後，庫德工人黨在辛賈爾成為英雄，取代了敢死軍在許多人心目中「亞茲迪人守護者」的地位。然而巴爾札尼的庫德民主黨仍想在辛賈爾擁有最強的影響力，工人黨的介入使雙方原已緊張的關係火上加油，讓我們的家園在接下來幾年淪為另一種戰爭的戰場。但當時我們對庫德工人黨只有感激，感激他們協助亞茲迪人逃出山區，還派數百名士兵在辛賈爾上前線對抗伊斯蘭國。

但始終沒有跡象顯示援助會來到克邱。我哥哥每天都會去集會所帶消息回家，沒有一次捎來希望。他們說，克邱的男人試著擬定計畫，但村外沒有人願意相助。「也許美國人會派飛機來救我們，就像他們在山上做的那樣。」媽說。包圍克邱的伊斯蘭國分子唯一看似驚恐的時刻，是聽到飛機或直升機的聲響。「也許庫德工人黨會轉來這裡。」她補充。但我哥和之前為美軍效力、現已身在美國的亞茲迪翻譯員聯繫後，結果大失所望：上述情況都不會發生。

飛機和直升機飛越我們的上空，但是往山區去，不是來克邱，而我們也知道庫德工人黨不大可能過來這裡。庫德工人黨黨員驍勇善戰，受過長期訓練，他們已經和土耳其軍隊打了近半個世紀的仗，但他們是山區的戰士，而伊斯蘭國盤據了克邱和辛賈爾山之間的肥沃平原，他們無法越過。何況，克邱如今已在敵人的勢力範圍內，太南邊了，他們鞭長莫及。我們彷彿身處不存在的地方。

但有很長一段時間，我們仍期望美國人會來替克邱解圍。我哥賈洛曾在美國入侵巴格達後在塔阿法機場站哨，他有個朋友叫海德．艾里亞斯，是亞茲迪人，因為曾幫美國人翻譯，已在休士頓獲得政治庇護。他們天天講電話，通常不只一次，但海德警告賈洛不要再打給他了，因為他擔心萬一伊斯蘭國如果檢查賈洛的電話，看到美國的號碼後會當場將他格殺。

海德和一群海外亞茲迪人亟欲協助還在伊拉克的亞茲迪人，從他們在華盛頓租的旅館向華盛頓、艾比爾和巴格達政府請願，但克邱之事毫無進展。賈洛會立刻接聽海德的每一通來電，而每一次，他的希望隨即轉為氣惱。我哥曾在美國人逐戶搜查叛軍時跟他們共事，見識過他們在地面的能耐。賈洛相信，只要美國派兵攻擊伊斯蘭國設在克邱周圍的關卡，就可以突破包圍。有時伊斯蘭國的成員會在集會所抱怨美軍在辛賈爾救出亞茲迪人的軍事行動，說歐巴馬是「十字軍」。聞聽此言，賈洛告訴海德：「我想他們正失去掌控權，或許會放我們一馬了。」幾天前，幾名伊斯蘭國分子才帶身體不適的艾哈邁德．賈索去鄰鎮治療。「若非打算放我們一條生路，他們幹嘛這麼做？」賈洛問。

賈洛愛美國。在克邱被包圍之前，他會打電話給人在德州的海德問他在伊拉克外的新生活。他嫉妒海德要在美國念大學，而他連高中都沒得念。「幫我找個美國太太！」賈洛開玩笑說：「又老又醜沒關係，只要願意嫁給我就行。」

海德則沒那麼確信美國人會來克邱幫我們的忙。他反倒認為伊斯蘭國可能會拿克邱開刀來報復空襲。「要小心，」他告訴賈洛：「他們可能故意示弱，讓你們掉以輕心。他們不可能放過你們的。」所有相關人員似乎都為伊拉克各地發生的事情焦頭爛額。媒體甚至沒報導克邱被包圍的事。「他們在撤換巴格達的總理。」海德說：「他們根本無暇想到我們。」

我們只好等。村子安安靜靜，街道空空蕩蕩。大家都待在屋裡。我們不吃東西，我看著兄長們變得面黃肌瘦。我相信我也差不多，但我不想照鏡子確認。我們都不洗澡，沒多久身體的惡臭就彌漫整間屋子。每天晚上我們都爬上屋頂，在天色全暗，好戰分子看不到我們之後肩並肩睡覺。在屋頂上，我們壓低身子，盡可能躲在矮牆後，輕聲細語，以免被他們聽見。當夏琳的寶寶，什麼都不知道的嬰兒哭了起來，我們全身繃緊。嬰兒哭當然不要緊，不讓伊斯蘭國知道我們在那裡，才是重點。

◆

伊斯蘭國把我們軟禁在家時，一面在辛賈爾其他地區進行種族滅絕。他們還沒時間理我們。他們忙著抄亞茲迪人的家，把珠寶、車鑰匙和手機裝進袋子；忙著驅攏亞茲迪人的牛羊，據為己有；他們把年輕女性分給伊拉克和敘利亞的好戰分子當性奴隸；殺害年紀大到可以自衛的男人。已經有數千名亞茲迪人被殺，屍體被掃進伊斯蘭國企圖隱瞞但未果的亂葬崗。

我們最後一個可能得到奧援的鄰村是遜尼派阿拉伯朋友和代父母住的地方。我們聽過不少阿拉伯人庇護亞茲迪人，或開車送他們去安全地方的事蹟，但聽到更多阿拉伯人突然攻擊亞茲迪人、送交伊斯蘭國然後加入好戰組織的消息。有些只是謠傳，而有些來自和我們親近、我們信任的人，所以我們知道那些千真萬確。一天早上我一個堂哥帶家人去他代父母家求援。那家人歡迎他們，讓他們覺得一切安全。「你們可以在這裡等。」他們說：「我們會幫助你們。」然後他們就去跟伊斯蘭國的指揮官檢舉，指揮官便派人把堂哥和他的家人抓走了。

我的哥哥爬到手機訊號比較好的屋頂，打電話給想得到的每一個鄰村居民，聯絡到的人大多由衷為我們擔心，但沒有或想不出協助的辦法。他們勸我們待在原地。「再忍耐一下，」他們說。有些穆斯林鄰居在我們被包圍期間前來探視，帶食物到村裡，告訴我們：我們的痛苦就是他們的痛苦。他們把掌心放在心口，承諾：「我們不會拋棄你們的。」但日子一天天過去，他們全都拋棄我們了。

我們的遜尼派鄰居是可以過來給予協助的。如果他們知道女性會發生什麼事，可以讓我們穿上一身黑，帶我們一起走。他們也可以過來就事論事地跟我們說：「你們的下場會是如此。」這樣我們就不會再幻想得救。但他們沒有。他們決定什麼也不做，他們的背叛就像子彈。而後，真正的子彈來了。

一天我跟狄瑪兒、凱里、艾里亞斯和哈利德（我同父異母的兄弟）到田裡抓隻羊殺來當晚餐。成人沒有胃口，孩子卻哭著要吃東西，而既然沒有食物進入克邱，我們只好犧牲自己的羊。

田裡的手機訊號很好，所以艾里亞斯帶著手機，讓男人可以在我們抓羊時繼續打電話求援。我們剛聽說在塔卡撒布（Tal Kassab）照顧一個生病親戚的姪女芭蘇，在逃往山區時被伊斯蘭國逮捕，然後送去塔阿法一所學校。我們聽說那所學校漆成紅色，囚滿亞茲迪的女孩和女人。我記得我有個老師，一位名叫穆罕默德的遜尼派男子，正是來自塔阿法，而我認為或許他可以幫忙找到芭蘇。

我們很多老師都是來自克邱村外的遜尼派阿拉伯人，大多來自摩蘇爾。我們很尊敬他們，把他們當成村裡的一分子。現在，伊斯蘭國占領他們的家鄉，我總會想到他們過得怎麼樣。他們都沒有打電話來關心克邱發生的事。一開始這令我擔心。我不敢想像他們必須逃離伊斯蘭國，或者更糟的，在伊斯蘭國統治下生活。但隨著圍村緩慢持續，我開始懷疑那些老師沉默不是因為生活在恐懼中，而是因為很高興伊斯蘭國在那裡。也許他們一直覺得像我這樣的學生都是「卡菲勒」。光是這樣想就令我噁心反胃。

我把所有老師的手機電話都記在一本筆記本的背面，這會兒我拿艾里亞斯的手機打給穆罕默德先生。響了幾聲，他接起來了。

「穆罕默德老師，您好。」我說，用阿拉伯語有禮貌地稱呼他。我想起我在他班上試著跟上他授課的進度，如果我考試及格，就可以晉升到下一個年級，離畢業和往後的生活更近。我信任他。

「你是哪位？」我的老師聽來相當正常，而他的平靜讓我心跳加速。

「老師，我是娜迪雅。」我說：「您克邱的學生。」

「娜迪雅，有什麼事嗎？」他問，聲音稍微加快，聽來冷淡不耐煩。

我解釋芭蘇被伊斯蘭國俘虜，送到塔阿法。「他們說那所學校漆成紅色。」我告訴他：「我們只知道這個。我們不可能離開克邱，達伊沙把村子團團圍住，說會殺掉任何試圖離開的人。你可以幫我們跟芭蘇說說話嗎？你知道那所學校在哪裡嗎？」

我的老師沉默了好一會兒。也許他聽不到我說話。也許達伊沙中斷了電信服務，也許艾里亞斯沒繳電話費。當穆罕默德先生終於開口，他好像變了個人，完全不像幾個月前才教過我的男人。他的聲音遙遠而冷淡。「娜迪雅，我沒辦法跟你講話。」他低聲說：「不必擔心你姪女。他們會要她皈依，然後會有人娶她為妻。」我還來不及回應，他就掛斷了。我看著手裡的電話，一塊便宜無用的塑膠。

「狗娘養的。」艾里亞斯說，一邊抓起羊的頸圈，拉著牠走向回家的路。「我們打了又打，打了又打，完全沒有人理會。」

在那瞬間，我內心的某樣東西變了，也許永遠變了。我的希望破滅——不再相信有人會願意幫我們。也許我的老師跟我們一樣：為自己和家人擔心受怕，會做他必須做的事來保住性命。也許他歡迎伊斯蘭國，很高興有機會生活在它展望的世界，由他們對伊斯蘭的嚴苛詮釋所引領的世界，一個沒有亞茲迪人，人人跟他們的信仰毫釐不差的世界。我不知道。但那一刻，我確定自己憎惡他。

第八章

圍村第六天，我第一次近距離看到伊斯蘭國的好戰分子。我們的麵粉和飲水用光了，所以我和艾德姬和兩個姪女蘿吉安和妮絲琳去賈洛家裡補給。從我們家走路到賈洛家，穿越一條狹窄的巷弄只要幾分鐘，而看到伊斯蘭國的成員在村裡的路上行走是不尋常的事。他們平常待在村子外圍，戍守檢查哨，確定沒有人試圖脫逃。

儘管如此，我們仍害怕離開家。踏出前門就像走上另一座星球。克邱的一切都不再熟悉或令人欣慰。平常，村裡的巷弄和街道都是人，孩子嬉戲，爸媽在小便利店或藥房買東西，但現在全村空蕩蕩、靜悄悄。「靠近我一點。」我低聲跟比我們其他人勇敢、走在前頭的艾德姬說。我們快步前進，擠成一團通過那條小巷。我懼怕到好像產生幻覺。連看到自己的影子，也想拔腿就跑。

媽叫我們出門。「你們不需要男人。」她這麼說，我們同意。我們一直坐在家裡，除了看電視和哭什麼也不做，一天天消瘦，一天天虛弱。我哥至少會去集會所，而在回家告訴我們村長或伊斯蘭國指揮官說了什麼後，會用力按手機的數字，仍試著找人協助，直到餓倒、累倒。我哥跟我爸一樣是戰士，而我從沒見過他們這般絕望。輪到我出點力了。

克邱沒有經過整體的設計，當初村子建立時，沒有人針對房舍和街道進行合理的規劃。如果你有土地，想蓋什麼就蓋什麼，想蓋哪裡就蓋哪裡，所以村裡雜亂無章，穿來穿去可能令你頭昏眼花。屋子彷彿有生命一樣以出乎預料的方式擴張，而曲曲折折圍繞屋子的小巷宛如迷宮，沒記熟村子路線圖的人很容易搞糊塗。而要記熟，需要花一輩子的時間一家一家地走。

賈洛的屋子位於村子的盡頭，而他與克邱外的世界，只隔著一道磚牆。牆外，沙漠般的辛賈爾朝摩蘇爾延伸，而如今那裡已成為伊斯蘭國在伊拉克的首都。我們推開金屬門，走進廚房。屋裡空而整齊，沒有賈洛和家人倉皇離開的跡象，但我不敢待在裡面。他們不在，屋裡彷彿鬧鬼似的。我們找到一點麵粉、飲水和一罐嬰兒配方奶。我們把東西塞進袋子就火速離開，沒有人開口交談。

出去的時候，蘿吉安指著花園的圍牆，一塊磚掉出去，在腰部高度留下一個洞。我們一直不敢從屋頂久視伊斯蘭國分子，覺得太暴露了。但那面牆卻可提供一些掩護，而透過那個洞，我們可以看到克邱外圍最近的檢查哨之一。「你覺得那裡有達伊沙嗎？」蘿吉安很好奇，走進花園，蹲在牆邊。我們其他三個人互望一眼，便放下肩上的東西加入她，前額貼著牆，以便取得觀察外界的好視角。

大約兩百碼外，幾名好戰分子正戍守一座之前隸屬敢死軍和更早的伊拉克軍隊的崗哨。他們身穿寬鬆的黑長褲和黑襯衫，武器掛在身側。我們觀察他們的一舉一動，他們好像在比什麼密碼似的，一邊跟彼此說話，一邊用腳叩著沙子路，手也比來比去，每一種姿勢都讓我們驚恐萬分。

幾分鐘前我們還深怕在路上碰到好戰分子，但現在正目不轉睛盯著他們。要是能聽到他們在說什麼就好了。也許他們在計畫什麼，這樣我們就能更清楚了解未來有什麼在等著我們，可以帶點消息回去協助我們兄弟戰鬥。也許他們正為占領辛賈爾一事洋洋得意；如果聽到他們那麼說，我們一定會化悲憤為力量，反抗到底。

「你覺得他們在講什麼？」蘿吉安低聲問。

「一定不是什麼好事。」艾德姬回答，將我們拉回現實，「好了啦，我們走了啦。我們答應媽要趕快把這些東西送回去的。」

我們忐忑不安地走回家。妮絲琳打破沉默，「那些人跟俘虜芭蘇的人是一夥的。」她說：「她一定害怕得不得了。」

巷子感覺起來更窄了，我們盡可能加快腳步，試著保持冷靜。但當我們回到家，告訴我媽我們看到的情景——他們距離賈洛家有多近，而賈洛的孩子幾天前還在那裡睡覺呢——妮絲琳跟我忍不住哭了起來。我想要抱持希望、表現堅強，但我需要讓我媽知道我有多害怕，這樣她才會安慰我。

「他們好近。」我說：「我們根本就在他們手裡。如果他們想對我們做什麼壞事，可以為所欲為。」

「我們必須耐心等待和祈禱。」我媽回答，「也許我們會得救。也許他們不會傷害我們，也許會有人來救我們。」她每天都說著類似這樣的話。

◆

我們的衣服被塵土和汗漬染成灰色，但我們沒想要換掉。我們不吃東西了，只喝之前留在陽光下的塑膠瓶裡，所剩的一些溫熱的水。電力中斷了，圍困期間都沒有復電。我們使用發電機，恰好足夠充手機的電和看電視新聞裡有關對伊斯蘭國作戰的報導，這樣的新聞幾乎不停歇。那些頭條讓我們覺得好無助：近四十個孩子在辛賈爾山上餓死和渴死，還有更多在逃亡期間喪命。巴希卡（Bashiqa）和巴札尼（Bahzani），兩個位於摩蘇爾附近的大型亞茲迪村落，都被伊斯蘭國占領，所幸多數居民已逃至伊拉克庫德斯坦。辛賈爾各地已經有數千名亞茲迪婦女和少女被劫持；我們聽說伊斯蘭國把她們當成性奴隸。

尼尼微平原的基督重鎮卡拉哥希（Qaraqosh）已經淪陷，幾乎所有人口都已逃到伊拉克庫德斯坦，以難民身分住在興建中的購物中心和搭在教堂庭園裡的帳篷。塔阿法的什葉派土庫曼人正奮力突破包圍。伊斯蘭國差點直搗艾比爾，但被美軍阻止。美國說要保護他們的領事館，同時也發動空襲掩護受困辛賈爾山區的亞茲迪人。巴格達陷入混亂。美國總統歐巴馬稱亞茲迪人當前的遭遇是「準種族滅絕」。但沒有人談到克邱被圍困的事。

我們正住在一個新世界。克邱的生活戛然而止，因為居民怕被伊斯蘭國撞見，全都待在家裡。和村裡其他人家如此疏遠的感覺很怪。以往我們很習慣三更半夜有訪客、和朋友一起用餐，以及睡前在屋頂到處聊天。但在伊斯蘭國包圍克邱後，連晚上和躺你身邊的人說悄悄話，感覺都很危險。我們試著不要被注意，彷彿這樣伊斯蘭國就會忘記我們在這裡似的。就連變瘦也好像成為一種自保之道，好像我們不吃東西，最後就會變成隱形人。人們只敢離開家去看看親戚的情況、找些補給品和幫忙生病的人。就連那時他們也腳步匆匆，且總是往遮蔽物走，就像昆蟲逃離掃把一樣。

但一天晚上，無視伊斯蘭國，我們全村聚在一起慶祝「巴茲米」（Batzmi），主要為來自土耳其的亞茲迪人家慶祝的節日。那通常在十二月舉行，但一個叫卡拉夫的村民認為我們現在就需要這項儀式，因為恐懼已讓我們日漸疏遠，而且快要失去希望。巴茲米是向大天使塔烏西．美雷克祈禱的時刻，但在被包圍期間更重要的是，我們要趁此機會追思曾被迫離開故土的亞茲迪人。過去，包括卡拉夫的祖先在內，亞茲迪人曾在土耳其生活，後來被鄂圖曼人驅逐。

所有克邱村民都獲邀到卡拉夫家，由四名未婚而被認為擁有潔淨靈魂的男子烘烤神聖的巴茲米麵包。我們等到太陽下山，大家開始湧出家中，往卡拉夫家出發。路上，我們告誡彼此不要引人注意。「別出聲。」穿過村裡的街道時，我們低聲說道。我和艾德姬同行，我們都心驚膽戰。我知道，如果被伊斯蘭國發現，卡拉夫會因密謀進行異教儀式而被嚴懲，但我不知道好戰分子還會有什麼反應。現在才對神提出我們的控訴，希望不會太晚。

卡拉夫屋裡的燈亮著，大家簇擁著烘烤中的麵包。麵包被靜置在一個特別的圓頂上膨脹，之後再由屋子的主人祈神賜福。如果麵包保持完整，就會帶來好運。如果破了，就代表家裡可能會發生不好的事情。因為我們正被包圍，我們的麵包簡單樸素（平常會點綴堅果和葡萄乾），但那結實而渾圓，沒有破裂的跡象。

除了輕輕的哭泣聲和窯裡偶爾傳出的木柴爆裂聲，卡拉夫的屋子很安靜。窯裡冒出的煙散發熟悉的味道，像毛毯一般平復我的心情。我並未左右張望看看瓦拉或其他從圍村後就沒見過的同學在不在，我只想專注於儀式。卡拉夫開始祈禱，「願此神聖麵包之神接受我的靈魂為全村獻祭。」他說。哭泣聲更大了。有些男人試著安撫他們的妻子，但我想，在卡拉夫的屋子裡哭泣，是勇敢，而非軟弱的表現，因為聲音很可能會飄送到檢查哨。

儀式結束，艾德姬和我默默沿原路走回家，穿過前門，上了屋頂，留下來鎮守家裡的人直挺挺坐在床墊上，看到我們平安歸來，鬆了一口氣。女性已經統一睡在屋頂的同一側，男性則睡另一側。我的哥哥仍常打電話，我們不想讓他們聽到哭聲，知道那只會讓他們感覺更不好。那一晚我勉強睡了一會兒，睡到旭日東升，被媽推醒。「該下樓去了。」她低聲說。於是我躡手躡腳下梯子來到漆黑的庭院，祈禱沒有人看得到我們。

◆

在我的家人之中，同父異母的兄弟哈吉最常提到村民該反抗伊斯蘭國。好戰分子仍告訴集會所的男人，如果我們不皈依伊斯蘭，就會把我們送到辛賈爾山，但哈吉確信他們在騙人。「他們只是想讓我們平靜下來。」他堅決認為，「他們想要確定我們不會反抗。」

我不時會看到哈吉隔著庭院的牆跟鄰居小聲交談，彷彿在計畫什麼。每當有伊斯蘭國的護衛隊開車經過村子，他們就會密切注意。「他們才剛結束一場大屠殺。」哈吉會這麼說，轉頭盯著車隊火速通過。有時他會熬夜看電視，義憤填膺到日上三竿。

哈吉不是村裡唯一在設想反抗之道的人。很多人家跟我們一樣背著伊斯蘭國藏有武器，他們不時一起討論各種取出武器去攻擊檢查哨的方式。那些男人是訓練有素的戰士，想要證明自己，但他們也很清楚，不論設法用埋的刀子或AK-47步槍殺了多少伊斯蘭國的成員，路上還有千千萬萬個；如果他們試圖反抗，到頭來，不管做了什麼，很多村民只有死路一條。就算團結一致殺光在村外站崗的好戰分子，最後也無處可去。他們控制了每一條離開克邱的路，而且有車子，有軍卡，有他們從我們及伊拉克軍隊掠奪來的武器。起義不是辦法，而是幻想。但對哈吉那些男人來說，反抗的念頭是在坐以待斃之際，唯一能讓他們保持頭腦清醒的東西。

每一天，村裡的男人都會聚在集會所想方設法。如果我們無法逃跑，無法殺出一條血路，也無法藏身，有可能用騙的嗎？也許，告訴他們我們會皈依伊斯蘭，他們會給我們多一點時間。男人們決定，倘若有好戰分子要脅或碰了克邱的女性，那時，唯有那時，我們會假裝皈依來拖延時間。但那個計畫永遠沒有實行的機會。

女人也在謀劃。我們努力設想，如果伊斯蘭國前來殺害我們的男人，可以怎麼把他們藏起來。克邱有很多地方是好戰分子不知從何找起的——深而幾乎沒有水的井和入口隱祕的地下室。就連一捆一捆的乾草和一袋一袋的動物飼料也可以藏身一陣子以逃過死劫。但他們拒絕考慮躲藏。「我們寧可被殺也不會放你們獨自面對達伊沙。」他們說。於是，當我們等待落在伊斯蘭國手上的命運揭曉，不再抱持會有人來救我們的希望，我試著面對我和我的家人種種可能的下場。我開始思考死亡這件事。

在伊斯蘭國到來前，我們不習慣年輕人死亡，我也不喜歡談論關於死亡的事。光想到死就讓我頭皮發麻。然後，二〇一四年初，兩條克邱的年輕生命先後驟逝。其一，一名叫伊斯邁爾的邊境警察，在克邱南方蓋達組織的勢力範圍內、伊斯蘭國已生根發展的地方執勤時，喪命於恐怖攻擊。伊斯邁爾和赫茲尼差不多年紀，安靜又虔誠。這是第一次有克邱人亡於伊斯蘭國之手，於是眾人開始擔心在政府任職家人的安危。

伊斯邁爾的屍體被帶回辛賈爾的警察局時，赫茲尼人在局裡，所以我們比村裡多數人早得知他的死訊，甚至早於他自己的妻子和家人。他們家跟我們家一樣窮，而伊斯邁爾會從軍，也跟我哥哥一樣，是因為需要那份收入。那天早上，我繞遠路去學校，避開他家。我知道伊斯邁爾已喪命，但那家裡面的家人尚不知情，讓我沒辦法經過他家。當消息在村裡傳開，男人紛紛對空鳴槍表示哀悼，教室裡的女生聽到槍聲，個個驚聲尖叫。

亞茲迪人認為幫屍體做殯葬準備是一種祝福，而那有時需要你坐在屍體旁邊數小時，直到太陽升起。我哥赫茲尼負責伊斯邁爾的準備工作。他清洗屍體、編他的髮辮、幫他穿上一身白，而後他的遺孀送來他們新婚之夜蓋的毯子，讓赫茲尼把他裹起來。一長排村民跟著屍體到村鎮邊緣，看著它被搬上貨車，載往墓園。

幾個月後，我的朋友夏琳在她的姪子於田裡玩獵槍時，意外中彈身亡。她過世的前一晚我還跟她在一起。我們討論考試和她兩個頑皮的兄弟打架被捕的事。伊斯邁爾是夏琳帶大的。她告訴我，伊斯邁爾喪命的前一晚，她做了個夢。「夢裡，克邱發生了一件重大的事情，大家都在哭。」她說。然後，聽來有些內疚，她坦承，「我想那個意思是伊斯邁爾會死。」現在我相信那場夢也在預言她自己的死，預言她在意外後不肯離家一步的姪子，甚至預言伊斯蘭國會到克邱來。

我媽是幫夏琳整理的人。我朋友的手先用散沫花染成紅棕色，再用一條白領巾鬆弛地綁在一起。

因為未婚，她的頭髮被編成單一條長辮。如果她有金子，那也會一起下葬。「人可以埋葬，金子自然也可以埋葬。」亞茲迪人這樣說。就像伊斯邁爾，夏琳的身體也被清洗，穿上一身白，然後在長長一排哀悼的群眾前頭，送往村鎮邊緣，一部貨車等在那兒載她最後一程。

這些儀式很重要，因為依據亞茲迪教義，來世是要求嚴苛的地方，死者可能像人一樣受苦。他們仰賴我們關照，會透過夢境告訴我們他們需要什麼。常常有人會夢見摯愛告訴他們肚子餓，或穿著破爛的衣服。醒來後，他們會捐食物或衣服給窮人，而神會在來世賜予死者衣食做為回報。我們認為這樣的善行對虔誠亞茲迪教徒至關重要，一部分是因為我們相信轉世。如果你在活著的一生是好人和忠貞的亞茲迪教徒，你的靈魂會再次降世，你會重新加入替你哀悼的社區。在那之前，你必須向神和祂的天使證明你有資格回到塵世，回到可能比你離開時更好的生命。

當靈魂漫遊來世及等待轉世時，我們的屍身，不再為靈魂使用的肉體，會發生的事情簡單多了。我們會被清洗，穿好壽衣下葬，而墳墓會用一圈石頭做記號。我們和泥土之間幾無隔閡，因此更容易將身體乾淨而完整地交還孕育我們的泥土。用適當的方式下葬和祈禱，對亞茲迪人很重要。沒有那些儀式，我們的靈魂可能永遠無法重生。我們的肉體也可能永遠回不去它歸屬的地方。

第九章

八月十二日，伊斯蘭國指揮官到集會所發布最後通牒：如果我們不皈依伊斯蘭、不受哈里發國管轄，就準備承擔後果。「我們有三天時間決定。」艾里亞斯站在院子裡告訴大家，眼中迸射著狂熱的能量，「起初他們說，如果我們不肯改宗，就得繳罰款。」

艾里亞斯帶回消息時我正在淋浴，透過柵門的裂縫，我看得到他和媽說話。兩人雙雙哭了起來。沒把頭髮的肥皂沖乾淨，我抓了舉目所及的第一件衣服，將我媽的衣服像帳篷一樣落在我嬌小的身軀，然後跑去院子跟家人會合。

「萬一繳不出罰款呢？」我媽問。

「到現在他們還是說會送我們到山區，克邱則讓給他們住。」艾里亞斯說。他手工編織的白汗衫，虔誠亞茲迪男人會穿的那種，已經被泥土和汙垢染成灰色了。他的聲音很穩定，也沒在哭了，但我看得出他惶恐不安。從來沒有辛賈爾的亞茲迪人像伊拉克基督徒那樣，獲得可用罰款代替改宗的選項。艾里亞斯堅信好戰分子說有此選擇是在撒謊，甚至只是在逗弄我們。他呼吸得很慢，他一定告訴過自己要為我們保持冷靜，從集會所回家的路上，他一定反覆練習要說的話。真是個好哥哥。但他沒忍住讓下一句話衝口而出，「這鐵定沒好事。」接著又重複一遍，「鐵定沒好事。」

我媽斷然採取行動。「每個人都去打包吧。」她告訴我們，說完便跑進屋裡。我們整理了我們自認可能需要的東西：換洗衣物、尿布、配方奶和伊拉克身分證，上面載明我們是亞茲迪人。我們橫掃不多的貴重物品。媽拿了在爸過世後領到的國家核發的配給卡，哥哥們則把手機備用電池和零錢扔進袋子裡。思念赫茲尼的吉蘭裝入他的一件前排扣黑色襯衫，她在圍村期間一直帶在身邊。

我走進我和姊姊及凱薩琳共用的房間，拉開一個抽屜，取出我最貴重的財物，一條長的銀項鍊嵌高碳鑽，和一只搭配的手鐲，是我媽二〇一三年在辛賈爾城買給我的。在那幾天前，我在牽引機後面堆乾草的時候，一條連結牽引機的纜索啪的一聲斷了。繩索以馬踢的力道擊中我的腹部，差點要我的命，而當我躺在醫院昏迷不醒，媽衝去市集買了這些珠寶。「如果你出院，我就買耳環給你搭。」她呢喃道，一邊壓我的手。她用這招賭我會活下去。

我把項鍊和鐲子藏在衛生棉裡：我沿縫線撕開，再塞回包裝袋。然後我把衛生棉放在一個黑色小提袋裡的衣物上面，闔上拉鍊。接下來，我媽開始取下牆上的照片。我們家到處掛著家人的照片——赫茲尼和吉蘭的結婚照；賈洛、狄瑪兒和艾德姬坐在克邱村外的原野；春天的辛賈爾山，色彩鮮豔到像假的。這些照片訴說著我們家的歷史，從我們窮得不得了、擠在父親家後面的小屋子裡，歷經多年奮鬥，到現在過著比較快樂的生活。現在，牆上曾掛著照片的地方，徒留長方形的印子。「娜迪雅，去拿相簿來。」看到我站在那裡，她跟我說：「把所有相簿拿到院子，坦都那裡。」

我照媽的話做了，兩手抓滿相簿進院子。她跪在烤窯前面，伸手拿我兄姊從相框取出的照片，有條不紊地扔進土窯的血盆大口。矮胖的土窯是我們家的重心，而在亞茲迪人心目中，所有麵包，不只是為巴茲米烤的節日麵包，全數都是神聖的。我媽會多做一些麵包分發給最貧窮的村民，這對我們家來說也是一種祝福。當我們貧困的時候，土窯裡的麵包讓我們活下去，而我記得的每一餐都有高高一疊扁平而充滿氣孔的圓麵包。

現在，隨著照片燒成灰燼，坦都源源吐出黑色的化學煙霧：有嬰兒時期的凱薩琳在拉利什，浸在源於拉利什山谷、流經古老石造聖殿的「白泉」裡受洗。有我上學的第一天，一想到要跟媽分開就忍不住淚眼汪汪。有凱里和莫娜的婚禮，新娘戴著花冠。**我們的過去都成了灰**，我想。那些照片一一消失在火裡，而在照片灰飛煙滅後，我媽拿起一疊她的白衣服，除了身上那件以外所有的白衣服，加到熾烈的火舌裡。「我不會讓他們知道我們是誰。」她說，看著純白的布捲曲、變黑，「現在他們摸不到了。」

照片燒毀令我目不忍睹。回到屋裡，在我和其他女孩共用的小房間，我打開高大的衣櫥。確定四下無人，我拿出那本厚重的綠色相簿，慢慢翻閱，凝視照片上的新娘。克邱的新娘會在婚禮前好幾天就開始準備，而整個準備過程都呈現在照片裡。精細複雜的辮子、鬈髮挑染成金色或用散沫花染紅，噴了定型液固定在新娘的頭頂。新娘的眼睛用墨粉畫了濃重的眼線，用鮮豔的藍色或粉色眼影裝飾。有時新娘會在頭髮裡編入幾顆小珠子，有時會戴閃閃發光的冠狀頭飾。

新娘準備就緒就出來亮相，接受村民連聲讚美，然後大家會跳舞和暢飲到太陽升起，赫然發現新娘和新郎已經離場，去過新婚之夜。隔天，新娘的女性朋友會及早拜訪，鉅細靡遺地探聽初夜的故事。她們會咯咯竊笑、檢查床單，察看是否沾了一點洩露內情的血。對我來說，婚禮定義了克邱。女人一絲不苟地化妝，男人幫一塊一塊的土地澆水，以免隔天跳舞時塵土飛揚。我們在辛賈爾以舉辦精緻的婚宴著稱，還有人說克邱出美女，而我覺得我相簿裡的每一名新娘看來都像藝術品。當我自己開髮廊時，這本相簿會是我擺設的第一件物品。

我了解媽為什麼要燒毀全家人的相片。想到好戰分子觀賞和觸摸相片的情景，我也會作嘔。我想像他們會譏笑我們：這可憐的亞茲迪一家子，以為他們配在伊拉克快樂過日子，以為他們可以上學、可以結婚、可以永遠住在出生的國家。想到這裡我就火冒三丈。但我沒有把綠色相簿拿去院子裡燒，反而放回大衣櫥、關上門，片刻後，更把衣櫥上鎖。

要是我媽知道我藏了那些照片，她會告訴我，燒掉自己的照片不讓伊斯蘭國找到，卻留下別人的照片，不是什麼好事，我也明白她是對的。衣櫥根本不是藏那本相簿的安全地方，好戰分子可輕易破壞那道鎖，而門一開，綠色相簿便映入眼簾。要是我媽發現，問我為什麼要保存那些相片，我不知道怎麼回答。至今我仍不能確定，那些照片為什麼對我具有那麼深的意義。但我就是不忍心見到那些照片，只因害怕恐怖分子就被燒毀。

那天晚上，我們爬上屋頂後，凱里接到一通電話。是一個待在山區的亞茲迪朋友打來的，他在庫德工人黨建立往敘利亞的安全通道後仍決定留下來。雖然山上生活艱困，仍有許多亞茲迪人決定不要離開。有些人是因為覺得待在那麼高、且有一座多岩石的陡峭山坡阻隔著伊斯蘭國最安全，有些人則是因為虔誠的信仰而寧死也不願離開辛賈爾。最後他們建立了一個大型難民聚落，從高原的東方一直延伸到西，由附屬庫德工人黨的士兵守衛，其中許多是之前已盡其所能捍衛辛賈爾的勇敢亞茲迪男子。

「你看月亮。」凱里的朋友告訴他。亞茲迪人相信太陽和月亮是神聖的，是神的七位天使之二，而那晚的月兒又大又皎潔，是會在我們於夜裡工作時照亮農田，避免我們在回家路上絆倒的那種月色。「我們現在都在祈禱。請克邱的村民加入我們。」

凱里一一叫醒我們之中已經睡著的人。月兒照亮我們的臉，讓我媽的白衣閃閃發光。我和躺在隔壁床墊的嫂嫂一起祈禱。我親吻仍戴在手腕的那一小只紅白相間的細繩手鐲，輕聲祈禱，簡單扼要：「別讓我們落入他們手裡。」接著便靜靜躺回碩大的月亮下。

◆

隔天，仍試著斡旋的艾哈邁德・賈索邀請鄰村遜尼派部落（就是擄走迪山的那個部落）的領袖到集會所共進午餐。村裡的女人為他們精心準備佳餚：煮飯、切蔬菜、將鬱金香形狀的透明玻璃杯裝了半吋的糖，準備在餐後喝甜茶。男人殺了三隻羊讓賓客享用，這對來訪的部落領袖是莫大的榮耀。

午餐期間，我們的村長試圖說服遜尼派領袖幫助我們。在我們所有鄰居中，這支部落是宗教最保守、也最可能對伊斯蘭國發揮影響力的。「你們一定可以跟他們說些什麼。」艾哈邁德說：「請告訴他們我們是誰，我們不足以構成任何傷害。」

部落領袖搖搖頭。「我們也想幫助你們，但我們無能為力。」他們告訴艾哈邁德・賈索：「達伊沙不會聽任何人說話，連我們也不例外。」

部落領袖離開後，村長頓時烏雲罩頂。艾哈邁德的胞弟納伊夫・賈索，之前帶他生病的妻子去伊斯坦堡就醫，這會兒從那裡打電話來。「他們週五就會殺掉你們。」他告訴他的哥哥。

「不會，不會的，」我們的村長堅持，「他們說會帶我們去山區。」他到最後仍抱持希望，相信問題終有辦法解決，就算巴格達和艾比爾都沒有人願意相助。而華盛頓當局告訴賈洛的朋友海德說他們無法在克邱進行空襲，因為百姓傷亡的風險太高，他們擔心如果在克邱周邊轟炸，我們全都會跟伊斯蘭國一起喪命。

兩天後伊斯蘭國的好戰分子在克邱街上行走，發放冰塊。這在八月的炎炎夏日是受歡迎之舉，特別是在飲水曬了近兩週的烈陽後。艾哈邁德打電話給納伊夫，告訴他發生的事。「他們發誓只要我們照他們的話去做，就不會動我們一根汗毛。」他告訴他的弟弟：「如果他們打算殺光我們，為什麼還要給我們冰塊呢？」

納伊夫不相信。他在伊斯坦堡的病房來回踱步，等待電話鈴響，捎來最新消息。四十五分鐘後，艾哈邁德再度打給納伊夫。「他們叫我們去小學集合。」他說：「他們要帶我們去山上。」

「他們才不會。」納伊夫對他的哥哥說：「他們會把你們統統殺死。」

「我們人數那麼多，哪有可能一次殺光！」艾哈邁德・賈索堅持：「那是不可能的事。」然後，跟我們其他人一樣，他也聽從伊斯蘭國所言，開始走向學校。

我們聽到消息時正在料理食物。只知道肚子餓、其餘一概不知的孩子一直哭著要吃東西，於是那天一早我們殺了幾隻小雞煮給他們。我們通常會讓小雞長大一點，等下蛋後才會殺，但我們已經沒別的東西餵孩子了。

母親叫我們準備去學校的時候，雞還在煮。「能穿幾件就穿幾件。」她說：「他們可能會搶走我們的袋子。」我們關掉那一鍋油水底下的瓦斯，照她說的話去做。我穿了四件有彈性的長褲、一件連衣裙、兩件襯衫和一件粉紅色的夾克——這是我在酷暑可以忍受最多的衣物。汗立刻從我的背涔涔流下。「別穿太緊的，別露出皮膚。」我媽叮嚀，「一定要像個規矩的女人。」

接下來，我在提袋裡多放了一條白頭巾和兩件連衣裙，一件是凱薩琳的棉質連衣裙，一件是狄瑪兒在辛賈爾城買布自己設計、但很少穿的亮黃色連衣裙。我還小的時候，衣服都會穿到壞了為止，現在我們有足夠的錢每年買一件新連衣裙，而我就是沒辦法把最新的留下。然後，不假思索地，我把收集的化妝品放進衣櫃和新娘相簿擺在一起，再重新上鎖。

已經有一群人緩慢朝學校方向走去。我可以從窗戶看到他們，各自拿著提袋。嬰兒無力地把頭枕在母親的懷裡，幼童則疲累地拖著腳步。有些長者必須坐輪椅推行；他們看起來已經死了。天氣燠熱難當。汗已浸濕男人的襯衫和女人的連衣裙，玷汙他們的背。村民都好蒼白，身子都削瘦了。我聽到他們在呻吟，但說不出任何話語。

赫茲尼從姑姑家打電話來。他和我們一樣痛苦，聽起來像頭瘋狂的野獸，對我們大叫說他想回克邱。「就算你們遭遇什麼不好的事，我也得在那裡！」他大叫。

吉蘭邊講電話邊搖頭，試著安慰他。他們最近決定要生小孩，期望有朝一日能擁有兩人都想要的大家庭。當伊斯蘭國來辛賈爾時，他們才剛在新的混凝土房屋搭好屋頂。我媽叫我們記住赫茲尼和沙烏德的手機號碼。「說不定你們會需要打電話給他們。」她告訴我們，而我至今仍倒背如流。

我穿過屋裡，走向側門。每一間房子都洋溢著回憶，比平常更甚。我經過客廳：每當漫長的夏夜，我哥會在那裡和村裡其他男人共飲又濃又甜的茶；廚房：我姊煮我最愛吃的秋葵和番茄把我寵壞；我的臥室：凱薩琳和我在那裡用橄欖油保養頭髮，頭包著塑膠袋睡著，然後聞到油變熱散發出的胡椒氣味而驚醒。我想到在院子裡用餐，全家人圍蓆而坐，在享受新鮮麵包之際捏一點加了奶油而光滑潤澤的米飯吃。那是一棟簡單樸素的房子，可能感覺過於擁擠。艾里亞斯老是嚷著要帶妻小搬出去，給他們更大的空間，但始終沒有去做。

我聽得到綿羊在院子擠在一起的聲音。牠們的毛長厚了，身體卻因挨餓而縮水。我無法承受牠們死掉或被好戰分子宰來吃的念頭。牠們是我們的所有。現在我恨不得自己記得屋裡的每一個細節——客廳五彩繽紛的坐墊、讓廚房香氣四溢的香料、甚至是淋浴間的滴水聲——但那時我不知道自己會永遠離開我的家。我停在廚房一疊麵包旁邊。我們本來把那些麵包拿出來要給孩子配雞肉吃，但卻沒有人碰。我抓了幾塊已經變冷而有點腐敗的圓麵包，塞進塑膠袋裡帶走。那看似正確的舉動。也許我們在等待什麼的時候會餓，也許這神聖的食物會保護我們不受伊斯蘭國危害。「願創造麵包的神幫助我們。」我低聲說，然後跟著艾里亞斯上街。

第十章

自八月三日以來頭一遭，克邱的馬路和巷弄滿滿是人，但其實是人的幽魂。沒有人像平常那樣跟別人打招呼，或親吻彼此的臉頰或頭頂。沒有人在笑。我們身體的臭，沒有洗澡又流一身汗的臭，刺痛我的鼻孔。唯一的聲音是村民在酷熱中的呻吟和伊斯蘭國好戰分子的叫囂：他們已經在沿路和屋頂上占領據點，監視我們，催促我們往學校方向前進。他們的臉只露出眼睛，眼神亦步亦趨地跟隨我們緩慢吃力的腳步。

我跟狄瑪兒和艾里亞斯同行。我們沒有緊挨彼此，但有他們在身邊讓我感覺沒那麼孤單。只要和家人在一起，而且前往同樣的目的地，我就知道不管發生什麼事，至少我們有相同的命運。話雖如此，無緣無故離開家——除了恐懼別無他因——是我做過最艱難的事。

我們在路上完全沒有交談。在我家旁邊的巷子，艾里亞斯的朋友阿米爾追上來。他剛當爸爸，而他非常恐慌。「我忘記帶配方奶了！」他大叫：「我得回家！」他惴惴不安，準備往人潮移動的反方向飛奔。

艾里亞斯按住阿米爾的肩膀。「不可能的，」我哥告訴他：「你家太遠了。到學校去吧。會有人有配方奶的。」阿米爾點點頭，回到隊伍，和其他人朝學校的方向走。

在巷弄匯入幹道的地方，我們見到更多好戰分子。他們持槍監視我們。光是看到他們就令人膽寒。女性戴上頭巾，彷彿那能隔離好戰分子的目光，眼睛看著地上，看著每踏出一步，腳邊就揚起一陣乾燥的塵土。我迅速移到艾里亞斯的另一邊，讓我的大哥隔在我和伊斯蘭國之間。人人這般走著，彷彿無法控制自己的動作或方向。好像沒有靈魂的行屍走肉。

沿路的每一棟房屋都很熟悉。村醫的女兒就住在路上，我在學校的兩個同班同學也是。其中一個已經在八月三日伊斯蘭國初至辛賈爾那天，她的家人企圖逃跑時被帶走。我不知道她後來怎麼了。

有些房屋跟我們家一樣是狹長形、用泥磚砌成，有些則跟赫茲尼家一樣是混凝土。大部分都用白塗料粉刷過，或維持灰色，少數漆成鮮豔的顏色或用精巧的磁磚裝飾。這些家園都花了一、兩輩子付錢和建造，它們的主人希望在過世後，子子孫孫仍長久住在那裡，再把房子傳給他們的子子孫孫。克邱的房屋向來人滿為患，吵鬧、擁擠而歡樂。如今，它們空蕩悲傷地坐在原地，看著我們走過。牲畜在院子裡心不在焉地吃，牧羊犬在大門後無助地吠。

我們身邊一對老夫婦走不動了，在路邊停下來休息。一名好戰分子立刻朝他們大叫：「繼續走！不准停！」但老先生似乎累到聽不見。他倒在路邊一棵樹下，瘦弱的身子嵌進那一小片樹蔭。「我去不了山上了。」他告訴他的妻子，她正求他站起來。「就把我留在這片樹蔭底下，我想死在這裡。」

「不行，你得繼續走。」妻子從他的腋下支住他，彷彿把身體當拐杖讓他倚靠，繼續前行，「我們就快到了。」

那對老夫婦朝學校蹣跚而行的情景讓我憤怒至極，忽然一切恐懼化為烏有。我脫離人群，跑向一棟屋頂有好戰分子看守的房子，回頭，鼓起所有力氣朝他吐口水。亞茲迪文化不允許吐口水，而在我家，那是你所能做的數一數二糟糕的事。就算我離那個好戰分子太遠，口水噴不到他，但我想要讓他知道我有多恨他。

「賤貨！」那人提起腳尖身體晃了一下，開始低頭對我大吼。一副想跳下來抓住我似的，「我們是來幫你們的！」

我感覺艾里亞斯抓住我的手肘，把我拉回人群。

「繼續走啦！」狄瑪兒驚恐地對我耳語，「你幹嘛那樣做？他們會殺掉我們的。」我的兄姊很生氣，艾里亞斯緊摟著我，試著遮住我，不讓那個還在對我們咆哮的好戰分子看到。

「對不起。」我低聲說，但我在撒謊。我唯一遺憾的是那人離我太遠，我的口水沒辦法直直吐到他臉上。

遠遠地，我們可以看到山。在夏天狹長而乾旱的山，是我們唯一的希望寄託。辛賈爾山能存在於世，對我就是神蹟了。辛賈爾地勢平坦，幾乎一年到頭都是沙漠，但它的中央卻矗立著辛賈爾山，有遍植菸草而翠綠的人造草原、適合野餐的高原，以及高得聳入雲霄、冬季白雪覆蓋的山峰。山頂，坐落於一座駭人懸崖邊緣的，是一間從雲裡冒出的白色小聖堂。如果我們到得了那裡，就可以在那間聖堂敬神或躲在山間的村落中，甚至可以把綿羊帶去吃青草。雖然害怕，我仍期盼我們最後能到辛賈爾山上。這座山看似純粹為幫助亞茲迪人而屹立於伊拉克。我想不到其他用途。

在我和全村一起走向學校時，很多事情我並不知情。我不知道拉利什已經撤空，唯獨我們最虔誠的祭司留下，而那裡正由聖堂的僕人：去那裡擦地和點橄欖油燈的男人和男孩鎮守；他們正用找得到的武器捍衛聖堂。我也不知道在伊斯坦堡，納伊夫．賈索正瘋狂地打電話給阿拉伯朋友了解克邱的現況，不知道在美國，亞茲迪人仍在懇求華盛頓和巴格達的領導人。全世界的人都在嘗試幫助我們，全部失敗。

我也不知道在一百五十哩外的扎胡，赫茲尼一聽說克邱發生的事情就瘋了，他從姑姑家衝向一口井，我們的親人得竭力阻止他投井自殺。往後兩天，我哥將拚命打艾里亞斯的手機，讓它響啊響，響啊響，直到有天完全斷訊。

我不知道伊斯蘭國有多恨我們，以及他們能做些什麼。雖然我們都很害怕，但我想那天走在路上的人沒有一個預料到，他們會用多麼邪惡的方式對待我們。在我們行走的同時，他們已經開始執行種族滅絕了。在辛賈爾北部某個亞茲迪村落外，一名亞茲迪婦女住在公路旁的泥磚小屋裡。她年紀沒有很老，但彷彿已在那裡住了數百年，因為她成年後的日子大多在深深的悲傷中度過。她的皮膚呈半透明，因為她很少到戶外，而她的眼睛周圍布滿深深的皺紋，數十年的淚堆積成的陰鬱。

數十年前，她所有兒子連同丈夫都在兩伊戰爭中陣亡，此後她就認為老年生活已無意義。她離開家，搬進那間泥磚屋，且不讓任何人在裡面待太久。每天都有村民停下來留食物或衣物給她。他們沒辦法靠近她，但她一定有吃東西，因為她活下來了，而衣服也不見蹤影。她獨自生活，孤單寂寞，且無時無刻不思念失去的家人，但至少她活著。當伊斯蘭國來到辛賈爾，發現她住在村外且不願離開時，他們進入她的房間，放火燒死她。

第二部

第一章

看到克邱小學的操場容得下所有村民，我才知道原來我的村子這麼小。我們站在乾草地上，擠成一團。有些人竊竊私語，納悶會發生什麼事；其他人靜默無言，驚魂未定。還沒有人了解情況。從那一刻起，我腦中的每一個念頭，我採取的每一個步驟，都是向神乞求。好戰分子拿槍指著我們，「女人和小孩上二樓。」他們大叫，「男人統統留在這裡。」

他們仍企圖讓我們保持冷靜。「如果你們不想改宗，我們會讓你們到山上去。」他們這麼說，所以我們照他們所說爬上二樓，來不及跟被留下來的男人說再見。我想，假如事先知道男人會發生什麼事，不可能會有母親讓她的兒子或丈夫去學校。

樓上，女人成群擠在公共休息室的地板上。那間我曾在那裡學習和交朋友好多年的學校，這會兒看來像截然不同的地方。哭泣聲此起彼落，但如果有人尖叫或問現在要幹什麼，就會有伊斯蘭國的好戰分子大聲要她閉嘴，然後整個房間就會再次陷入可怕的寂靜。除了非常老和非常小的，每個人都站著。那裡很熱，呼吸困難。

一組被門住的窗戶開著讓空氣流通，可以從那裡看到學校圍牆外。我們衝向窗邊，想看外面的情況。我奮力在一排女人後面找縫隙看。沒有人往鎮上的方向看，人人都試著在底下的人群尋找自己兒子、兄弟或丈夫的身影。有些男人孤單坐在遊戲場，令人同情。他們看起來好絕望。當一排皮卡車抵達學校前門，隨意亂停而沒有熄火，我們不由得恐慌起來，但好戰分子叫我們安靜，所以我們無法呼喊男人的名字，或隨心所欲地尖叫。

幾個好戰分子開始拿著大袋子繞房裡走，命令我們交出手機、珠寶和金錢。大部分的女人都把手伸進離家前打包好的提袋，取出物品放入打開的袋子，膽戰心驚。我們能藏的都藏。我看到女人從提袋裡拿出證件、從耳朵摘下耳環，塞進連衣裙或胸罩裡。還有人趁好戰分子不注意，把東西壓到提袋更底下去。我們很害怕，但不放棄。就算他們真的會送我們去山上，我們懷疑他們也會先搶劫，而有些東西是我們不願割捨的。

儘管如此，好戰分子的三個大袋子還是裝滿了我們的金錢、手機、結婚戒指、手錶、國家核發的身分證和配給卡。就連幼童都被仔細搜查有沒有值錢的東西。一名好戰分子拿槍指著一個戴耳環的少女。「摘下來放到袋子裡。」他下令。她原本一動不動，但她的母親低聲說：「給他吧，這樣我們才能去山上。」於是那女孩摘下耳環，放進打開的袋子。我媽放棄了自己的結婚戒指，她所擁有最貴重的物品。

透過窗子，我看到一個三十出頭的男子靠著遊樂場的牆，坐在一棵瘦弱樹旁的乾土堆。我當然認得他是村裡的人，我認得村裡每一個人，也知道一如所有亞茲迪男子，他以勇氣自豪，且自詡為戰士。他看來不像輕易放棄的人。但當一個好戰分子靠近，比了比他的手腕，那個男人什麼也沒說，也毫無反抗之意。他只是伸出手，望向別處，任好戰分子摘下他的手錶，扔進袋中，再放開他的手，落回他的身側。那一刻我才了解伊斯蘭國有多危險。他們已經把我們的男人逼到絕望邊緣。

「娜迪雅，把你的珠寶給他們吧。」我媽輕聲命令道。我看到她和一些親戚待在角落緊抓著彼此，全身僵硬。「如果被他們發現，一定會殺掉你的。」

「我辦不到。」我低聲說。我緊抓著那個我把貴重物品藏在衛生棉裡的袋子。我甚至把麵包推到最底下，唯恐好戰分子會逼我放棄。

「娜迪雅！」媽想爭論，但只維持一秒。她不想讓我們引人注意。

樓下，艾哈邁德．賈索正和人還在伊斯坦堡醫院陪妻子的弟弟納伊夫通電話。後來納伊夫把這幾通電話的可怖內容告訴赫茲尼。「他們正在搜取我們的貴重物品。」艾哈邁德告訴他的弟弟：「之後他們說會帶我們到山裡去。已經有皮卡車停在門外了。」

「也許會吧，艾哈邁德，也許會吧。」納伊夫說。**如果這是我們最後一通電話**，他心想，**那就開心點吧**。但和艾哈邁德講完電話，納伊夫立刻打給鄰村的一個阿拉伯朋友。「如果你聽到槍響，打給我。」他告訴那個人，然後掛斷電話，等候。

最後，好戰分子要我們的村長交出手機。他們問：「你代表村子。你決定怎麼樣？你要改宗嗎？」

艾哈邁德．賈索為克邱服務了一輩子。每當村民發生爭執，他都會請當事人到集會所試著排解。當我們和鄰村的關係變得緊張，艾哈邁德．賈索會負責平息事端。他的家族讓克邱抬頭挺胸，而我們信任他。現在他被要求決定全村的命運。

「帶我們去山裡。」他說。

開著的窗子旁邊出現騷動，於是我又往窗子擠過去。窗外，好戰分子命令男人登上停在校外的卡車，逼他們排成人龍，擁擠到很多人疊在一塊兒。女人一邊看著，一邊竊竊私語，深怕如果提高音量，好戰分子就會把窗戶關上不讓她們看。其中有些不過十三歲的男孩也和男人一起被逼上卡車，個個一臉絕望。

◆

我掃視卡車和遊戲場，尋找哥哥的蹤影。我看到馬蘇德站在第二輛卡車上，和其他男人一起直視前方，不敢抬頭看擁擠的窗口或回頭看村莊。他的雙胞胎兄弟沙烏德在庫德斯坦平安無虞，而馬蘇德在圍村期間可能跟我們講不到十句話。他向來是我兄長裡最堅忍不拔的，喜歡安靜和孤獨，機械技工的工作非常適合他。馬蘇德的一個摯友已經在和家人試著逃離克邱前往山區時被殺，但馬蘇德從來沒有講過一句關於他或沙烏德或其他任何人的話。圍村期間，他跟我們一樣，整天都在看電視上辛賈爾山的報導，晚上也會上屋頂睡覺。但他不吃東西、不說話，也不同於向來比較情緒化的赫茲尼和凱里，他一滴淚也沒掉。

接下來我看到艾里亞斯，在人龍中慢慢走向同一輛卡車。這個在父親過世後兄代父職的男人，現在看起來完全被擊潰。我瞥了一下四周的女人，沒看到凱薩琳在窗邊，不覺鬆了口氣；我不希望她見到自己的父親變成這個樣子。我移不開視線。周遭一切都變得模糊——當我看著哥哥上了卡車，馬蘇德在角落，艾里亞斯在後頭，女人的哭泣聲、好戰分子重重的腳步聲、午後刺眼的太陽，甚至炎熱，似乎全都消失了。然後車門關上，卡車陸續開走，開到學校後面去。過了一會兒，我們聽到槍響。

我從窗口離開的同時，房裡爆出尖叫。「他們殺人了！」女人大叫，好戰分子咒罵著，要我們安靜。我媽這會兒坐在地上，一動不動，一語不發，我跑過去。我這一生，每當覺得害怕，都會向我媽尋求安慰。「沒關係的，娜迪雅。」她會這樣告訴我，一邊輕撫我的頭髮，無論我是做了噩夢，或是跟兄姊打架不開心。「不會有事的。」我一直相信她。媽已經歷過無數風雨，從不抱怨。

現在她卻坐在地上，頭埋在雙手裡。「他們殺了我的兒子。」她嗚咽地說。

「別再尖叫了。」一個好戰分子下令，梭巡擁擠的房間，「如果再聽到任何聲音，我們會殺了你們。」嗚咽頓時變成哽咽，女人們竭盡所能壓抑哭聲。我祈禱，願我媽沒像我一樣親眼目睹兒子上了那些卡車。

◆

納伊夫的阿拉伯朋友從居住的村子打電話給他。「我聽到槍響了。」他說。他在哭。一會兒後，他遠遠看到一道人影。「有人朝我們村子跑過來，」他告訴我們村長的弟弟：「是你堂弟。」

納伊夫的堂弟一跑進那個村子就跌在地上，氣喘吁吁。「他們殺光所有人。」他說：「他們要我們排隊爬進那些溝渠。」在下雨的月分積蓄雨水供灌溉的淺溝。「他們要看起來比較年輕的人舉手，檢查腋毛，如果沒有，就帶回卡車上。剩下的人統統射殺。」幾乎所有男人都當場斃命，屍體交疊，好似同時被雷擊中的樹木。

當天共有數百個男人被帶到學校後面，只有少數人逃過行刑隊的毒手，保住性命。我哥薩伊德被射中腿和肩膀，而在他摔倒後，他閉上眼睛，要自己冷靜，不要呼吸得那麼大聲。一具屍體倒在他身上，那是個魁梧男子，因為已經斷氣而顯得更笨重，薩伊德咬緊牙關，承受壓倒性的重量而不敢呻吟。至少這具屍體可以遮住我不被發現，他這麼想，然後閉上眼睛。溝裡都是血的味道。在他身邊，另一個還沒死的男人痛得哀嚎，乞求幫助。薩伊德聽到好戰分子的腳步聲朝他的方向走回來。其中一人說：「那條狗還活著。」說完又是一陣震耳欲聾的槍響。

其中一顆子彈擊中薩伊德的頸部，他用盡全身的力量不叫出聲。當好戰分子踏過數百具男人屍體的聲音逐漸遠去，薩伊德才敢移動一隻手，試著止血。他旁邊有個名叫阿里的老師也受傷但還活著，他輕聲對薩伊德說：「附近有間農舍，我想他們已經走得夠遠了，我們可以過去那裡不被發現。」我哥點點頭，痛苦地扮了鬼臉。

幾分鐘後，薩伊德和阿里挪開身邊的屍體，慢慢爬出溝渠，環顧四周，確定附近沒有好戰分子。然後用最快的速度走向小屋。我哥中了六槍，多數在腿，所幸沒有一顆貫穿骨頭或器官。阿里傷到背部，雖然還可以走路，恐懼和失血卻讓他神經錯亂。「我眼鏡掉在那裡了。」他一直跟薩伊德說：「沒有眼鏡我看不到東西。我們得回去拿。」

「不行，阿里，我的朋友，我們不能回去。」薩伊德告訴他：「回去就死定了。」

「好吧。」阿里說，嘆了口氣，靠著小屋的牆。過了一會兒，他又轉向薩伊德，懇求：「我的朋友，我看不見東西。」兩人一邊等待，一邊重複上演這樣的對話，阿里乞求回去拿眼鏡，薩伊德溫柔地告訴他不行。

我哥從棚屋的地上刮了一些土，按住他們的傷口，盼能止血。他擔心會失血過多而死。頭暈目眩，仍驚魂未定地顫抖，他仔細聆聽從學校和後方農田傳來的聲音，不知道伊斯蘭國如何處置女人，以及是否開始掩埋男人的屍體。這時，一陣像推土機發出的聲音從外面經過，於是他想，他們八成會用那部機器推土，把溝渠填平。

我同父異母的兄弟哈利德被帶到村子的另一端，村民排排站，集體槍決。跟薩伊德一樣，他靠假死躲過一死，然後逃命。他一隻手肘被子彈擊碎，毫無用處地垂下，但至少他的腳還有用，而他用最快的速度飛奔。一個躺在旁邊的男人看到他要離開，抽噎地求援。「我的車子停在村子裡。」那男人告訴哈利德：「我中槍了，不能動彈。請開我的車來接我。我們可以去山區。拜託你。」

哈利德停下來，看著那個男人。他的腳已經被子彈擊碎。不可能搬動他而不引人注意，而那個男人若不能趕緊送去醫院，恐怕難逃一死。哈利德想告訴他他會回來，但不知道怎麼撒謊。所以他只凝視那男人一會兒。「我很抱歉。」他說，然後快步離開。

哈利德經過學校時，伊斯蘭國的好戰分子從屋頂開槍射他，而他還看到三個克邱人從溝渠裡出來，往山區方向飛奔，一部伊斯蘭國的卡車追了上去。當卡車上的好戰分子開始射擊，哈利德整個人躍入散布田裡的球形乾草堆間，在裡面待到夕陽西下，渾身打顫、差點痛到昏厥，連連祈禱強風不會把乾草堆吹走，暴露他的行蹤。然後，天黑以後，他獨自穿過農田，走向辛賈爾山。

薩伊德和阿里一直在棚屋待到太陽下山。薩伊德一邊等，一邊從小窗子觀察學校的動靜。「你看得到女人和小孩子出了什麼事嗎？」阿里坐在角落問。

「還沒，」我哥說：「還沒有事情發生。」

「如果他們也要殺掉女人和小孩子，現在不是該動手了？」阿里納悶。

薩伊德沉默不語。他不知道我們即將發生什麼事。

當天色快暗，卡車回到村子，停在學校門口。女人和小孩魚貫走出校舍，好戰分子引領我們上卡車。薩伊德伸長脖子，試著在人群中找出我們。當他認出狄瑪兒的頭巾朝一輛車直線前進，忍不住哭出來。

「發生什麼事了？」阿里問。

薩伊德不知道。「現在他們正在叫女人上卡車。」他說：「不知道要幹什麼。」卡車一載滿就開走了。

薩伊德低聲對自己說：「我對神發誓，如果我活下來，我要成為戰士，救我的媽媽和妹妹。」而當落日完全西沉，他和阿里開始用受傷的身軀可以負荷的最快速度，往山的方向走。

第二章

在學校裡，我們聽得到殺害男人的槍響。巨大的爆裂聲持續了一個小時之久。有些待在窗邊的女人說她們看得到學校後面揚起一陣又一陣的沙土。當外面安靜下來，好戰分子便將注意力轉向我們。女人和孩子是克邱僅存的了。我們驚慌失措，但竭力不出聲，不想惹怒監視我們的好戰分子。「我父親的家園毀了。」我媽坐在那裡輕聲說道。那是我們唯有在最絕望的時候才會說的話。媽聽起來已毫無希望。也許她親眼看到艾里亞斯和馬蘇德上卡車了吧，我想。

一個好戰分子命令我們下樓，於是我們跟著他到一樓。那裡，在場所有成年男人都是伊斯蘭國的好戰分子。一個名叫努瑞、以他的年紀算高的十二歲男孩，原已跟他的哥哥阿敏一起被送去溝渠。阿敏和男人一同槍決，但好戰分子叫努瑞把手舉到頭頂，看到他還沒長腋毛，就把他送回學校。「他是小孩子。把他帶回去。」指揮官說。回到學校裡，男孩被憂心的阿姨們團團圍住。

在梯井，我看到凱薩琳伸手撿了一捲應該是從某個袋子裡掉出來的美金，看起來有好幾百元。「留著吧。」我告訴她：「藏起來。我們其他什麼都給了。」

但凱薩琳太懼怕而不敢把錢留下，而且她以為如果他們見到她這麼配合，就會同情她和她的家人。「也許我把錢給他們，他們就不會對我們怎麼樣了。」說完，她就把錢交給下一個遇到的好戰分子，他拿走後卻什麼也沒說。

當我們看到卡車返回校門，我們不再為男人哭泣，改而為自己尖叫。好戰分子開始硬把我們分成一組一組，但場面混亂，沒有人想放開自己的姊妹或母親，而且我們一直問：「你們把我們的男人怎麼樣了？你們要帶我們去哪裡？」好戰分子不理我們，只顧抓著我們的臂膀，拉我們上車。

我試著抓住凱薩琳，但我們被分開了。我和狄瑪兒，連同其他十六、七個女孩，上了第一輛車：一輛有無頂車斗的紅色皮卡、跟我以前喜歡坐的很像。不知怎麼地其他女孩擠進我和我姊之間，我留在後頭，狄瑪兒則被擠到前面一個角落，和其他女人及孩子並肩坐在一起，看著地板。我還來不及看其他人的情況，車子就啟動了。

司機加速離開克邱，沿著狹窄而凹凸不平的馬路疾駛。他似乎帶著怒意開車又趕時間，每一次顛簸都讓我們重重撞上彼此和金屬圍欄，我覺得背都要斷了。三十分鐘後，當他慢下速度，我們全都如釋重負地呻吟，而我們已進入辛賈爾城的市郊。

我很驚訝地看到只剩下遜尼派穆斯林的辛賈爾城，生活照舊。妻子上市場買食物，丈夫在茶坊抽菸。計程車司機掃視人行道找乘客，農人把綿羊趕去牧場。路上，我們前後都是平民的汽車，駕駛對這些載滿女人和孩子的卡車幾乎不多看一眼。我們看起來不可能稀鬆平常：那麼多人塞在卡車後面，哭泣淚流，緊摟彼此。那麼，為什麼沒有人幫幫我們？

我試著保持希望。這座城市依然熟悉，而那給了我安慰。我認得幾條街道，路旁狹小的雜貨店和賣香氣四溢三明治的餐廳、修車廠油滑的車道、堆滿五顏六色水果的貨攤。或許我們真的要上山去了。或許好戰分子沒騙我們，他們只想擺脫我們、把我們扔在辛賈爾山腳，放我們離開，跑向生活條件嚴苛的山頂。他們可能覺得那與死刑無異。我希望他們真的這麼想。我們的家園已被占領，我們的男人也許已經亡故，但至少在山頂上，我們能和其他亞茲迪人在一起。我們可以找到赫茲尼，開始為失去的親人哀悼。不久後，我們可以開始整理碩果僅存的東西，重起爐灶。

我可以在地平線上看到山的輪廓，高峻，頂部平坦，而我希望駕駛直直朝它而行。但卡車卻轉往東方，離辛賈爾山愈來愈遠。我什麼也沒說，雖然風吹得卡車的格柵震天價響，我就算尖叫也不會有人注意到。

在事態明朗，我們不會被載往山區的那一刻，我把手伸進袋子，搜找從家裡帶出來的麵包。我憤怒至極。為什麼沒有人出手幫助我們？我哥哥發生什麼事了？這會兒，麵包已經又硬又難聞，且覆蓋了塵土和線頭。這個原本該保護我和家人的麵包，但它沒有。當辛賈爾城愈退愈遠，變成背幕，我把麵包從袋子裡抽出來，扔到卡車外面，看著它在馬路彈啊彈，變成一坨垃圾。

◆

我們在日落前一刻抵達索拉夫（Solagh），停在鎮外的索拉夫學校（Solagh Institute）前。那棟龐大的建築安靜而漆黑。狄瑪兒和我是第一批下車的，我們筋疲力盡地坐在院子，看著其他卡車停下，女人和孩子跌跌撞撞地下車。我們家人下車後，紛紛神情恍惚地穿過校門朝我們走來。妮絲琳止不住哭泣。「等就是了，」我告訴她：「我們不知道會發生什麼事。」

索拉夫在克邱以手工掃帚聞名，我媽或某個家人每年都會來這裡一次，買支新的回家。我也在伊斯蘭國入侵前不久來過一次。那次旅行，我覺得這個城鎮美輪美奐、蒼翠蓊鬱，能參與那次行程讓我備感榮幸。現在，它好像變成另一個國度。

我媽在最後一批卡車上。我永遠忘不了她的樣子。風已把她的白頭巾吹到腦後，她平常乾淨俐落地中分的黑髮，現在散亂不堪，頭巾僅遮住她的口鼻。她的白衣沾滿塵土，而她被拉下車時絆了一跤。「往前。」一個好戰分子對她咆哮，把她推向校園，嘲笑她和其他行動緩慢的年長婦人。她穿過校門，失魂落魄地向我們走來。她什麼也沒說，就坐下來，把頭靠在我的大腿上。我媽從不在男人面前躺下。

一個好戰分子連連敲打校舍鎖住的門，門開了，他命令我們進去。「先把你們的頭巾脫掉，」他說：「放在門旁邊。」

我們照他的話做了。頭髮露出後，好戰分子更仔細地端詳，然後把我們送進裡面。隨著一車一車的女人抵達校門，小孩抓著媽媽的裙子，年輕妻子為死去的丈夫哭到雙眼鮮紅。頭巾愈堆愈高，傳統白紗混雜著年輕亞茲迪女性喜歡的彩色頭巾。當太陽幾乎沉沒，已經沒有卡車開過來，一個長髮被白頭巾遮住部分的好戰分子把槍管插到頭巾堆裡，大笑：「這些我會用兩百五十第納爾的價錢賣回給你們。」他對我們說，明顯知道那金額少得可憐，大約美金兩毛，也知道我們根本身無分文。

我們全被塞進同一個房間，那裡熱得令人受不了。我懷疑自己是不是發燒了。孕婦發出呻吟，把腿直直往前伸，背靠著牆，閉上眼睛，彷彿想隔絕這個房間。除此之外，唯一的聲響就是衣服的摩擦聲和壓抑的啜泣聲。忽然一個比我媽年輕一些的女人聲嘶力竭地大叫起來，「你們殺了我們的男人！」她喊了又喊，而她的憤怒蔓延開來。更多女性開始哭泣和尖叫，要求答覆或純粹哀號，彷彿那個女人的爆發也釋放了她們自己的悲痛。

這些聲音激怒了好戰分子。「不要再哭了，否則我就在這裡殺掉你們。」一個好戰分子說，拿槍指著那個女人，還摑了她的額頭。但她彷彿著了魔似的，就是停不下來。有些女人過去安慰她，走到那個好戰分子和他的槍口前面。「別想男人發生的事了。」一個女人對她說：「我們得先幫助自己。」

他們給我們一些食物，薯片和米飯，還有瓶裝水。雖然我們絕大多數人在那天上午離家後就什麼也沒吃喝，但我們毫無胃口，也不敢吃他們給的東西。眼看無人理會，他們就把一包一包食物硬塞進我們手裡。「吃。」他們下令，彷彿我們的拒絕讓他們深感羞辱似的。然後他們發給幾個較大的男孩塑膠袋，叫他們在房裡到處收垃圾。

時間晚了，我們都累了。我媽仍枕在我的腿上。她來到這裡後就一句話也沒說，但她眼睛睜著，沒在睡。我猜想我們會擠在這間學校裡過夜，而我懷疑自己是否睡得著。我想要問媽在想什麼，但太難開口說話。但願那時我有說些什麼就好了。我們吃完東西，好戰分子開始把我們分成更小的組別，並叫多數人出去，到校園的另一邊。「已婚的女人，帶小孩過來這邊，但只准帶年紀小的。」他們大叫，指著房裡的一側。「老的，未婚的，到外面去。」我們開始驚慌，不曉得他們用意何在。媽媽們抓著她們較大的孩子，不肯放手。房裡各處，好戰分子開始硬生生拆散家庭，逼年輕未婚女孩去門外。

回到校園，凱薩琳和我緊摟著我媽，她又坐到地上去了；想到要和我媽分開，凱薩琳甚至比我更驚恐，這會兒已把頭埋進媽的懷裡。一個好戰分子走向我們。「你！」他大叫，指著我媽，再指向校園的南側，「去那邊。」

我搖搖頭，傾身靠媽更近。好戰分子蹲下來，扯我的線衫。「快點。」他說，但我毫無反應。他更用力拉，但我移開視線。他將雙手塞進我的腋下，一把將我從地板抬起來，和媽分開，推向校園的圍牆。我放聲尖叫。然後他對凱薩琳做了同樣的舉動，就算她正抓著我媽的手，彷彿跟她黏在一起，並求他不要把她們分開。「讓我跟她在一起！」她說：「她身體不好。」他們不予理會，仍舊把凱薩琳從我媽身邊抓走，無視我和我姪女大吼大叫。

「我動不了，我覺得快要死了。」我聽到我媽這樣跟好戰分子說。

「快點，」他不耐煩地告訴她：「我們會帶你去有冷氣的地方。」

於是我媽費勁從地上起身，跟著他慢慢走，離開我們。

為了自保，有些年紀較大的單身女子開始撒謊，騙好戰分子說她們結婚了，且拉來認識的小孩，聲稱是她們的孩子。我們不知道我們會怎麼樣，但至少好戰分子看起來對媽媽和已婚婦女較不感興趣。狄瑪兒和艾德姬把我們其中兩個姪兒拉到身邊。「他們是我們的孩子。」她們這樣告訴好戰分子，好戰分子盯著看了一會兒，放她們一馬。狄瑪兒離婚後就沒見過她的孩子了，但她扮演的母親令人信服，就連沒結過婚、母性沒那麼強的艾德姬也很適合那個角色。那是必須在千分之一秒做出的決定，攸關生死的決定。我來不及跟姊姊說再見，她們就讓小男孩抓著，一起被趕上樓了。

一個小時後，所有女性分組完畢。我和凱薩琳、蘿吉安及妮絲琳坐在外面等，緊抓著彼此。好戰分子再次分給我們薯片和水，雖然我們還是不敢吃東西，但我喝了點水，又多喝了一些。我這才知道自己有多渴。我想到在樓上的我媽和我姊，不曉得伊斯蘭國會不會憐憫她們，又會以什麼樣的方式憐憫。擠在我身邊的女孩，臉都哭紅了。她們的髮辮和馬尾都散開了，手緊抓著最靠近的人。我累到感覺頭好像要沉到身體裡，世界隨時會漆黑一片。但我沒有失去希望，直到看到三輛巴士開來學校。是很大的巴士，一般用來載運觀光客和伊拉克各地的宗教朝聖者去麥加的那種，而我們馬上知道那些是來載我們的。

「他們要載我們去哪裡？」凱薩琳嚎啕大哭。她沒說出口，但我們全都怕被載去敘利亞。凡事都有可能，而我相信，我們在敘利亞必死無疑。

我緊抱著我的袋子。沒有麵包，它輕了一點，而現在我後悔把麵包扔了。浪費麵包是一種罪。神不會依據我們多久祈禱或朝聖一次來審判亞茲迪人。我們不必蓋精美的教堂或接受好幾年的宗教教育才能當個好亞茲迪人。儀式，例如洗禮，只需在家裡有足夠的錢和時間去那一趟的時候進行。

我們的信仰體現於我們的行動。我們歡迎陌生人進家中、施捨金錢和食物給需要的人、在摯愛的屍體下葬前陪伴在側。甚至當個好學生、善待配偶，都是效力等同祈禱的行為。所有能維繫生命、讓窮人能幫助他人的東西，例如簡單的麵包，都是神聖的。

但犯錯是人之常情，這就是為什麼我們會有來世的兄姊。亞茲迪教長制度裡，我們選擇在來世指導我們宗教和幫助我們的成員。我的來世姊姊比我年長一些，人很漂亮，且對亞茲迪教了解透徹。

她結過一次婚，而後離婚，回來跟家人同住後，便全心奉獻給神和宗教。她已在伊斯蘭國來襲之前逃出，目前平安地住在德國。來世兄姊最重要的工作是與神和大天使塔烏西・美雷克同在，在你死後為你辯護。「這個人活著的時候我認識。」你的兄姊會這麼說：「她的靈魂值得回到塵世。她是良善之人。」

在我死後，我知道我的來世姊姊必須為我活著時所犯的一些罪做辯護，例如偷克邱商店裡的糖果、偷懶沒跟兄姊一起下田。現在她得幫我辯護更多事情了，而我希望她能先原諒我——違背媽的意思偷藏新娘的相片、失去信心扔掉麵包，現在又要上那輛巴士，迎向更多更多未知。

第三章

像我這樣的女孩都上了其中兩輛巴士。男孩，包括像努瑞和我姪子馬立克那樣年紀尚小而在克邱被赦免的青少年，則上了第三輛。他們跟我們一樣害怕。載滿伊斯蘭國好戰分子的裝甲吉普車等著護送巴士，彷彿我們是要去打仗似的。搞不好真的是。

當我在人群中等待，一個好戰分子走向我。就是先前拿槍撥弄頭巾的那個，而此時他的槍仍握在手中。「你會改宗嗎？」他問我。就像玩弄頭巾時一樣，他嘻嘻作笑，嘲弄我們。

我搖搖頭。

「如果你改宗，就可以留在這裡。」他說，朝學校比了比，媽和姊還在那裡，「你可以跟你媽和你姊在一起，勸她們一起改宗。」

我又搖了搖頭。我害怕得什麼也不敢說。

「沒關係。」他停止訕笑，臉色一變，「那你就跟其他人一起上巴士吧。」

巴士很大，至少有四十排座椅，一排六人，中間隔著一條長而點了燈的走道，兩旁的窗戶都被拉上的簾子遮住。座位坐滿後，空氣很快變得沉重而呼吸困難，但當我們試著開窗，甚至拉開窗簾想看外面，好戰分子就會叫我們坐好。我坐在前幾排，聽得到司機講電話，好奇他會不會透露目的地。但他說土庫曼語，我聽不懂。從我靠走道的座位，可以看著司機和擋風玻璃外的道路。我們離開學校時已經天黑，所以當他打開頭燈，我能看到的只有一小塊黑色柏油和偶爾出現的樹或灌木。看不到車後，所以我沒辦法目送索拉夫學校愈退愈遠，而我的母親和姊姊還在裡面。

車開得很快，兩輛滿載女孩的巴士在前，載男孩的一輛在後，有白色吉普車帶頭和押隊。我們的巴士安靜得詭異。我只聽得到一名好戰分子在走道踱來踱去和引擎的聲音。我開始暈車，想閉上眼睛。汗臭和體臭充塞巴士。後面一個女孩吐了，吐到自己的手裡，一開始很激烈，但好戰分子叫她停止，她只好盡量小聲。她的嘔吐物散發一股酸味，瀰漫整輛巴士而令人難以忍受，幾個離她近的女孩也跟著吐了。沒有人能給予安慰。我們不准碰觸彼此或相互交談。

在走道來回踱步的好戰分子名叫阿布．巴塔，身材高大，年約三十五歲。他似乎很享受他的工作，不時停下來凝視女孩，挑出縮著身子或假裝睡著的女孩。最後他乾脆把某些女孩拉出座位，叫她們到巴士後面靠牆站好。「微笑！」他下令，然後拿手機拍照，邊拍邊大笑，彷彿被籠罩那些女孩的恐慌逗樂似的。當她們畏懼得看著地板，他就大叫：「頭抬起來！」而每斥喝一個女孩，他的膽子好像就更大了。

我閉上眼，試著隔絕正在發生的事。雖然害怕，我的身體卻累得讓我一下子就睡著。但我沒辦法休息，每一次睡意襲來，我的頭就猛然晃動，讓我睜開眼，一陣驚愕，坐在那裡凝視擋風玻璃，一會兒便想起自己置身何處。

我不能肯定，但我感覺我們正在往摩蘇爾的路上，也就是伊斯蘭國在伊拉克的首都。攻占摩蘇爾是伊斯蘭國的巨大勝利，而網路上流傳著他們慶祝占領街道和市政大樓、封鎖周邊道路的影片。在此同時，庫德族和伊拉克中央軍隊發誓會收復該城，就算要歷時多年。**我們沒有很多年**，我想，又睡著了。

忽然我感覺有隻手觸碰我的左肩，睜開眼，赫見阿布．巴塔矗立眼前，綠色的眼睛閃閃發光，嘴角扭曲成微笑。我的臉差不多與他插在腰際的手槍同高，而我覺得自己像塊岩石坐在那裡，動彈不得，說不出話。我再次閉上眼，祈禱他會走開，然後感覺他的手慢慢撩過我的肩膀，拂過脖子，再順著連衣裙的前沿滑下，停在我的左乳房。那感覺像火燒一樣；我從沒有被這樣碰觸過。我睜開眼，但沒有看他，僅直視前方。阿布．巴塔把手伸進連衣裙，抓住我的乳房，好用力，好像故意想弄痛我似的，然後走開。

跟伊斯蘭國共處的每一秒鐘都像緩慢痛苦的死刑——身體和靈魂之死——而和阿布．巴塔同在巴士的那一刻，就是我開始死去的時刻。我來自村莊，是在好人家長大。我每次出門，不管要去哪裡，我媽都會檢查一番。「娜迪雅，襯衫扣子扣起來。」她會這麼說：「當個好女孩。」

現在，這個陌生男子野蠻地碰觸我，我卻什麼也不能做。阿布．巴塔繼續在車裡走來走去，觸摸坐走道的女孩，手恣意掠過我們的身體，彷彿我們不是人，彷彿就算我們反抗或生氣他也無懼。當他再次找上我，我抓住他的手，試著阻止他伸進衣服。我害怕得不敢說話。我開始哭泣，淚落到他的手上，但他還是不停止。**這些是情人要結婚時才會做的事**，我想。這向來是我的世界觀、愛情觀、人生觀，始於我年紀夠大、透過克邱的求婚和慶祝活動明白結婚是怎麼回事的那一刻，止於阿布．巴塔摸我、粉粹那種想法的那一刻。

「他對所有坐走道的女孩做那種事。」坐我旁邊中間座位的女孩低聲說：「每個都摸。」

「拜託跟我換位置。」我求她，「我不想再被他摸了。」

「我不能，」她回答：「我好害怕。」

阿布．巴塔繼續沿走道來來回回，停在他最喜歡的女孩前面。當我閉上眼睛，可以聽到他寬鬆白長褲的嗖嗖聲，和涼鞋打著腳底的啪啪聲。每隔一會兒，他一手拿著的無線電就會傳出一句阿拉伯語，但雜音太大，我聽不清楚。

他每一次經過我，都會伸手撩過我的肩膀和左胸，然後走掉。我不斷冒汗，覺得好像在沖澡一樣。我注意到他會避開之前吐過的女孩，所以我把手伸進嘴裡，試著讓自己作嘔，希望可以吐得整件衣服都是，讓他別再碰我。我痛苦地塞住嘴巴，而什麼也沒吐出來。

巴士停在塔阿法，距辛賈爾城約三十哩、以土庫曼人為主的城市，而好戰分子開始拿手機和無線電講話，了解上級的指示。「他們說把男孩放在這裡。」駕駛跟阿布．巴塔說，兩人雙雙離開巴士。透過擋風玻璃，我看到阿布．巴塔在跟其他好戰分子說話，不知講些什麼。塔阿法的居民有四分之三是遜尼派土庫曼人，而在伊斯蘭國入侵辛賈爾前幾個月，這裡的什葉派居民紛紛逃走，等於讓塔阿法敞開大門迎接好戰分子。

我的左半身，剛被阿布．巴塔摸過的地方很痛。我祈禱他別回巴士，但他幾分鐘後就回來了，巴士又開始前進。倒車的時候，我可以透過擋風玻璃看到其中一輛巴士留在這裡。後來我才知道那是載滿男孩的那一輛，包括我的姪子馬立克在內。伊斯蘭國會試著加以洗腦他們，要他們為恐怖主義團體戰鬥。隨光陰荏苒、戰爭持續，他們會把這些男孩當成人肉盾牌和人體炸彈使用。

阿布．巴塔一回到巴士就繼續騷擾我們。他已經選好最喜歡的女孩，他最常來找我們，手也放在我們身上更久，用力抓我們，好像要把我們的身體撕裂似的。在離開塔阿法約十分鐘後，我受不了了。當我再次覺得他的手碰到我的肩膀，我放聲尖叫。這劃破了沉默。其他女孩馬上也開始尖叫，直到巴士裡聽來像屠殺現場。阿布．巴塔僵住了。「閉嘴，統統給我閉嘴！」他大叫，但我們沒有。**就算被他殺了也無所謂**，我想，**我好想死**。土庫曼司機緊急煞車，巴士猛然停下，讓我在椅子上彈起來。司機對手機咆哮了什麼，不一會兒，一部開在我們前面的白色吉普車也停下，一個男人走出乘客座，朝我們的巴士走來。

我認得那個好戰分子，是索拉夫出身的指揮官，名叫納法赫。在學校裡，他就特別殘暴嚴酷，毫無人性地對我們咆哮。我覺得他跟機器沒兩樣。駕駛為指揮官開了門，納法赫就怒氣沖沖地上巴士。「誰開始的？」他問阿布．巴塔，而讓我痛苦的那個人指著我。「是她。」他說，於是納法赫朝我的座位走來。

在他什麼都還沒做之前，我開始說話。納法赫固然是恐怖分子，但伊斯蘭國對待女性毫無規矩嗎？如果他們自認是好穆斯林，一定不會認同阿布．巴塔這樣虐待我們吧。「你們把我們帶來這裡，這輛巴士，你們叫我們上來，我們別無選擇，可是這個人」——我指著阿布．巴塔，手害怕得顫抖——

「他一直把手放在我們的胸部，一直抓我們，不肯罷休！」

我說完話之後，納法赫沒有作聲。那一瞬間我希望他會處分阿布．巴塔，但當阿布．巴塔開始說話，我的希望灰飛煙滅。「你以為你們是來這裡幹嘛的？」他對我說，聲音大得足以讓車上每個人聽見，「是真不知道還是假不知道？」

阿布．巴塔走到納法赫旁邊，抓住我的脖子，把我的頭推到座椅，拿槍抵住我的額頭。我身邊的女孩拚命尖叫，但我怕得不敢出聲。「你敢把眼睛閉起來，我就射死你。」他說。

納法赫走回車門。離開前，他轉向我們。「我不知道你們以為我們抓你們幹嘛。」他說：「但你們別無選擇。你們準備要當『薩巴亞』，而你們得照我們的話做。如果誰再尖叫，相信我，事情只會更糟。」然後，阿布．巴塔的槍仍指著我，納法赫下了巴士。

這是第一次我聽到那個阿拉伯文用在我身上。當伊斯蘭國占領辛賈爾，開始擄走亞茲迪人，他們就把人類戰掠品叫做「薩巴亞」(*sabaya*，單數為「薩比亞」*Sabiyya*)，指當成性奴隸買賣的年輕女人。這也是他們針對亞茲迪人的計畫，援用《可蘭經》一個全球穆斯林禁用已久的詮釋，寫進伊斯蘭國在攻擊辛賈爾前正式宣布的教令和小冊子裡。亞茲迪的女孩被視為不信神者，而依照好戰分子對《可蘭經》的詮釋，強暴奴隸不是罪。做為「薩巴亞」，我們可引誘生力軍加入好戰分子的陣營，並當成忠誠和善行的報酬傳來傳去。巴士上的每一個人都逃不過那樣的命運。我們不再是人——我們是「薩巴亞」。

阿布．巴塔放開我的脖子，移走槍，但從那一刻起，到大約一個鐘頭後抵達摩蘇爾，我成為他的首要目標。他仍會碰其他女孩，但他把焦點擺在我身上，更常停在我的座位旁邊，使勁揉我的乳房，我相信我一定瘀傷了。我的左半身麻痺了，而雖然我保持安靜，完全相信如果我再猛烈抨擊，阿布·巴塔真的會讓我沒命，但在我的腦海裡，我始終沒有停止尖叫。

這是個晴朗的夜，透過擋風玻璃，我可以看到天空，滿天星斗。這片天空讓我想起媽常跟我們講的一個古老的阿拉伯愛情故事，叫《萊拉和瑪吉努》(*Layla and Majnun*)。故事裡，名叫凱斯的男子深愛名叫萊拉的女子，毫不隱瞞自己的情感，寫了一首又一首的詩表達對她的愛，身邊眾人給他取了「瑪吉努」的綽號：阿拉伯文「癡情」或「瘋狂」的意思。當瑪吉努向萊拉求婚，她的父親斷然拒絕，告訴瑪吉努他太不牢靠，無法成為好丈夫。

這是個悲劇。萊拉被迫嫁給另一個男人，而後心碎而死。瑪吉努離開他的村落，獨自在沙漠流浪，自言自語，把詩寫在沙上，直到一天他發現了萊拉的墓碑，守在那裡守到死去。我愛聽媽講這個故事，就算那會讓我為這對愛人哭泣。以前常令我畏懼的漆黑夜空，隨之變得浪漫。「萊拉」在阿拉伯文意為「夜晚」，而媽在故事的結尾，總會指著夜空的兩顆星星。「因為他們這輩子無法共結連理，他們祈禱死後能夠相守，」她會這麼告訴我：「所以神把他們變成星星。」

巴士上，我也開始祈禱。「神啊，請把我變成星星，讓我能高掛巴士上方的天空。」我輕聲說：「如果祢做過一次，拜託祢再做一次。」但我們只是繼續往摩蘇爾開去。

第四章

阿布·巴塔一路侵犯我們直到巴士抵達摩蘇爾。當我們停在一棟偌大的建築物前——我認為一定是某個富裕人家的豪宅——擋風玻璃上方的鐘顯示凌晨兩點。吉普車開進車庫，巴士則停在屋子前面，為我們開了車門。「快點下車！」阿布·巴塔大叫，我們開始慢慢將身體從椅子上抬起。我身上被阿布·巴塔碰過的地方很痛，而我誤以為既然巴士停了，他就會放過我。我們排隊下車，緊抓著帶來的東西，而他等在敞開的門邊，伸手摸下車的女孩。他摸遍我全身，從頭到腳。

我們穿過車庫。我從沒見過這麼漂亮的房子。它很大，有偌大的起居廳和臥室和我想足夠六個人使用的家具。克邱沒有人住這樣的房子，就連艾哈邁德·賈索也不例外。房間裡滿是時鐘和小毯，我猜是之前住戶的東西，我也看到其中一名好戰分子拿起一只馬克杯喝東西，杯子上的圖片是一張擺姿勢的全家福相片。不知道那家人出了什麼事。

這裡到處都有伊斯蘭國的好戰分子，穿著制服，拿著不停呱呱響的無線電。他們看著我們分別被送入三個房間，門開向同一座樓梯平台。從我和凱薩琳和其他一些人坐的地方，可以看到另外兩個房間裡，女人和女孩恍惚地拖著腳走，尋找她們認識但在巴士上被分開的人。這間房間非常擁擠，我們坐在地板，靠著彼此，幾乎不可能不睡去。

房裡的兩扇小窗戶都關著，窗簾也拉上，所幸有人打開一部水冷扇（swamp cooler）——類似空調，但笨重又廉價的機器，在伊拉克各地都很普遍——稀釋了空氣，讓呼吸沒那麼困難。我們的房裡沒有家具，只有幾張床墊靠牆疊著。走廊的浴室飄出噁心的臭味。「有個女孩帶了手機，而當他們前來搜身時，她丟進馬桶想把它沖走。」有人竊竊私語，「我們到這裡的時候，我聽到他們在講這件事。」浴室門口，我看到一疊很像是我們留在索拉夫的頭巾，像花瓣一樣擱在磁磚地板。

三個房間都擠滿人後，一名好戰分子指著我坐著的地方。「跟我來。」他說完就轉身走向門口。

「別走！」凱薩琳勾住我的臂膀，試著不讓我起身。

我不知道他想幹什麼，但我不覺得自己能說不。「就算我不去，他們也會硬逼我去。」我告訴凱薩琳，然後就跟著好戰分子出去。

他帶我到一樓的車庫，阿布．巴塔、納法赫和另一名好戰分子在那裡等著。第三名好戰分子講庫德語，我認出他時非常驚訝；那是蘇哈伊布，在辛賈爾城開店。亞茲迪人常去他店裡買東西，我敢說很多人把他當成朋友。那三個男人都氣呼呼地看著我，仍想為我在巴士上鬧脾氣的事情懲罰我。「你叫什麼名字？」納法赫問，而當我試著退開，他拉著我的頭髮，推我去牆邊。

我回答他了。「娜迪雅。」我說。

「幾年出生的？」他問，而我告訴他：「一九九三。」

然後他問：「這裡有你的親人嗎？」

我遲疑了一下。我不知道他們會不會只因跟我有親戚關係就懲罰凱薩琳和其他人，所以我撒謊。

「我跟其他女孩在這裡。」我說：「我不知道我家人怎麼了。」

「你為什麼要尖叫？」納法赫把我的頭髮抓得更緊。

我嚇壞了。我覺得我的身體，本來就嬌小瘦弱的身軀，簡直要在他的手裡化為無形。我告訴自己該說什麼就說什麼，只要他們能讓我上樓回凱薩琳身邊。「我很害怕，」我老實告訴他：「你前面這個人——」我比了比阿布．巴塔，「——碰我。從索拉夫到這裡的車子上，他一直碰我們。」

「你以為你是來這裡做什麼的？」納法赫重複他在巴士上說的話，「你是不信神的，薩比亞，現在你是伊斯蘭國的人了，習慣吧。」說完他就吐口水在我臉上。

阿布．巴塔點了一根菸，拿給納法赫。我很驚訝；我以為抽菸在伊斯蘭國是違法的。但他們無意抽那根菸。**拜託不要在我臉上弄熄**，我想，那時還在擔心美不美的問題。納法赫把點燃的菸壓在我的肩膀上，鑽過我早上層層穿上的連衣裙和襯衫，直到接觸我的皮膚，熄滅。布料和皮膚燒焦的氣味刺鼻，但我試著不要痛苦尖叫。尖叫只會惹上更多麻煩。

當他又點了一根菸，在我的肚子弄熄，我忍不住了——放聲大叫。

「這會兒她叫了，明天還會叫嗎？」阿布．巴塔對其他人說。他希望其他人繼續更嚴酷地對待我，「她需要了解她是什麼東西，和來這裡做什麼。」

「放了我，我不會再那樣了。」我說。

納法赫用力打我耳光，兩下，然後放我走。「回到其他薩巴亞那裡去吧。」他說：「千萬不要再發出聲音囉。」

回到樓上，房間又暗又擠。我讓頭髮披在肩上，手按住肚子，遮住燙傷不讓我的姪女見到，然後我看到凱薩琳坐在一個看似三十歲上下的女人旁邊。那女人不是從克邱來的，她一定是在我們之前就到這個中心來了。她帶著兩個幼童，其中一個是還可以餵母乳的小寶寶，而且她有孕在身。她把嬰兒抱至胸前，輕輕搖晃讓他安靜，接著問我樓下發生什麼事。我只搖搖頭。

「你很痛嗎？」她問我。

雖然我不認識她，還是靠在她身上。我覺得非常虛弱。我點點頭。

然後我告訴她全部的事情：離開克邱、和母親姊姊分開、看到哥哥被送走，還有巴士和阿布．巴塔的事。「他們打了我。」我說，把肩膀和肚子上皮開肉綻、疼痛難當的傷口給她看。

「這個。」她說，把手伸進她的袋子，拿了一支軟管給我，「這是尿布霜，說不定對燙傷有幫助。」

我向她致謝，拿著藥膏進浴室，塗了一些在肩膀和肚子上。那舒緩了一些疼痛。然後我又抹了一些在之前阿布．巴塔碰過的部位。我發現月經來了，於是向一名好戰分子要了一些衛生棉，他拿給我，沒正眼看我。

回到房裡，我問那個女人：「這裡發生了什麼事？他們對你做了什麼？」

「你真的想知道？」她問，我點點頭。「第一天，八月三日，大約有四百個亞茲迪女人和小孩被帶來這裡。」她開始說：「這裡是伊斯蘭國的一個中心，好戰分子住在這裡，也在這裡工作，所以他們在這裡的人數才這麼多。」她頓了一下，看著我，「但這裡也是我們被賣掉和送走的地方。」

「你為什麼沒被賣掉？」我問。

「因為我結婚了，他們會等四十天，再把我送給某個好戰分子做他的薩比亞。」她說：「那是他們的規則。我不知道他們什麼時候會來找你。如果今天沒選中你，就會明天選。他們每次來都會帶走幾個女人。先強暴，然後送回來，有時也可能留在他們那邊。有時就在這裡，這棟屋子的某個房間裡強暴，完事就帶回來。」

我靜靜坐著。燙傷的痛逐漸累積，就像一鍋水慢慢燒至沸騰，我不禁皺起眉頭。「你要止痛藥嗎？」她問，但我搖搖頭。「我不想吃藥。」我告訴她。

「那就喝點東西。」她說。於是我感激地接過瓶子，喝了幾口溫水。她的寶寶已經安靜下來，快要睡著了。

「不會等太久的，」她用更輕柔的聲音繼續說：「他們會來，會把你帶走，然後強暴你。有些女孩在臉上抹灰抹土，或把頭髮弄亂，沒用，因為他們會讓女孩沖澡，恢復美觀。有些女孩自殺了，或企圖自殺，在那裡割腕。」她比了比浴室，「你可以在牆的高處看到血跡，清潔人員沒有注意到。」她沒有叫我不要擔心或說不會有事之類的。當她不再說話，我把頭靠在她的肩膀，靠近她的寶寶剛睡著的地方。

◆

那天晚上，當我閉上眼睛，也只能閉一會兒。我很累，但也驚恐得無法入睡。那時是夏天，所以太陽升起得早，而當朦朧而昏暗的光穿過厚重的窗簾射進來，我看到大部分的女孩都跟我一樣徹夜未眠。她們昏昏沉沉、揉著眼睛、對著衣服的袖口打呵欠。好戰分子帶了些米飯和番茄湯當早餐，盛在用完即丟的塑膠盤上。我餓壞了，盤子一放在面前，我馬上吃了一些。

很多女孩哭了一整晚，一到早上，更多女孩又哭了起來。一個來自克邱、大約狄瑪兒年紀，但沒設法讓好戰分子誤信她已婚的女孩，坐到我旁邊。「我們在哪裡？」她問。她沒認出我們沿途經過的建築或道路。

「我不完全確定。」我告訴她：「可能是摩蘇爾的某個地方。」

「摩蘇爾。」她低聲說。我們全都在離這座城市很近的地方長大，但很少人來過。

一名長老走進房間，我們停止說話。他年紀較長，一頭白髮，穿著伊斯蘭國好戰分子愛穿的寬鬆黑褲和涼鞋，雖然他的褲子較短且不太合身，他仍不可一世地巡過房間，盯著我們看，讓我覺得他一定是非常重要的人物。「她幾歲？」他指著一個來自克邱、正瑟縮角落的女孩問。她十三歲上下。「很幼齒。」一名好戰分子驕傲地回答。

我可以從那名長老的口音判斷他來自摩蘇爾。想必他曾協助恐怖分子占領這座城市。也許他是可以幫助伊斯蘭國壯大的富商，或者是宗教大老或海珊執政時的要員，一直在等待時機奪回昔日被美國人和什葉派剝奪的權力。也可能他由衷相信伊斯蘭國所有宗教宣傳。當我們問他們為什麼要加入伊斯蘭國，他們都會這樣回答，甚至連那些不會說阿拉伯語、不懂怎麼祈禱的人也是如此。他們說伊斯蘭國是對的，神站在伊斯蘭國那邊。

長老指著我們，彷彿屋裡每個女孩都已歸他所有，幾分鐘後，他選定三個——全都來自克邱。他給了那個好戰分子一疊美金便離開房間，而那三個女孩在他身後被拖下樓，到樓下記錄和辦理交易。

房裡的氣氛轉變成徹底的絕望。現在我們終於明白伊斯蘭國對我們的計畫，但仍不知道買家何時會來，以及會怎麼對待我們。等待是種折磨。有些女孩低嚷著要逃跑，但那是不可能的。就算逃得出這扇窗，這棟顯然是伊斯蘭國某種巢穴的房子，可是好戰分子群集，任誰也無法溜出去而不被發覺。此外，摩蘇爾是座雜亂擴張而陌生的城市，就算順利逃出樓下那群好戰分子的魔掌，我們也不知該往哪個方向跑。他們連夜載我們來這裡，窗戶全都遮住。他們想盡一切辦法確保我們無法活著離開。

話題很快轉移到自殺。我承認我起初也有這個念頭。什麼都比前一晚那個姊姊對我描述得好。凱薩琳和我跟一些女孩做了約定。「我們寧死也不要被達伊沙買賣和使用。」我們這樣說。自殺看來比屈服於好戰分子更光榮，是我們唯一的抵抗之道。話雖如此，我們仍不可能眼睜睜看著身邊的女孩結束自己的生命。一個女孩拿起披巾纏住脖子，說要把自己勒死，但其他人硬是把披巾搶走。還有人說：「我們逃不出去，但如果到得了屋頂，就可以跳樓。」我一直想到我媽。對她來說，人生沒有哪件事壞到足以為自殺開脫。「你得相信神會照顧你。」每當我發生不好的事，她都這樣告訴我。我在田裡出了意外，她在醫院坐我旁邊，不斷祈禱要我活下去，也花好多錢買珠寶在我醒來時送給我。她是如此強烈地希望我活著。現在我不能輕言放棄生命。

我們很快就徹底改變互相的約定。我們不會自殺。我們會盡可能互相幫助，並把握每一次逃跑的機會。在那棟房子等待的期間，有件事愈來愈清楚：在伊斯蘭國占領的摩蘇爾，奴隸交易的規模非常龐大，已經有數千個亞茲迪女孩被帶離家園、被買賣交易、或當禮物送給伊斯蘭國高官和長老，並被運送到伊拉克和敘利亞各城鎮了。一個女孩自殺，甚至一百個女孩自殺，並不會造成實質差異。伊斯蘭國不會在意我們死活，也不會改變正在做的事。何況，失去一些奴隸後，好戰分子現在可是牢牢監視我們，確保就算我們割腕或拿披巾勒脖子，也不會因此喪命。

一名好戰分子進入房間，跟我們要身上所有證件。「交出任何證明你們是亞茲迪人的文件。」他說，一邊把東西塞進一個袋子。他們在樓下把所有證件——身分證、配給卡、出生證明——堆在一起燒掉，留下一丘灰燼。彷彿毀掉我們的證件，就可以從伊拉克清除亞茲迪人的存在似的。我交出我有的一切，除了我媽的配給卡。那還塞在我的胸罩裡；是我身上唯一一件屬於她的東西。

在浴室裡，我潑了些水在臉上和臂膀。洗臉槽前掛著一面鏡子，但我讓視線往下。我不敢看自己的臉。我懷疑自己已認不得鏡裡看著我的女孩。在蓮蓬頭上面的牆壁，我看到昨晚那個女人要我留意的血跡。高處磁磚上紅褐色的小汙漬，是在我之前來過這裡的亞茲迪女孩唯一留下的痕跡。

在那之後我們再次分開，這一次分成兩批。我設法跟凱薩琳待在一起，而我們又排隊上了巴士。有些人留了下來，據我所知都是來自克邱的女孩。我們沒機會說再見，後來我們得知她們那批越過邊界，被送往伊斯蘭國在敘利亞的首府拉卡（Raqqa）。能待在伊拉克，我著實鬆了口氣。無論發生什麼事，我認為只要留在我的國家，我就能活下去。

我很快走到巴士後頭，以便找個靠窗的座位，認為這樣阿布．巴塔或另一名好戰分子就比較不容易找上我。過去一兩天不是待在窗簾拉上的地方，就是在幽暗中於城市間移動，這會兒待在戶外和夏日烈陽下的感覺很奇怪。巴士行進時，我從窗簾的縫隙窺視摩蘇爾的街道。那乍看下完全正常，就像辛賈爾城，民眾上街購物，送孩子上學。但跟辛賈爾不同的是，摩蘇爾到處見得到伊斯蘭國的好戰分子。那些男人在檢查哨站崗、巡邏街道、聚集在卡車後面，或只是在這個已經改變的城市過著全新的生活，買蔬菜、和鄰居聊天。所有女性都全身覆蓋黑色的罩袍（abaya）和面紗（niqab）；伊斯蘭國規定女性不可不遮蔽或單獨離開家，所以她們在街上漂蕩，近乎隱形。

我們安靜地坐著，又驚又恐。我感謝神讓我與凱薩琳、妮絲琳、吉蘭和蘿吉安同在。她們的存在給了我小小的力量，讓我還不至於完全失去理智，但並非人人都這麼幸運。有個女孩跟她在克邱認識的所有人分開了，她開始失控地哭泣。「你們每個人都有認識的人，我半個都沒有。」她說，絕望地搓著手。我們想安慰她，但沒人勇於一試。

將近上午十點時，我們停在一棟比前一棟稍小的綠色兩層樓房子前，接著被趕進去。二樓，一個房間已經清掉之前住這裡的那家人大部分的物品，但架上一本聖經和牆上的十字架透露那家人是基督徒。我們抵達時，已經有一些女孩到了。她們來自特艾札爾，緊靠著坐在一起。有更多薄床墊靠牆堆著，幾扇小窗子不是被遮暗就是蓋上厚重的毯子，將正午的太陽濾成昏暗陰鬱的光。整個空間彌漫清潔劑的味道，克邱女性用來給廚房和浴室消毒的那種螢光藍色膏狀物的味道。

我們坐在那裡等的時候，一名好戰分子進房間確定窗戶完全遮住，外面看不進來，裡面看不出去。他一看到聖經和十字架，對自己咕噥幾句，隨手拿起一個塑膠箱，把兩樣東西丟進去，然後帶著箱子離開房間。

出去的路上，他叫我們去洗澡。「你們這些亞茲迪人，永遠都這麼臭嗎？」他說，擺出誇張的嫌惡表情。我想到之前沙烏德從庫德斯坦回家時告訴我們，那裡的人都在取笑亞茲迪人，說我們很難聞，想到聽到那些話時我有多生氣。但跟伊斯蘭國在一起，我希望自己真的很臭。骯髒是件盔甲，保護我們不被阿布．巴塔那種男人荼毒。我恨不得好戰分子對我們的惡臭——在搭悶熱的巴士、很多人還害怕到吐之後——大為反感而不想染指我們。但他們催促我們分批進浴室。「把身上的髒東西洗乾淨！」他們命令，「我們不想再聞你們的味道了。」我們照做，從洗臉槽把水潑在手臂和臉上，但不願在靠那些男人那麼近的地方脫掉衣服、赤身裸體。

那些好戰分子離開後，有些女孩竊竊私語，指著一張書桌。桌上有一部關著的黑色筆記型電腦。「不知道那能不能用。」一個女孩說：「也許它有網路！這樣我們就可以連上臉書，傳訊息告訴人們我們在摩蘇爾。」

我不知道怎麼使用筆記型或任何類型的電腦，這是我畢生見過的第一部電腦。我只能看著兩個女孩慢慢走向桌子。連上臉書的想法給了我們一些希望，而那股希望蔓延了整個房間。有些女孩不哭了，有些女孩自離開索拉夫後第一次自己站起來。我的心跳加快一些些。我是如此迫切希望那部機器起得了作用。

一個女孩打開筆電，螢幕亮起來。我們倒抽口氣，好不興奮，盯住門口留意好戰分子。她開始敲了一些鍵，然後更用力地敲，一臉挫敗。沒多久她便闔上筆電，回到我們身邊，滿臉愧疚。「不能用。」她聽起來好像要哭了，「對不起。」

她的朋友圍到她身邊安慰她。我們都很失落。「沒關係，你試過了。」她們輕聲對她說：「何況，如果那能用，達伊沙就不會留在這裡了。」

我望向特艾札爾的女孩們坐的那面牆。從我們來到這裡，她們就一動不動，沒跟我們說半句話。她們緊緊摟在一起，簡直毫無縫隙。回頭望著我時，她們的臉，像是用純粹的悲傷做成的面具，而我想，我看起來一定也是這副模樣。

第五章

奴隸市場在晚上營業。我們聽得到樓下的喧鬧聲，好戰分子在那裡登記、安排事項，而當第一個人進入房間，所有女孩都開始尖叫。好像爆炸的場面似的。我們像受傷一般呻吟，彎著腰，吐東西在地上，但這些都阻止不了好戰分子。他們在房裡踱來踱去，瞪著我們，無視我們的尖叫和哀求。我們之中會說阿拉伯語的用阿拉伯語向他們乞求，只會講庫德語的則放聲尖叫，但那些男人對我們恐慌的反應，彷彿把我們當成唉唉叫的小孩——討人厭，但不值得理睬。

他們先被最漂亮的女孩吸引，問：「你幾歲？」然後檢查頭髮和嘴巴。「是處女，對吧？」他們問一個衛兵，他點點頭，回答：「當然是！」像店長以自家的商品為傲。有些女孩告訴我她們已經被醫生檢查過，確認沒有就童貞之事撒謊，其他人，包括我在內，則只有被口頭詢問過。一些人堅稱自己不是處女、曾被糟蹋過，認為這樣能比較不令人嚮往，但好戰分子看得出她們說謊。「她們很幼齒，而且是亞茲迪人。」他們說：「亞茲迪女孩不會有婚前性行為。」這會兒好戰分子開始隨便摸我們，想摸哪裡就摸哪裡，手恣意在我們的胸和腿滑動，好像我們是動物似的。

當好戰分子在房裡走來走去、端詳女孩、用阿拉伯語或土庫曼語問問題時，房裡一片混亂。開市時就來的納法赫挑了一個非常年輕的女孩，這讓一些好戰分子大笑起來。「就知道你會選她。」他們揶揄，「用完要告訴我啊。把她送給我。」

「冷靜！」好戰分子不停對我們咆哮，「安靜！」但他們的命令適得其反，只讓我們叫得更大聲。一名較年長的好戰分子出現在門口：肥胖、肚子很大，名叫哈吉．夏克爾的他，原來是伊斯蘭國在摩蘇爾的頭子之一。（「哈吉」〔Hajji〕既是常見的名字，也是給受敬重男人的頭銜。）他拖著一個女孩。女孩穿戴著伊斯蘭國城鎮所有婦女穿的那種罩袍和面紗。「這是我的薩比亞。」他說，把女孩推進房間，「她要告訴你們，現在是穆斯林的她有多快樂。」

那女孩掀起面紗。雖然虛弱，但非常漂亮，有光滑的深褐色皮膚，當她張開嘴，一小顆金牙閃閃發光。我覺得她不可能大於十六歲。「從八月三號，我們將哈爾丹（Hardan）從不信神者手中解放出來的那天，她就是我的薩比亞了。」哈吉．夏克爾說：「告訴她們，跟我在一起，不再是卡菲勒以後，你有多平靜。」她依然沉默，所以他又對她說：「告訴她們！」

她低頭看著地毯，什麼也沒說。看起來好像不會說話似的。很快市場的混亂死灰復燃，而當我一會兒後再次望向門口，那個女孩已經不見，而哈吉．夏克爾已看上另一個薩比亞，我在克邱認識的年輕女孩。

我失控了。如果好戰分子找上我是無可避免的事，我不會讓他輕易得逞。我大吼大叫，把伸過來摸我的手揮開。其他女孩如法炮製，在地上把身體蜷曲成球形，或衝向姊妹或朋友身邊試著保護她們。我們不再害怕被打，很多人，包括我在內，懷疑我們會不會惹他們開殺。當一個好戰分子摑我耳光，說：「就是她昨天惹出一堆麻煩。」我很訝異他的巴掌幾乎不會痛。遠遠比不上一會兒後，他觸碰我胸部帶來的痛楚，而他離開後，我整個人癱在地上，妮絲琳和凱薩琳試著安慰我。

我癱在那裡時，另一名好戰分子停在我們面前。我把膝蓋拉到額頭，所以我只能看到他的靴子和小腿，粗得跟樹幹一樣。他是名叫薩爾萬的高階好戰分子，帶了另一個來自哈爾丹的年輕亞茲迪女孩來，打算留在這間屋子，並選購替代品。我仔細瞧著他，他是我見過最魁梧的男人，像身穿白棉袍（dishdasha）、帳篷一般大的巨人，在紅鬍子後面繃著臉。妮絲琳、蘿吉安和凱薩琳用身體蓋住我，但他沒有走開。

「站起來。」他說。我沒照做，他踹了我一下，「你！穿粉紅夾克的！我說，站起來！」

我們大叫，摟得更緊，這只惹得薩爾萬更火大。他彎下身子，試著把我們拉開，抓著我們的肩膀和手臂。但我們仍抱著彼此，彷彿已合為一體。我們的反抗讓他大發雷霆，大叫要我們站起來，踢我們的肩膀和手。最後，這場對抗吸引一名衛兵的注意，他過來出一臂之力，拿棍子打我們的手，打到我們痛得不得不鬆開彼此。我們分開後，薩爾萬陰森地貼近我，猙獰地笑，我這才第一次清楚見到他的臉。他的眼睛深陷在大臉的橫肉裡，而他的臉幾乎被頭髮蓋住。他看起來不像男人，像妖怪。

我們不再頑抗。「我跟你走。」我說：「但你也得帶凱薩琳、蘿吉安和妮絲琳一起。」

納法赫過來看發生什麼事。一看到我，他頓時氣得臉紅脖子粗。「又是你？」他大叫，然後一一賞我們巴掌。「沒有她們我不會走！」我叫回去，於是納法赫開始更快、更用力地毆打我們，打了又打，打了又打，打到我們的臉麻掉，蘿吉安的嘴巴開始流血才停。

然後他和薩爾萬抓起我和蘿吉安，從凱薩琳和妮絲琳身上拉走，拖下樓。薩爾萬踩在樓梯的腳步聲聽來沉重無比。我沒有機會和凱薩琳和妮絲琳說再見，甚至無法回頭看一眼。

◆

攻擊辛賈爾、擄走女孩當性奴隸並不是某個好色士兵在戰場上一時興起的決定。一切都是伊斯蘭國計畫好的：要怎麼進入我們的住家、什麼樣的女孩比較珍貴、哪些好戰分子可獲得薩比亞做為獎勵，哪些人要付錢。他們甚至在精美的宣傳雜誌《達比克》（*Dabiq*）裡討論用薩巴亞來吸引生力軍。他們在敘利亞的基地和伊拉克的暗樁花好幾個月的時間策劃奴隸交易，判定哪些合於、哪些違反伊斯蘭律法，並謄寫下來讓所有伊斯蘭國成員遵守同樣嚴苛的規定。薩巴亞計畫的細節就收錄在伊斯蘭國研究調查與法特瓦部發行的一本小冊子，每個人都可以讀。那小冊子令人作嘔：內容噁心，更噁心的是伊斯蘭國像任何國家頒布法律一樣就事論事的表達方式，深信他們的所作所為皆經由《可蘭經》認可。

薩巴亞可當成禮物送人或商品買賣，全憑主人喜好，「因為她們只是財產。」伊斯蘭國的冊子上這麼寫。女性不該和幼子分開，這就是狄瑪兒和艾德姬被留在索拉夫的原因，但長大的孩子，例如馬立克，必須從母親身邊帶走。也有條文規定薩比亞懷孕（不可交易）或主人死亡（被當成「遺產」分配）的情況。冊子上說，主人可以跟青春期前的奴隸交媾——如果她「適合性交」的話；如果不適合，「用不交媾的方式享有就夠了。」

那本冊子的內容，伊斯蘭國大多拿《可蘭經》經文和中世紀的伊斯蘭律法背書：他們選擇性地使用，並期望其追隨者照字面解釋。那是一份可怕又驚人的文件。但伊斯蘭國並沒有其成員所想的那麼具有原創性。綜觀歷史，強暴向來被當成戰爭的武器。我從沒想過自己跟盧安達的女性會有共通點，在這之前，我根本不知道世上有盧安達這個國家，而現在我跟她們有了最糟的連結：一種難以啟齒的戰爭罪受害者，難以啟齒到在伊斯蘭國入侵辛賈爾的十六年前，世界上從沒有人因為這種罪行被起訴。

在一樓，一名好戰分子在帳冊上登記交易，寫下我們和帶走我們的好戰分子的名字。跟樓上比起來，樓下秩序井然、風平浪靜。我跟幾個女孩同坐一張沙發，但我和蘿吉安都嚇得不敢跟她們講話。我想著我會被薩爾萬帶走，他看起來那麼粗壯，徒手就可輕易把我壓碎。不管他做什麼，不管我怎麼反抗，都絕不可能擊退他。他身上混雜著臭蛋和古龍水的味道。

我看著地板，看著在我面前來來去去的好戰分子和女孩的腳板和腳踝。在人群中，我看到一雙男人的涼鞋和一雙皮包骨、幾乎像女人的腳踝，而在我會意過來自己在做什麼之前，我已經撲向那雙腳了。我開始祈求，「拜託，拜託帶我走。」我說：「你想做什麼都可以，我不能跟這個大塊頭在一起。」現在想來依然難以置信：我們竟會做那樣的決定，以為這個選擇會帶來折磨，另一個選擇可能帶來救贖，卻不了解現在我們正置身一個所有路徑殊途同歸，通往同樣驚恐境地的世界。

我不知道那個瘦子為什麼會答應，但看了我一眼後，他轉頭對薩爾萬說：「她是我的。」薩爾萬沒有爭論。那個骨瘦如柴的男人是摩蘇爾的法官，沒有人敢違抗他的意思。我抬頭，很想對薩爾萬微笑，以為我贏了，但隨即感覺他抓住我的頭髮，猛力把我的頭往後拉。「現在你是他的，」薩爾萬說：「幾天後你就是我的了。」說完就讓我的頭往前栽。

我跟著那個瘦男人到了書桌。「你叫什麼名字？」他問我，聲音柔和但不親切。「娜迪雅。」我說，於是他轉向登錄員。登錄員看似馬上認出他來，開始記下我們的資訊，邊唸我們的名字邊寫——「娜迪雅，哈吉．薩曼」——而當他唸出我的俘虜者的名字時，我覺得聽到他的聲音顫抖了一下，好像心懷畏懼似的，令我不禁懷疑，自己是否犯了天大的錯誤。

第六章

薩爾萬帶走非常稚嫩純真的蘿吉安，多年後，我仍一想到他就火冒三丈。我夢想有一天能將所有好戰分子繩之以法，不只是像阿布・貝克爾・巴格達迪（Abu Bakr al-Baghdadi）之類的領導人，還包括所有衛兵和奴隸的擁有者，每一個扣扳機、把我哥的屍體推進亂葬崗的男人，每一個試著給男童洗腦、要他們恨母親害他們身為亞茲迪人的戰士，每一個歡迎恐怖分子進入城市、給予協助、心想「**終於可以擺脫那些不信神的人了**」的伊拉克人。他們全都該像二次戰後的納粹領導人那樣，送到全世界面前審判，毫無躲藏的機會。

在我的幻想中，薩爾萬是第一個該審判的，由待過摩蘇爾第二間屋子的所有女孩出庭指證。「就是他。」我會指著那個妖怪說：「就是這個大塊頭恐嚇我們所有人。他看著我被毆打。」然後換蘿吉安，如果她願意的話，可以告訴庭上薩爾萬對她做了什麼。如果她太害怕，或精神創傷太嚴重，我會幫她講。「薩爾萬不只買了她、一再虐待，還逮到機會就毆打她。」我會這麼告訴庭上：「就連第一天晚上，蘿吉安太害怕、太疲累而完全沒想要反擊的時候，薩爾萬看到她穿了很多層衣服就痛毆她，連我脫逃的帳也算在她頭上。蘿吉安好不容易逃跑，他又買來她的母親，奴役她來報復。她的母親有個出生才十六天的嬰兒，薩爾萬硬是把嬰兒帶走，不顧你們自己的規定說不可讓母親和幼兒分開。薩爾萬還告訴她，她再也見不到寶寶了。」（我後來才知道，很多伊斯蘭國的規則，制定就是為了打破。）我會向庭上細數薩爾萬對她做的一切，而我向神祈禱，當伊斯蘭國敗亡之際，薩爾萬是被生擒。

但那天晚上，正義是遙不可及的幻夢，而我們毫無獲救的機會，蘿吉安和薩爾萬跟著我和哈吉・薩曼走出屋子，進入庭院。奴隸市場傳出的尖叫緊緊相隨，大聲到足以迴盪整座城市。我想到外面街道上屋裡的人家。他們正坐下來吃晚餐嗎？正把小孩送上床嗎？他們不可能沒聽到那棟屋子裡的情況。或許可以掩蓋我們尖叫聲的音樂和電視，已經被伊斯蘭國禁了。或許他們想聽到我們痛苦的嘶吼，那可以證明新伊斯蘭國領導階層的威信。他們認為到最後，伊拉克和庫德族的軍隊出兵欲收復摩蘇爾時，他們會有什麼樣的境遇呢？他們以為伊斯蘭國會保衛他們嗎？想到這裡，我就渾身打顫。

我們上了同一輛汽車離開那間屋子，我和蘿吉安坐後面，男人坐前座。「我們要去我那裡。」哈吉・薩曼對手機講：「那裡現在有八個女孩。把她們送走。」

我們停在一座大會堂前面，像舉行婚禮的地方，混凝土的廊柱環繞兩扇門的入口，看來正做為清真寺使用。室內聚集了伊斯蘭國的好戰分子，將近三百人，全都在禱告。我們走進去時，沒有人注意我們；我靠門邊站，等哈吉・薩曼從一大疊涼鞋抓來兩雙給我們。那些是男人的涼鞋，皮革做的，大到很難穿著走，但伊斯蘭國的好戰分子已取走我們的鞋子，現在我們光著腳。我們走回戶外，經過那些禱告的男人，試著不要絆倒。

薩爾萬在另一輛汽車旁邊等，顯然打算拆散我和蘿吉安。我們牽著彼此的手，懇求他們不要讓我們分開。「拜託，不要讓我們一個人去。」我們說，但薩爾萬和哈吉・薩曼沒有理會。薩爾萬抓著蘿吉安的肩膀，把她從我身邊拉走。她看起來好嬌小、好稚嫩。我們高喊對方的名字，但沒用。蘿吉安和薩爾萬消失在那輛車中，留下我一個人在哈吉・薩曼旁邊，悲痛欲絕。

哈吉・薩曼和我進了一輛小白車，駕駛和名叫摩提賈的年輕衛兵在車上等著。我坐到摩提賈旁邊時，他一直盯著我看，我想，假如哈吉・薩曼不在場，他一定會像奴隸市場那些男人一樣摸我。我蜷縮在車窗旁邊，盡可能離他遠一點。

那時，狹窄的街道近乎空蕩而漆黑，僅有少數用嘈雜發電機供電的房屋有光。我們安靜地開了約二十分鐘，窗外的黑是那麼濃，好像我們正開進水裡似的，然後車子停了。「下車，娜迪雅。」哈吉・薩曼命令道。他粗暴地抓著我的臂膀，拉我穿門進入一座庭院。我一會兒才驚覺我們回到了第一棟屋子：那幢好戰分子分出一組女孩送出邊界的伊斯蘭國大本營。「你要送我去敘利亞嗎？」我輕聲問，哈吉・薩曼沒有回答。

從花園裡，我們聽得到女孩在屋裡尖叫，幾分鐘後，八個穿罩袍戴面紗的女孩被好戰分子拉出前門。她們經過我面前時，轉頭盯著我看。也許她們認得我。也許那是妮絲琳和凱薩琳，而她們跟我一樣，驚恐得什麼話也不敢說。無論她們是誰，她們的臉孔都消失在面紗之後，片刻後，她們都被塞進一部小型巴士。然後門關上，車開走了。

一個衛兵帶我上樓進入一個無人的房間。我沒見到或聽到其他女孩的蹤影，但一如其他屋子，伊斯蘭國留下數堆亞茲迪的頭巾和衣物，都是有女孩到過那裡的證據。一座小丘的灰，是我們交出證件的餘燼。只有一個克邱女孩的身分證部分無損，像一小株植物從灰燼裡冒出來。

因為伊斯蘭國並未費心清理這棟房屋前屋主的個人物品，處處可見他們生活的遺跡。在一個曾用來運動的房間，牆壁上掛滿一個男孩舉重的加框照片，我猜那是這家的長子。另一個房間是打撞球之類的遊戲專用。但最傷感的莫過於孩子的房間，仍堆滿玩具和鮮豔的毛毯，好像在等孩子回來似的。

「這房子之前是誰的？」我在哈吉．薩曼來找我時問他。

「一個什葉派的。」他告訴我：「一個法官。」

「他們怎麼了？」我希望他們順利脫逃，目前平安待在庫德族的地盤。就算他們不是亞茲迪人，我仍為他們感到悲傷。如同在克邱，伊斯蘭國奪走了這個家庭的一切。

「他下地獄去了。」哈吉．薩曼說，而我不再追問。

哈吉．薩曼去沖澡，回來時仍穿著之前那件衣服，我可以從肥皂味中隱約聞到衣服的汗臭味和古龍水味。他把門關上，到我旁邊的床墊坐下。我馬上結結巴巴地說：「我生理期來了。」然後撇開頭去，但他沒有回應。

「你來自哪裡？」他問，坐得更近。

「克邱。」我問。先前在戰慄之中，我滿腦子只有我當下和等一下會發生的事，幾乎沒想到我的家和家人。說出我的村名很痛。那喚回關於我的家和我愛的人的一切回憶，而最鮮明的回憶就是當我們在索拉夫等待的時候，媽靜靜將她未披頭紗的髮，枕在我腿上的畫面。

「你知道，亞茲迪人是不信神者。」哈吉．薩曼說。他說得很輕，用接近耳語的聲音，但不帶一絲和善。「神要我們改變你們的信仰，如果不成，就可以對你們為所欲為。」

他頓了一下。「你的家人怎麼樣了？」他問。

「幾乎都順利逃走了。」我撒謊：「只有三個人被俘虜。」

「我在八月三日，一切開始的那一天就到辛賈爾了。」他說，在床上一派輕鬆，好像在講什麼開心的故事似的，「沿途我看到三個穿警察制服的亞茲迪男人。他們試著逃跑，但我努力追上他們，一追到，就把他們殺了。」

我凝視地板，不能言語。

「我們來辛賈爾是要殺光所有男人。」我的俘虜者繼續，「帶走所有女人和小孩，一個不剩。可惜還是被一些人逃到山裡了。」

哈吉·薩曼就像這樣滔滔不絕講了快一小時，我則坐在床墊的角落，試著充耳不聞。他咒罵我的家園、我的家人、我的宗教。他告訴我他在摩蘇爾的巴杜什（Badush）監獄待了七年，想對伊拉克的不信神者復仇。辛賈爾發生的是好事，他說，而我應該對伊斯蘭國計畫讓亞茲迪教從伊拉克消失感到高興。他試著說服我改宗，但我拒絕了。我沒辦法正眼看他。他的話變得毫無意義。他的獨白只中斷一次：接他太太打來的電話，他說她叫鄔瑪·莎拉。

就算他說那些是為了傷害我，我仍希望他不要停止說話。我想，只要他一直講下去，就不會碰我了。亞茲迪人對男孩女孩共處的規範不像伊拉克其他社群那麼嚴格，在克邱，我曾和男性朋友搭同一部汽車，和男同學一起走路上學，不用擔心旁人指指點點。但那些男孩從來沒碰過或傷害過我，而在哈吉．薩曼之前，我從未像這樣跟男人共處一室。

「你是我第四個薩比亞。」他說：「前三個現在都是穆斯林了。是我為她們做的。亞茲迪人是不信神者，這就是我們這麼做的原因。我們是為了幫助你們。」話一說完，他就命令我脫掉衣服。

我哭了。「我生理期來了。」我又告訴他一次。

「證明給我看。」他一邊說，一邊開始脫他的衣服，「其他薩巴亞也都這樣說。」

我脫掉衣服。因為我是真的在生理期，他沒有強暴我。伊斯蘭國手冊並未禁止和月事來的薩巴亞性交，但的確有說俘虜者應等奴隸經期結束再與之交媾，以確定她沒有懷孕。或許是這點在那天晚上阻止了哈吉．薩曼。

但他並未就此放過我。整個晚上我們赤身裸體躺在床墊上，他不停摸我，一直摸。我感覺好像回到那輛巴士上，阿布．巴塔把手伸進我的連衣裙、猛力抓我胸部的時刻。哈吉．薩曼手指經過的地方都痛到麻痺。我太害怕，不敢反抗，何況反抗也沒有用。我嬌小又瘦弱。我好幾天沒好好吃一頓飯，也許不只好幾天，如果從克邱被圍困的那幾天算起的話。而且，根本沒什麼能阻止他為所欲為。

◆

當我一早睜開眼，哈吉．薩曼已經醒了。我開始穿衣服，但被他阻止。「娜迪雅，去沖個澡。」他說：「沖個澡，娜迪雅。」他又說：「今天是重要的一天。」

我沖澡後，他拿給我一件黑色的罩袍和面紗，讓我穿在連衣裙外面。這是我第一次穿保守穆斯林女性的服裝，雖然布料很輕，卻覺得難以呼吸。在外面，躲在面紗後面，我第一次在日光下看這個地區。這名什葉派法官顯然曾經很富有，他住在摩蘇爾的高級地段：高雅的房屋隔著花園遠離馬路，四周樹立圍牆。伊斯蘭國的宗教宣傳對潛在的聖戰士（jihadist）是強大的誘因，但世界各地的好戰分子也被金錢誘惑，而他們一進入摩蘇爾，便先占領最華美的住宅，再洗劫其餘想洗劫的。未離棄這座城市的居民被告知將可取回二〇〇三年美國解散復興黨機構、重新分權給伊拉克什葉派後失去的權力，但他們也被伊斯蘭國課重稅，在我看來，那就是一個靠貪婪運作的恐怖組織。

伊斯蘭國似乎沉醉於它接管了摩蘇爾最重要的建築，不管去到哪裡都升起他們的黑白旗。當地的機場，以及曾是伊拉克頂尖學府的摩蘇爾大學胡亂擴張的校園，都成了軍事基地。好戰分子席捲伊拉克第二大的摩蘇爾博物館，破壞他們聲稱反伊斯蘭的工藝品，並在黑市變賣其他藝品籌措戰爭資金。就連該城的尼尼微歐貝羅伊酒店（Nineveh Oberoi Hotel），建於一九八〇年代海珊當政時期、外型不對稱的五星級飯店，也住滿這個恐怖組織的要員。據說，最好的房間預留給自殺炸彈客。

當伊斯蘭國在二〇一四年入侵時，有數十萬人離開摩蘇爾，在庫德族自治區政府的檢查哨等候數小時欲進入庫德斯坦，而他們逃離後留下的破瓦殘礫仍在哈吉．薩曼和我開車經過的路上歷歷可見：被拋棄的車子已被燒成黑色的骨骸；夷平一半的房屋，鋼筋從瓦礫堆中露出；伊拉克警察制服的碎片四散街道——是認為把制服撕碎較有生存機會的警員丟棄的。領事館、法院大樓、學校、警察局和軍事基地現在全被伊斯蘭國控制，而他們四處留下記號、懸掛旗幟、從清真寺的擴音器裡滔滔不絕地講話，甚至把一所小學外的牆壁畫上的孩子臉孔全部塗黑，因為他們認為這些畫像「haram」，或有罪。

巴杜什監獄的囚犯全部獲釋，但被告知要效忠伊斯蘭國做為回報。加入好戰分子後，他們炸毀基督教、蘇非教派（Sufi）和什葉派的神殿和聖地，其中有些早已跟山脈一樣，是伊拉克的一部分了。當時摩蘇爾大清真寺仍屹立於這座古老的城市，但當巴格達迪站在這裡的講道壇後面，宣布伊拉克第二大城為伊斯蘭國在伊拉克首都的那一刻，它就變得醜陋不堪，而到了二〇一七年，摩蘇爾大清真寺也步入摩蘇爾大半地區的後塵，遭到摧毀。

最後我們停在摩蘇爾法院大樓前，那是一幢沙土色的大型建築，位於底格里斯河西岸，細長的尖塔讓我想到清真寺，大樓頂端則用一面大型伊斯蘭國旗幟裝飾。這裡對伊斯蘭國在摩蘇爾制訂新命令的計畫至關重要——讓這城市不受伊拉克中央政府的法律管制，改奉伊斯蘭國原教旨主義的信仰為圭臬。伊斯蘭國的身分證取代了我們伊拉克的身分證，汽車已掛上新的伊斯蘭國牌照。在伊斯蘭國控制的摩蘇爾，女性時時刻刻都要用罩袍和面紗遮住全身，如果想要離開家，須由男性陪同。伊斯蘭國禁止電視、收音機，甚至香菸。不加入恐怖組織的市民如果要離開摩蘇爾必須繳納費用，而且只准出城一段時間。如果離開太久，家人便可能受到懲罰，房屋和財產也會因「離棄哈里發國」而充公。許多審判都在這棟法院大樓內進行。

大樓裡，群眾等候法官和書記官審理。一排好戰分子和數名一身黑、我猜跟我一樣是薩巴亞的女人，在一間特別的房間前面等待。我們要在那裡填寫正式承認亞茲迪女孩由哪個好戰分子擁有的文件。我們將被迫皈依伊斯蘭教，改宗之事也會被記錄下來。然後一名法官會宣布我們是帶我們進來的那個男人的財產。這是包括哈吉．薩曼在內的好戰分子稱為「婚姻」，但實為強暴的契約。

在那裡工作的好戰分子一見到哈吉．薩曼，便揮手要我們到隊伍前面。聽到他們的對話，我比較了解我的俘虜者在伊斯蘭國的職務了。哈吉．薩曼是法官，職責是決定被判有罪的被告是否該處死。

房間裡除了一名灰色鬍子的法官外空無一人，他坐在一張長桌後面，被文件圍住。在他後面，一面伊斯蘭國的旗子在空調吹出來的風中飄揚，還有兩面旗幟裝飾他制服的肩膀。我們走進去時，我拚命祈禱，請神饒恕我即將發生的事。**我會永遠相信祢**，我禱告。**我永遠是亞茲迪人。**

房裡的法官叫胡薩尹，嚴厲而有效率。「掀起你的面紗。」他命令，我照做，出示面目給他看。「你知道舍西德（shahada）嗎？」他問我。「知道。」我說。大家都知道那是簡單的伊斯蘭禱詞，展現了皈依者對伊斯蘭的信諾，也是穆斯林禱告時會背誦的話。我唸完，胡薩尹法官臉色一亮。「真主祝福你。」他對我說：「你做得非常好。」說完，他拿起桌上的相機，幫我的素顏拍照。

然後他轉向哈吉．薩曼說：「現在她是你的薩比亞了。你想對她做什麼都可以。」完成，我們走出法院大樓。

透過這種「婚姻」，伊斯蘭國持續對亞茲迪女孩進行慢性謀殺。首先，他們把我們從家裡擄走，殺光我們的男人。再來，他們讓我們和母親、姊妹分開。不管我們身在何處，他們不斷提醒我們，我們只是財產，準備被摸、被虐待，不論是像阿布．巴塔那樣彷彿想弄破似地捏我的乳房，或像納法赫那樣拿菸戳我的身體。這些侵犯都是毀滅我們靈魂的步驟。

把我們的宗教奪走是最殘酷的。離開法院大樓，我覺得空虛不已。如果我不是亞茲迪人，那我是誰？我希望神知道，就算我唸了舍西德，但那不是出自真心。只要我的靈魂、被伊斯蘭國謀殺的靈魂，可以在來世與神和塔烏西．美雷克同在，身體就給伊斯蘭國無妨。

「那張照片是要做身分證的嗎？」我問哈吉．薩曼。

「不是。」他回答：「他們會用那張照片來追蹤你在哪裡和你跟誰在一起。」他抓緊我的臂膀。「如果你企圖逃跑，他們會把那些照片印好幾百份，旁邊寫上我的名字和電話，貼在每個檢查哨，確保你會回到我身邊。你會回到我身邊的。」

我當然不會懷疑。

第七章

我們離開法院大樓，開往衛兵摩提賈和家人住的新家。相較於哈吉．薩曼的住處，這房子算簡樸，只有一層樓，但仍比我成長的地方華美。因為我已改宗，我覺得哈吉．薩曼說不定會可憐我，告訴我家人的情況，所以我問他：「拜託你帶我去看看凱薩琳、妮絲琳和蘿吉安。」我求他：「我只想知道她們是否安然無恙。」

出乎意料地，他說會試試看。「我知道她們在哪裡。」他說：「我會打通電話過去。也許你見得到她們，見一下，但我們現在得在這裡等。」

一進屋子、穿過廚房時，我們立刻受到一名身軀龐大的年長婦人歡迎，她介紹自己是摩提賈的媽媽。「娜迪雅原本是不信神者，但已經皈依了。」摩提賈告訴他媽，而這會兒她舉起粗壯的臂膀，竭誠恭賀哈吉．薩曼。「生為亞茲迪人不是你的錯。」她對我說：「是你爸媽的錯，以後你會過得幸福快樂。」

自從抵達摩蘇爾後，這是我第一次跟非亞茲迪的女人共處一室，而我望著摩提賈的母親，尋找一絲同情。畢竟她是個母親，我以為母親對她的意義，比她是遜尼派、我是亞茲迪人來得重要。她知道哈吉・薩曼前一天晚上對我做了什麼嗎？又打算在我生理期過完後做什麼？就算她不知道，她也知道我是被強迫帶去那裡的，知道我和家人分開了，而那意味克邱的男人慘遭屠殺。她對我毫無感情或同情可言，只有得知這點很高興：因為我被迫改信伊斯蘭，伊拉克又少了一個亞茲迪人。

我厭惡她，不只是因為她讓摩蘇爾被伊斯蘭國占領，也因為她讓摩蘇爾被男人控制。在伊斯蘭國底下，女性完全被公共生活排除。而男人加入伊斯蘭國的理由相當明顯，他們想要金錢、權力和性。我想，他們太過軟弱而無法思考如何不靠暴力得到這些東西，而不管怎麼看，我至今遇到的伊斯蘭國好戰分子，似乎都以讓別人感覺痛苦為樂。伊斯蘭國實行的法律全為那些男人服務，給予他們絕對的權力來掌控妻子和女兒。

但我不了解，為什麼會有女性加入聖戰士，還像摩提賈的母親那樣公開讚揚女孩被奴役。任何在伊拉克的女人，不論宗教，已經必須為一切奮鬥了。國會席次、生育權、大學名額，這些都是長期努力的成果。男人滿足於大權在握，所以女人的權力得靠堅強的女性奪回。就連艾德姬堅持開牽引機之舉，也是爭取平等的表現和對男人的挑戰，但當伊斯蘭國進入摩蘇爾時，卻有像摩提賈母親那樣的女性歡迎他們、頌揚把像她那樣的女人藏起來和剝削像我這種女性的政策，好像在恐怖分子殺害或驅趕那裡的基督徒和什葉派，遜尼派已經共同生活一千多年的人民時，她們就在旁邊看。她選擇留下來看，在伊斯蘭國的淫威下生活。

如果我親眼見到辛賈爾的亞茲迪人像伊斯蘭國攻擊我們那樣攻擊穆斯林，我不可能袖手旁觀。我的家人，不論男女，沒有一個會袖手旁觀。外人都認為亞茲迪女人弱不禁風，因為我們很窮，而且脫離城市生活，而我聽說伊斯蘭國的女戰士，正在以其特有的方式向男人證明自己的實力。但她們沒有一個人——摩提賈的母親也好，乃至自殺炸彈客也好——有我媽十分之一強，我媽不僅克服了重重難關，而且絕對不會眼睜睜讓其他女人被賣去當奴隸，不論她信什麼教。

現在我知道女性恐怖分子並非什麼新玩意兒。世界各地，從古到今，都有女性加入恐怖組織，有時擔綱主導角色，而她們的行徑仍舊令外界瞠目結舌。人們以為女性，特別是中東女性，都太柔順而殘暴不起來。但伊斯蘭國有許多女性成員，而跟男人一樣，她們排斥伊斯蘭外的所有信仰，且認為加入恐怖分子是在為建立遜尼派哈里發國的偉大理想盡一份力。一如那些男人，她們自認是教派壓迫和美國侵略的受害者。那些女人相信伊斯蘭國所言：如果她們支持伊斯蘭國，家人就會有更多錢、丈夫就會找到更好的工作、孩子就會被給予在國家應有的地位。伊斯蘭國告訴她們，支持男人是宗教責任，而她們接受了。

我的確聽過伊斯蘭國的女性幫助亞茲迪人的事蹟。一個克邱女孩被一個攜家帶眷從西方長途跋涉到敘利亞的外國戰士俘虜，而戰士的妻子借給她手機。起初那名妻子也受到伊斯蘭國的宣傳誘惑，但看到亞茲迪女人淪為性奴的情況，她驚駭不已。拜這名妻子所賜，那間房子的亞茲迪女孩才能經由協調，平安偷運出敘利亞。

但我更常聽聞女性比男性更殘酷的故事。她們毆打或讓丈夫的薩巴亞挨餓，可能是基於嫉妒、憤怒或只因我們是容易下手的目標。或許她們自詡為革命者，甚至女權人士，如同史上很多人那樣告訴自己，為更大的良善而施的殘暴是可接受的。這些我都聽過，而現在當我想到要讓伊斯蘭國為種族滅絕接受法律制裁時，我同情這些女性。現在我比較了解為什麼有人會自認是受害者，但我無法理解為什麼有人可以在一旁眼睜睜看著成千上萬亞茲迪人被賣去當性奴隸、被強暴到體無完膚。那樣的殘酷沒有正當理由，也不可能造就更大的良善。

摩提賈的母親一直對哈吉．薩曼說話，一副想留給他深刻印象的樣子。「除了摩提賈，我還有一個十二歲的女兒。」她說：「還有一個兒子在敘利亞，跟 *Dawla* 一起打仗。」她說的是伊斯蘭國的阿拉伯簡略語。想到那個兒子，她不禁泛起微笑。「他好美！」她裝腔作勢地說：「真主會祝福他的。」

打完招呼，摩提賈的媽媽帶我進一個小房間。「在這裡等哈吉．薩曼。」她說：「別想跑出去，什麼也別碰。」說完就關上門離開。

我坐在床的一角，雙手環抱身體。我懷疑哈吉．薩曼會不會幫我找姪女，我能不能見到她們。薩巴亞彼此互動不是什麼罕見的事，男人常帶著她們跑來跑去，所以哈吉．薩曼確實可能幫我做這件事來安撫我的情緒，讓我之後不會反抗得那麼厲害。只要我能看到凱薩琳她們還活著，就不在乎接下來會發生的事。

門突然開了，摩提賈走進來。我第一次注意到原來他這麼年輕，可能只比我大個一歲，留著邋遢的短鬍子。他在好戰分子中的階級顯然很低，我甚至不確定他有沒有薩比亞；如果有，也沒有與他同住的跡象。哈吉．薩曼不在旁邊，他對我的態度更加跋扈，但那似乎是裝出來的，就像男孩穿著父親的鞋子一樣。

他把門帶上，在床邊靠近我的地方坐下。我本能地把腿舉到胸前，額頭靠在膝蓋，避免與他視線接觸。但他開始說話。「你在這裡快樂嗎？」他問：「或者，如果你可以逃出這裡、跟你家人在一起，你會比較快樂？」他分明在拿我尋開心；他知道正常人會怎麼回答他的問題。

「我完全不知道我的家人怎麼了。」我說。我求神讓他快點滾開。

「如果我幫助你脫逃，你會給我什麼？」他問我。

「我沒有東西可以給你。」我說，這是肺腑之言，就算我知道他在暗示什麼，「但如果你幫助我，我會打電話給我哥，你想要什麼，他都會給你。」

他大笑起來，問：「你在害怕嗎？」邊說邊挪近身子。

「是的，我很怕。」我告訴他：「當然怕。」

「讓我瞧瞧。」他說，伸手要摸我的胸部，「讓我瞧瞧你的心跳是否因為你在害怕而加速。」

我一看到他的手向我伸來，就停止說話，用最大的聲音尖叫，恨不得我的尖叫聲能讓四周的牆倒塌、天花板崩落，壓死屋裡每個人。

門開了，摩提賈的母親現身。她生氣地瞪她兒子一眼，「離她遠一點。」她對摩提賈說：「她不是你的人。」於是摩提賈離開房間，像個小孩羞愧地低著頭。「她是卡菲勒。」他母親看著他離開，然後怒視我：「她是哈吉·薩曼的人。」

那一瞬間，我不知道既然房裡只剩我們兩個人，她會有何舉動。不論她是誰，不論之前她允許什麼事情發生，如果她過來坐在我旁邊，什麼也不做，就只是為剛發生的事向我致意，我想我都會原諒她。她跟我媽的年紀差不多，也跟我媽一樣肉肉的。如果她說：「我知道是他們強行把你帶來這裡的。」如果她問：「你媽媽和姊姊人在哪裡？」就算只說這些，其他什麼也不做，我都會感到寬慰。我幻想她會等到摩提賈離開，坐到我旁邊，牽起我的手，喚我女兒，輕輕地說：「別擔心，我會幫你逃跑。我是當媽媽的，我感同身受。」如果我好幾週沒吃東西，那些話就像一塊麵包。但她什麼話也沒說。她離開了，在那小小的房間，我再次獨自一人。

幾分鐘後，哈吉．薩曼進來了。「現在我們可以去見凱薩琳了。」他告訴我，而我的心同時感到充實和空洞。我的姪女是我最擔心的人。

♦

凱薩琳生於一九九八年，是艾里亞斯的長女，而從她出生的那一刻，她在我家就很特別。是凱薩琳淚眼汪汪的抗議阻止艾里亞斯搬出我們的房子。她愛我母親的程度不下於我，她也愛我。我們分享一切，甚至包括衣服，有時我們會做同樣的裝扮。在我堂哥的婚禮，我們都穿紅色的衣裳，而在我一個哥哥的婚禮，我們都一身綠。

儘管我年歲稍長，但我晚了幾年上學，所以我們上一樣的課。凱薩琳很聰明，卻也超齡務實、勤奮用功，但讀完六年級就輟學在田裡工作。她喜歡和家人待在戶外勝於念書，喜歡覺得自己有用處。雖然年幼、瘦小而安靜，屋裡和田裡的一切都難不倒她。凱薩琳會擠羊奶、會做飯，做得跟狄瑪兒一樣好。每當有人生病，她都會哭成淚人兒，說自己能感受他們的病痛，哭到他們好轉為止。晚上睡覺時，我們會聊未來的計畫。「我二十五歲要結婚。」她常告訴我：「我想要很多孩子，建立大家庭。」

圍村期間，凱薩琳幾乎沒有離開過客廳。她會坐在電視機前，為山上的人民哭泣。聽到她的妹妹芭蘇被俘虜後，她就吃不下東西了。「我們得保持樂觀。」我告訴她，摸摸她已因缺乏食物和睡眠而面黃肌瘦的臉。「我們說不定可以熬過去。」我媽則會告訴她：「看看你爸。你得為他堅強起來。」但凱薩琳很早就失去希望，而且始終沒有恢復。

凱薩琳和我被趕上不同的卡車離開克邱，我一直到索拉夫才又看到她。那時她緊緊挽著我媽，不讓伊斯蘭國把她帶走。「我要跟我媽媽在一起。」她告訴一名伊斯蘭國的好戰分子：「她自己沒辦法行走。」但對方吆喝她坐下，而她照做了。

在摩蘇爾，最擔心我的人就是凱薩琳。「不要再尖叫了。」她說：「我知道阿布・巴塔在做什麼。他對我做了一樣的事。」她知道我很難控制脾氣，比任何人都清楚，而想幫助我逃過懲罰。「娜迪雅，別說阿拉伯語。」我們在摩蘇爾那間屋子等分發時，她這麼說：「你不會想要他們帶你去敘利亞的。」然後我被薩爾萬從她身邊拉走、拖下樓，那就是我和她的最後一面。

哈吉・薩曼帶我離開摩提賈家。走向門口時，我看到摩提賈的母親在廚房忙著用熱玻璃杯敷一個男人的背。這種按摩法會在皮膚留下紅色的大圈圈，據說有助於血液循環。因為感謝屋子的女主人是種禮貌，也因為無論如何，從小養成的習慣早已成自然，我看著她說：「薩曼來了，我要離開了，謝謝你。」

「願真主與你同在。」她說完便回頭繼續做事。

哈吉・薩曼和我開回前一晚進行奴隸市場交易的樓房。「她們在樓上。」他告訴我，然後離開。

我衝上樓，看到凱薩琳和妮絲琳兩人待在一間窗戶全暗的大房間。我看得出來，她們累壞了；凱薩琳躺在其中一張薄床墊上，眼睛幾乎睜不開，旁邊坐著其他兩個人。我打開門時，她們只茫然望著我。我忘了掀起面紗。「你是來唸《可蘭經》給我們聽的嗎？」凱薩琳小聲地問。

「是我，娜迪雅。」我說，而她們一看到我的臉，就朝我飛奔過來。我們哭得聲嘶力竭，覺得好像會哭到死掉。我們肌肉疼痛，幾乎喘不過氣。「她們告訴我們要等一個女人過來檢查我們是不是處女，」她們說：「我們以為你是那個女人！」

凱薩琳的眼睛紅腫又有瘀傷。「我眼睛看不大清楚。」她告訴我，我帶她坐下。

「你看起來好虛弱。」我說，握起她的手。

「我在禁食，希望神能幫助我們。」她解釋道。我擔心她會因為沒吃東西而垮掉，但沒說出口。亞茲迪人每年要正式齋戒兩次，而我們可以任選其他時間禁食，來加強我們對神的信念、開啟和塔烏西．美雷克的交流。禁食可以賜予我們力量，而不是奪走。

「你發生什麼事了？」我問凱薩琳。

「一個叫阿布．阿布杜拉的男人買了我，帶我去摩蘇爾的另一間屋子，」她說：「我告訴他我有癌症，他不該碰我，所以他就打了我一頓，把我送回市場。那就是我眼睛受傷的原因。」

「我嘗試逃走。」妮絲琳說：「被他們抓到，毒打一頓，然後帶回來這裡。」

「你為什麼穿成這樣？」凱薩琳問我。她仍穿著兩件亞茲迪連衣裙，兩件纏在一起。

「他們拿走我的衣服，要我穿這個。」我說：「我袋子掉了，我沒別的衣服了。」

「你的袋子在我這裡！」凱薩琳說，一邊把袋子拿給我。然後她又從她的袋子上層抽了一件衣服給我。那是一件粉紅色和棕色的連衣裙，她的新衣，而到今天狄瑪兒和我還會輪流穿，因為那很美，也因為那會讓我們想起我們的姪女。「把這件穿在罩袍底下。」她告訴我，而我吻了她的臉頰。

一名衛兵來到門口。「你還有五分鐘。」他說：「然後哈吉．薩曼要你下樓。」

他離開後，凱薩琳伸進連衣裙的口袋，拿給我一對耳環，「你帶在身上吧。我們可能再也見不到面了。」

「如果你有機會逃，一定要逃。」她低聲跟我說，握著我的手，跟著我下樓。「我也會試的。」我們手牽手走到廚房，然後哈吉．薩曼就把我拉出去了。

我們靜靜開回哈吉．薩曼的房子。我默默為凱薩琳和妮絲琳哭泣，祈求神，不論她們發生什麼事，都要活下去。到達薩曼家時，他叫我跟著一名衛兵進去裡面等候。「我不會太久。」他說，於是我開始為自己祈禱。

在我進去之前，哈吉．薩曼注視我良久。過了一會兒，他說：「我回來的時候，不會在意你有沒有月經。我跟你保證，我會上你。」

他就是這麼說的：「我會上你。」

第八章

過去三年，我聽到許多亞茲迪女性被伊斯蘭國俘虜為奴的故事。十之八九，我們都是同一種暴力的受害者。我們會在市場被人買走，或當成禮物送給新成員或高階指揮官，被帶回那個人的家，被強暴、羞辱，多數也會被毆打。然後我們會被轉賣或轉送出去，再次被強暴毆打，然後再轉賣或轉送給其他好戰分子，再強暴毆打，再轉賣轉送，再強暴毆打，就這樣周而復始，只要我們還有人要、還沒死。如果試圖逃跑，我們會遭到嚴厲懲罰。如同哈吉・薩曼所警告，伊斯蘭國會把我們的照片貼在檢查哨，並指示摩蘇爾居民將奴隸送回最近的伊斯蘭國中心，聲稱有五千美元的獎勵。

強暴是最糟的部分。那剝奪我們的人性，讓我們再也無法設想未來——無論是回到亞茲迪社會、結婚、生兒育女、過幸福快樂的日子。寧可他們殺了我們。

伊斯蘭國深知對未婚的亞茲迪女孩來說，皈依伊斯蘭和失去貞操有多大的毀滅性，而他們就利用我們深深害怕我們的社會和宗教領袖不歡迎我們回去這最大的恐懼來對付我們。「想逃跑儘管試，無所謂。」哈吉・薩曼會這麼說：「就算你到得了家，你爸或你伯伯也會殺了你。你不是處女了，而且你是穆斯林！」

很多女人說出她們曾經反抗侵犯者、力圖擊退那些遠比她們強壯的男人的故事。雖然終究敵不過那些鐵了心就是要強暴她們的好戰分子，她們的奮戰仍讓她們在事後感覺舒坦一些。「我們沒有一次安靜地任他們宰割，」她們說：「我會反抗，會動手、會吐痰在他臉上，能做的都做。」我聽說有女孩拿瓶子戳那裡，讓自己在好戰分子染指時已非完璧，也有女孩試圖引火自焚。重獲自由後，她們可以驕傲地說她們用力把俘虜者的手臂抓到流血，或在被強暴時打到對方鼻青臉腫。「至少我沒有讓他為所欲為。」她們說。而每一次反擊，不論多微不足道，都是向伊斯蘭國傳遞這個信息：你們並未真正擁有我。當然，最響亮有力的聲音，來自那些已缺席的女性，她們自盡身亡，不願被玷汙。

我從未對任何人坦承這點：當哈吉．薩曼或其他人強暴我時，我並未反抗。我只是閉著眼，希望一切趕快結束。每當有人跟我說：「噢，你好勇敢，你好堅強」時，我始終沉默以對，但我很想糾正他們、告訴他們，當其他女孩對侵犯者又捶又咬時，我只有哭。「我不像她們那麼勇敢。」我想這麼說，但我擔心別人會怎麼看我。我有時覺得，說到亞茲迪人的種族滅絕，大家好像只對亞茲迪女孩遭受的性虐待感興趣，而且想要聽奮戰的故事。我則什麼都想說，不管是我的兄長遇害、我的母親失蹤、男孩們被洗腦，不只是強暴。或許我到今天仍在意人們怎麼想。我很久、很久才接受，只因我沒有像其他女孩那樣反抗，不代表我允許那些男人那樣對待我。

在伊斯蘭國入侵前，我自認是個勇敢誠實的人。不管遇到什麼問題，無論犯了什麼錯，我都會對家人坦白。我告訴他們「我就是這樣」，並準備好接受他們的反應。只要跟家人在一起，我什麼都可以面對。但身邊沒有家人，在摩蘇爾被俘虜的我覺得好孤獨，孤獨到不像人。我心裡有某樣東西死了。

哈吉．薩曼的屋裡到處都是衛兵，所以我直接上樓。大約半小時後，一個名叫胡珊的衛兵，拿了一件連衣裙、一些化妝品和除毛霜來。「薩曼要你在他來前洗個澡、準備一下。」他說，把東西留在床上，就下樓去了。

我洗了澡，照胡珊所說的去做，用乳霜去除從腳到腋下的所有體毛。那是我媽常給我用的牌子，我一直很不喜歡，我偏愛用中東流行的蜜蠟。那種乳霜有一股強烈的化學味，會讓我覺得暈眩。在浴室，我注意到我的生理期，其實已經過了。

接下來，我穿上胡珊留給我的連衣裙。那黑藍相間，是裙襬落在膝上的短裙，肩部只有細肩帶。裡面有胸罩，所以我不必再穿胸罩。那是我會在電視上看到的那種宴會穿的禮服，對克邱，或摩蘇爾來說都有失端莊。是那種妻子只為丈夫穿的洋裝。

穿上後，我站在浴室鏡子前。我知道如果不化點妝，將難逃懲罰，所以我看了胡珊留給我的那堆化妝品。若是平常，看到這種新化妝品，我認得而買不起的牌子，凱薩琳和我會興奮得不得了。我們會站在臥室鏡子前，給眼瞼塗上不同的顏色，拿墨粉畫濃濃的眼線，再用粉底霜遮雀斑。但在哈吉．薩曼家，我簡直沒辦法看鏡子裡的自己。我塗上一些粉紅色的口紅和眼影——不會被打就好，希望如此。

我從離開克邱後第一次照鏡子。以前，每一次化妝，總覺得自己化完就會變一個人，而我喜歡那種改造的可能。但在哈吉・薩曼家那天，我不覺得自己看來有任何不同。不管我塗了多少口紅，鏡子裡的臉孔都確切反映出我已然變成的東西——一個奴隸，隨時將成為一個恐怖分子的獎賞。我回床坐下，等門開。

四十分鐘後，我聽到外頭衛兵迎接我的俘虜者的聲音，然後哈吉・薩曼就走進房間了。他不是一個人，但與他同行的男人待在走廊。我一看到他就崩潰了，像小孩那般縮成一顆球，讓他沒辦法碰我。「*Salam alakum*[3]」哈吉・薩曼對我說，上下打量我，看來很驚訝我照他要求的裝扮了。「以前那些薩巴亞，我幾天後就得轉手的那些，」他說：「她們都不照我的吩咐做。你做得很好。」他認可地說，說完便帶上門離開，留下我深感暴露和羞恥。

門再次開啟時，已是傍晚。這一次是胡珊注視房裡。「哈吉・薩曼要你出來端茶給客人。」他說。「有幾位客人？是些什麼人？」我不想穿這樣離開房間，但胡珊拒絕回答。「來就對了，」他說：「而且要快一點，客人在等。」

那一瞬間，我希望那晚強暴不會發生。**他是要把我送給其中一個客人吧**，我對自己說，然後下樓進廚房。

一名衛兵已經把茶準備好，將紅褐色的濃液倒進小玻璃杯，圍著一疊白糖排列，放在樓梯上的托盤。我拿起托盤，帶進客廳，一群好戰分子坐在長毛絨沙發上。「*Salam alakum*。」我一進入就說，然後繞著客廳走了一圈，把茶杯放在那些男人膝上的小桌子上。我聽得到他們說笑，操著確切無疑的敘利亞阿拉伯語，但我沒辦法專心聽他們在講什麼。我奉茶時手一直在抖。我感覺到他們正盯著我赤裸的肩膀和腿瞧。他們的口音尤其令我懼怕。我仍相信，他們早晚會把我送出伊拉克。

「敘利亞士兵好害怕。」其中一個男人說，其他人笑了。「他們一下就放棄了，怕死了！」

「我記得啊，」哈吉・薩曼說：「他們如此輕易把國土拱手讓給我們，幾乎跟辛賈爾一樣容易！」最後一句話是衝著我來的，而我希望自己沒有表現出聽到時有多受傷。我把一杯茶端給哈吉・薩曼。「放在桌上。」他說，沒有看我一眼。

我回到走廊，畏縮地坐著等。二十分鐘後，男人起身，而當他們全都離開屋子後，哈吉・薩曼來看我，拿著一件罩袍。「是禱告的時候了。」他說：「把身體遮起來，我們一起禱告。」

我不會背禱告詞，但我知道伊斯蘭禱告的動作，所以我站在他旁邊，試著精確地模仿他的一舉一動，希望他會滿意而不要傷害我。回到房裡，他播放了宗教歌曲，然後進浴室去。當他出來，他把音樂關掉，房裡再次悄然無聲。

「把洋裝脫掉。」他說。照前一晚所言，一邊脫掉自己的衣服。然後他上了我，說到做到。

每一刻都令人戰慄。我掙開，他就粗暴地把我拉回去。他的聲音大得足以讓衛兵聽見。他大吼大叫，彷彿希望摩蘇爾每一個人都知道他終於強暴了他的薩比亞——而且暢行無阻。他的觸碰誇張、用力、意在傷害我。沒有男人會這樣碰他的妻子。哈吉・薩曼跟房子一樣大，跟我們所在的這棟屋子一樣碩大。而我像個孩子，哭著找媽媽。

---

3 譯註：阿拉伯語的招呼語。

第九章

我和哈吉．薩曼共處了四或五個晚上，他才把我送走。我一直備受煎熬。每一天，他一有時間就來強暴我，而每天早上他出門前都會發號施令：「打掃房子、煮這個東西、穿這件洋裝。」除此之外，他對我說的只有「*salam alakum*」。他命令我做妻子做的事，而我非常害怕，做了他要求的每一件事。如果有人從遠處看，遠得看不到我流了多少淚、看不到我的身體在他觸碰時抖得多厲害，可能會覺得我們真的結婚了。我照他的命令做了妻子會做的事，但他從來沒有稱呼我為妻子，只叫我他的薩比亞。

一個名叫葉海亞的衛兵帶食物和茶到我和薩曼共處的房間。他很年輕，大概二十三歲，把托盤放進門裡時甚至沒看我一眼。他們沒有不讓我吃飯喝水，我是貴重的薩比亞，不能冒險讓我喪命，但我只吃幾口他們準備的飯和湯，不再覺得頭昏眼花就停。我照哈吉．薩曼的吩咐打掃屋子，徹底清潔，刷洗有六個衛兵和薩曼使用、汙穢不堪的浴室，也清掃樓梯。我撿他們丟得滿屋子都是的衣服，黑色的伊斯蘭國長褲和白棉袍，放進洗衣機。我把剩飯倒進廚餘，洗茶杯上的唇印。他的屋子裡到處是衛兵，所以他們不擔心我會發現什麼或逃跑，我也可以進入每一個房間，除了庫房，我猜想那是他們放武器的地方。

透過窗子，我看著城市在動。哈吉．薩曼住在摩蘇爾的人口密集區，靠近一條通常車水馬龍的公路。樓梯間的窗戶可俯瞰一條環形的出入坡道，而我想像自己試圖從那裡逃到安全的地方。哈吉．薩曼一直出言警告我逃跑的事。「如果你去試，娜迪雅，你一定會後悔的，我跟你保證。」他這麼說：「處罰不會留情。」他的再三提醒反倒給了我一些希望。要是從來沒有女孩順利逃出俘虜者的魔掌，他就不會那麼擔心了。

就奴役亞茲迪女孩這件事，伊斯蘭國算得很精，但他們犯了錯誤，因此給了我們機會。他們最大的錯誤是讓我們裝扮得跟摩蘇爾所有女人一樣，穿千篇一律的黑罩袍，戴毫無特徵的黑面紗。一旦穿戴成那樣，我們便融入其中，而在伊斯蘭國當權下，男人更不可能在街上搭訕不認識的女人，因此更不可能發現我們。在清掃樓梯時，我看著女人在城市裡穿梭，裝扮如出一轍。你無從分辨誰可能是上市場買東西的遜尼派女子，誰可能是逃離俘虜者的亞茲迪女孩。

許多伊斯蘭國的中心都跟哈吉．薩曼家一樣設在人口稠密的地區，如果我有辦法隻身在外，這或許有幫助。我想像自己爬出廚房的大窗戶，披上罩袍，混入人群。我會設法走到計程車行，搭往吉爾庫克的車：進入伊拉克庫德斯坦常過的關卡。如果有人跟我講話，我就說自己是吉爾庫克來拜訪家人的穆斯林。或者說我剛逃出敘利亞的戰火。我背了《可蘭經》簡短的開經偈，以免有好戰分子想考我，而且我的阿拉伯語說得很流利，也已經學會舍西德。我甚至記了兩首伊斯蘭國的流行歌，其中一首在慶祝軍事勝利：「我們已經拿下巴杜什，拿下塔阿法，諸事順利。」我討厭那些歌，但在我打掃的同時，那些歌就在我腦海播放。另一首則唱：「把你的生命奉獻給真主和宗教。」不管發生什麼事，我都不會承認自己是亞茲迪人。

然而，我也知道那是不可能實現的計畫。薩曼家到處都有伊斯蘭國的好戰分子，我不可能爬出那扇窗再越過院子的籬笆而不被任何人發現。另外，哈吉．薩曼只讓我與他在外或有衛兵盯梢我的時候穿罩袍戴面紗。在那間房子裡，我都穿著從克邱帶來或哈吉．薩曼要我穿的衣服。夜半躺在床上，等待哈吉．薩曼推門而入的咯吱聲時，我會在腦海重溫逃脫的幻想，而後不得不對自己承認：那些不可能發生，接著便陷入深深的悲傷而祈求死亡。

一天下午強暴我之後，哈吉．薩曼叫我準備好接待晚上要來的客人。「那個薩比亞你可能認識。」他告訴我：「她要求見你。」

我的心期待地砰砰跳。會是誰呢？雖然我渴望見到熟悉的面孔，但不確定自己能否受得了穿著哈吉．薩曼要我穿的衣服和凱薩琳或我的姊姊見面。通常，薩曼要我為客人打扮時，會想要我穿像那件藍黑洋裝那樣的衣服，而一想到將有其他亞茲迪女孩看到我穿成那樣，我就羞愧萬分。還好，我找到了一件黑色洋裝，雖是細肩帶，但至少遮住膝蓋。我把頭髮往後梳，塗上一點口紅，但眼睛完全沒化妝。哈吉．薩曼覺得滿意，我們就下樓了。

來訪的好戰分子原來是納法赫，在第一個中心懲罰我在巴士上尖叫的男人。他瞪著我，但只對哈吉．薩曼說話。「我的薩比亞一直說要見你。」他說：「但我們得坐在旁邊聽她們講話，因為我不相信娜迪雅。」

納法赫的薩比亞是拉米雅，我朋友瓦拉的妹妹，我們奔向彼此懷中、親吻對方臉頰，見到熟悉的臉孔，有如釋重負的感覺。然後我們四個人坐在一起，而當薩曼和納法赫開始聊天，不再理會我們的時候，我和拉米雅就不說阿拉伯語，改說庫德語。

拉米雅穿著長連衣裙，髮上戴著頭紗。我們不知道能在一起多久，所以話講得很快，希望能獲得最多資訊。「他碰你了嗎？」她問我。

「他碰你了嗎？」我反問，她點點頭。

「他逼我改宗，然後我們在法院結婚了。」她坦承，而我告訴她同樣的事情也發生在我身上。「但你不該把它視為婚姻，」我說：「那跟在克邱結婚不一樣。」

「我想逃跑。」她說：「但一直有人來找納法赫，根本沒機會離開。」

「薩曼這裡也是。」我告訴她：「到處都有衛兵，而他跟我說，如果我試著逃跑，他會懲罰我。」

「你覺得他會怎麼做？」她低聲問，瞥了我們的俘虜者一眼。他們正自顧自地聊，沒注意我們在做什麼。

「我不知道，很糟的事吧。」我說。

「我們不是叫你們講阿拉伯語嗎！」薩曼大叫。他們聽到我們說話，發現聽不懂我們在說什麼而惱羞成怒。

「瓦拉怎麼了？」我用阿拉伯語問拉米雅。自我們離開克邱，我就沒見過我的朋友了。

「他們帶走我的那一晚，也把其他所有女孩分配出去。」拉米雅告訴我：「我不知道瓦拉怎麼了。

我求納法赫幫忙找她，但他不肯。狄瑪兒和艾德姬呢？」

「她們留在索拉夫。」我說：「跟我媽在一塊兒。」我們沉默了一會兒，心情因她們不在場而更加沉重。

三十五分鐘後，納法赫起身離開。拉米雅和我吻別。「保重，不要太難過。」我告訴她，看著她拉下頭紗遮住臉。「我們全都有同樣的遭遇。」然後他們離開了，我再次和薩曼獨處。

我們走上樓到我的房間。「這是我第一次看到你完全換了一種表情。」我們走到門口時，他跟我說。

我轉頭看他，沒有壓抑怒意。「你都把我鎖起來、對我做我不想做的事了，還想要我擺什麼樣的臉色給你看？」我回嘴。

「你會習慣的。」他說：「進去。」他打開門，跟我一起待在房裡，直到天明。

♦

哈吉．薩曼一再告誡我：「如果你試圖逃跑，我會懲罰你。」但從未確切表明會怎麼懲罰。幾乎可以確定的是他會打我，但他之前也不是沒打過我。薩曼無時無刻不打我。不喜歡我打掃房子的方法會打我、工作不順心會遷怒我、如果他強暴我時我哭出聲或閉眼睛也會打我。也許，如果我試圖逃跑，毆打會嚴重到讓我傷痕累累或毀容，但我不在乎。如果傷口能阻止他或其他人繼續強暴我，我甘之如飴。

有時在他強暴我之後，他會告訴我根本沒必要試。「你不再是處女了。」他會說：「而且你是穆斯林了。你的家人會殺了你的。你毀了。」儘管我是被逼的，但我相信他。我覺得自己毀了。

我想過各種讓自己變醜的方法，在中心，女孩會在臉上塗灰抹土、把頭髮弄亂，也不洗澡，想讓臭味逼退買主。但我除了拿刀劃臉或剪光頭髮，想不到其他辦法，而我覺得割臉或剪髮都會招來一頓毒打。如果我給自己毀容，他會殺了我嗎？我覺得不會。我活著還是比較有價值，而且他也明白，死是一種解脫。我只能憑空想像假如我試著逃跑，薩曼會對我做什麼。然後有一天，測試的機會來了。

那天晚上，薩曼帶兩個男人回家，都是我沒見過的好戰分子，沒帶薩巴亞同行。「你打掃完了嗎？」他問，我說掃好了，他就叫我回我們的房間過夜，一個人。「廚房裡有食物，如果你餓了，就叫胡珊，他會拿點吃的上去。」意思是要我離開他們的視線，在房裡等他。

不過，他叫我先給他們倒茶。他想炫耀他的薩比亞。我照他說的去做，穿上他喜歡的一件洋裝，把茶從廚房端到客廳。一如以往，那些好戰分子在聊伊斯蘭國在敘利亞和伊拉克的勝利。我注意聽他們有沒有提到克邱，但完全沒聽到關於家鄉的事。

客廳擠滿男人，其中只有兩個是訪客。看來這中心的衛兵全都在和薩曼及客人一起用餐，自我來此後第一次離開崗位。我懷疑那是不是他堅持要我在房裡待到客人離開的原因。如果衛兵統統跟他們在一起，那就表示沒有人巡邏庭院，也沒有人在浴室外監視以確定把門關上的我不會試圖從窗戶逃脫。門外不會有半個人聽見裡面發生什麼事。

端完茶，哈吉．薩曼把我打發走，我便上樓去。計畫已經在我腦中成形，而我動作很快，知道如果我停下來思考，可能就會說服自己放棄，而像這樣的機會也許不會有第二次。我沒進房間，直接走進一間客廳，我知道那裡的衣櫥裡仍塞滿亞茲迪女孩及這間房子的前屋主留下來的衣服。我開始尋找多出來的罩袍和面紗。我很快找到罩袍，趕緊套在我的洋裝上。為遮住我的頭髮和臉，我綁了一條黑色的長巾代替面紗，希望在我到達安全的地方之前，不會有人發現箇中差異。然後就往窗戶走去。

我們雖位於二樓，但不算太高，而且窗戶下面的牆面，有些沙色的磚塊砌得凸出幾吋。這是摩蘇爾常見的設計，除了裝飾沒有其他意義，但我認為那些磚塊或可做為往下爬到庭院的梯階。我把頭伸出窗戶，尋找平常隨時都在庭院走動的衛兵，但院子空無一人。有個油桶靠著籬笆放，再完美不過的梯凳。

庭院圍牆的外面是車聲隆隆的公路，但隨著大家紛紛進屋裡吃晚餐，街上的人開始少了，而我想在薄暮中，比較不會有人注意到黑頭巾不是正統的面紗。但願我在被發現之前找得到人幫我。除了塞在胸罩裡的珠寶和我媽的配給卡，我把一切都留在房間裡了。

我小心將一腳伸出窗外，再換另一腳，待下半身出了窗外，軀幹還在裡面時，我挪動雙腳，試著去踩那些凸出的磚塊。我的手臂在抖，但我緊抓窗台，很快讓自己穩定下來。我感覺得出，這樣爬下去不算太難。就在我開始尋找下面的磚塊時，我聽到下方傳來一聲槍響。我凍住，身體掛在窗台上。「進去！」一個男人的聲音從底下對我大叫。我沒有往下看，馬上用力把自己撐起來，穿過窗子，落到窗下的地板，害怕得心跳加速。我不知道是誰看到我。哈吉．薩曼的所有衛兵都跟他一起在客廳。我在地上縮成一團，直到聽見腳步聲走向我，我抬頭，看到哈吉．薩曼站在眼前，便以最快的速度衝回房間。

門開了，哈吉．薩曼進來，手裡拿著鞭子。我放聲尖叫，跳上床，拉了一件厚被子遮住全身和頭，像小孩那樣躲藏。薩曼站在床邊，不發一語，開始鞭打。鞭子下得又快又狠，怒氣騰騰，厚重的毯子幾乎保護不了我。「給我出來！」哈吉．薩曼大吼，我聽過他最大的聲音：「給我離開毯子，衣服脫掉！」

我別無選擇。我掀開毯子，看到薩曼仍拿著鞭子站在面前，慢慢脫掉衣服。當我一絲不掛後，我一動不動地站著，等待他要對我做的事，默默哭泣。我以為他會強暴我，但他開始朝門口走去。「娜迪雅，我告訴過你，如果你試圖逃跑，後果不堪設想。」他說。他輕柔的聲音回來了。然後他打開門，走出去。

一會兒後摩提賈、亞希雅、胡珊和另外三名衛兵走了進來，盯著我看。他們站的地方，就是片刻前薩曼站的地方。我一看到他們，就明白我的懲罰是什麼了。摩提賈第一個上床。我試著阻止他，但他太強壯。他把我推倒，而我什麼都做不了。

在摩提賈後，換另一名衛兵強姦我。我大聲呼叫我媽和我哥凱里。在克邱，每當我需要他們時，他們就會出現。就算我是犯蠢而吃苦頭，只要我呼叫，他們還是會來幫我。在摩蘇爾，我孤單一人，而他們的名字，是他們唯一留給我的東西。不論我做什麼、說什麼，都無法阻止那些男人侵犯我。那晚我記得的最後一個畫面是其中一個衛兵的臉。我記得在輪到他強姦我之前，他摘掉眼鏡，小心放在桌上。我猜他是擔心眼鏡會破吧。

◆

當我在早晨醒來，我獨自一人，全身赤裸。我動彈不得。有人，我猜是其中一個男人，幫我蓋了條毯子。我試著爬起來時，頭暈得厲害，伸手拿衣服時，身體痛得要命。每一個動作感覺都像要把我推回不省人事，彷彿一道黑色簾子在我眼前拉了一半，這世界的一切都成了本身的影子。

我進浴室沖個澡。我身上盡是那些男人留下的髒汙，我打開水，站在底下很久很久，一邊哭泣。然後我把自己徹徹底底洗乾淨，用力擦洗身體、牙齒、臉、頭髮，從頭到尾都在祈禱，求神幫助我，原諒我。

然後我回到房間，躺在沙發上。床上，強暴我的男人的氣味久久不散。沒有人進來看我，但我可以聽到他們在房間外面說話，過了一會兒，我睡著了。我什麼都沒夢到。當我下一次睜開眼，薩曼的司機正站在我旁邊，戳我的肩膀。「娜迪雅，起床，起來，把衣服穿好。」他說：「該上路了。」

「我要去哪裡？」我問，把我的物品塞進我的黑色袋子。

「我不知道——總之是離開這裡，」他說：「哈吉．薩曼把你賣了。」

第十章

當我第一次被俘，明白亞茲迪女孩會有什麼樣的遭遇時，我祈禱自己只被一個男人拘禁。被當成奴隸買賣一次，讓你的人性和尊嚴被剝奪，已經夠糟了，而我無法忍受被好戰分子賣來賣去、從這間屋子換到下一間屋子的想法，遑論像市場裡的商品，像貨車後面的一袋麵粉那樣，越過邊界，運到伊斯蘭國占領的敘利亞。

那時我還不了解，一個男人可能有多殘忍。哈吉．薩曼是我遇過最惡劣的男人，而在他允許衛兵強暴我後，我祈禱被他賣掉。我不在乎賣給誰也不在乎被帶去哪裡。在我看來，就連送去敘利亞——更難逃離、我曾覺得與死刑無異的地方，都比繼續待在薩曼身邊好。當我幻想將伊斯蘭國為種族滅絕接受審判時，我想看到哈吉．薩曼被生擒。我想去獄裡看看他，怎麼被攜槍的伊拉克軍官和衛兵團團圍住。我想看看他的模樣，聽聽沒有伊斯蘭國的勢力在背後撐腰，他會怎麼說話。我也想要他看著我，回想他對我的所作所為，了解這就是他永遠無法重獲自由的原因。

我裝好袋子，跟著司機到外面。哈吉．薩曼在屋裡某處，但我離開時沒看到他。我用意志力叫自己別在經過時看摩提賈和其他衛兵。我們離開哈吉．薩曼家時天色已漸暗，但空氣依然炙熱，只有些許微風把沙子拂到我臉上。這會兒沒有人要我遮住臉了。雖然我人在外面，卻感受不到任何自由。知道整個摩蘇爾都不會有人幫助我，讓我深感絕望。

一個沒見過的衛兵和司機坐在一輛小白車的前座。「你餓嗎？」他在我們離開時問。我搖頭，但我們還是停在一家餐廳外面。司機進了餐廳帶回幾個包了錫箔紙的三明治，把其中一個連同一瓶水丟到我旁邊的後座。車外，人們熙來攘往，買食物、坐下來、吃東西、講手機。我恨不得可以打開車門讓人們看到我，希望他們一明白我的遭遇就會幫助我。但我不覺得他們會。濃濃的肉和洋蔥味穿透錫箔紙撲鼻而來，當車子再次開動，我閉上眼睛，努力不吐出來。

我們很快抵達第一個出摩蘇爾的檢查哨。那裡是由持自動武器和手槍的伊斯蘭國好戰分子站崗。我向窗外看，想知道他們是否真如哈吉·薩曼所說，張貼逃跑薩巴亞的照片，可惜天色太暗，什麼都看不到。「你的妻子為什麼沒戴頭紗？」一個好戰分子問司機。

「先生，她不是我妻子。」他說：「她是薩比亞。」

「恭喜你。」那個好戰分子說，一邊揮手叫我們離開。

這會兒天已全暗。我們沿著公路往東出了摩蘇爾，一路超過好幾輛汽車和貨車。黑暗中，平坦的伊拉克風景似乎綿延無盡。那些逃脫的女孩都去了哪裡？她們怎麼通過摩蘇爾的檢查哨？如果她們順利通過檢查哨，怎麼知道要從哪裡穿過田地？誰可以幫助她們？誰會出賣她們？她們可以撐多久不渴死？她們是如此勇於嘗試。

「你看！」司機說，指著前方路邊的一個小箱子，在我們頭燈的照耀下閃著白光。「不知道那是什麼東西？」

「別停，」衛兵警告：「那可能是土製炸彈。你知道這條路到處都是。」

「我認為不是。」司機說，把車停在離箱子大約十呎的地方。箱子的側面有圖畫和文字，但從車上無從判別。「我敢說是搶來的東西掉出貨車了。」他很興奮：身為地位低下的司機，他沒辦法像伊斯蘭國的高階男人拿到那麼多新玩意兒。

雖然衛兵反對到底，「沒有人會把好東西留在路上的！」他說：「如果那爆炸了，我們全都會沒命！」司機還是下了車，走向那只箱子。他蹲下來仔細觀察，沒有碰它。「不管那是什麼，都不值得這樣。」衛兵喃喃自語。我想像司機貪心地打開蓋子，一聲轟隆巨響，把他炸個粉碎，也讓我們的車子彈射到沙漠中間。如果我死了，只要那兩男人也死，就無所謂了。**拜託它是炸彈**，我祈禱。

一分鐘後司機撿起箱子，得意洋洋地帶回車上。「是風扇！」他說，把箱子放進後車廂。「有兩支，是用電池的。」

衛兵嘆了口氣，幫他把箱子塞進行李廂。我倒在椅子上，失望透頂。經過第二個檢查哨後，我問司機：「先生，請問我們要去哪裡？」

「哈姆達尼亞（Hamdaniya），」他告訴我。顯然，哈姆達尼亞，尼尼微北方的行政區，已經被伊斯蘭國占領了。我同父異母的兄弟哈利德曾駐紮在那裡的軍隊中，他並未告訴我太多那裡的事情，但我知道那裡有大批基督人口，而現在不是撤離就是死了。路上我們經過一輛已被燒黑且翻覆的伊斯蘭國車子，是占領戰爭的明證。

在克邱被圍困期間，我們密切注意伊斯蘭國攻擊基督村落的情況。跟我們一樣，那些村民失去所有家當和花了一輩子積蓄建造的房屋。伊拉克的基督徒也純粹只因信仰就被迫離開家園。他們以往就常遭受攻擊，也跟亞茲迪人一樣，為了留在家鄉努力掙扎。長年下來，伊拉克基督人口愈來愈少，紛紛前往覺得較歡迎他們的國家。在伊斯蘭國入侵後，許多基督徒表示，伊拉克全國的基督徒很快將一個不剩。但在伊斯蘭國來到克邱後，我開始嫉妒基督徒了。在那些村子，他們事先已接獲伊斯蘭國即將到來的警告，因為，根據伊斯蘭國的說法，基督徒是「有經者」(people of the book)，不是像我們這樣的不信神者，所以他們可以攜家帶眷到庫德斯坦的安全地帶，而在敘利亞，有些基督徒只要繳納罰款就不必改宗。就算是一無所有地被逐出摩蘇爾，至少不會淪為奴隸。亞茲迪人沒有獲得同樣的待遇。

我們不久就抵達哈姆達尼亞地區的一個城市。市內一片漆黑，完全沒有電力，味道也很可怕，像腐爛的獸肉。街道悄然無聲，住家已經沒有老百姓。城裡只剩恐怖分子，也只有伊斯蘭國總部燈火通明，由巨大的發電機供電，在死寂的夜裡噪音大作。

在伊斯蘭國初至伊拉克時，他們承諾會幫缺乏公用事業的城鎮恢復。他們的宣傳不歌頌暴力的時候，都在誇耀那些承諾——電力、更好的垃圾收集、更好的馬路——彷彿是一般政黨。他們說民眾相信他們、認為他們的施政會優於伊拉克政府，但在摩蘇爾我沒見到任何跡象讓我覺得百姓的生活有變好。現在這個城市就像一個殼，空洞漆黑，散發死亡的氣息，只住著當初做了空洞承諾的恐怖分子。

我們停在伊斯蘭國的總部前面，走進去。一如在摩蘇爾，裡面到處都是好戰分子。我靜靜坐著，等人告訴我要做什麼；我累壞了，好想睡覺。一個好戰分子走進來。他個子矮小，老到駝背，僅剩的牙齒也在嘴裡腐爛。「上樓去。」他告訴我。我很害怕，相信哈吉．薩曼是藉由把我賣給這個老頭子繼續懲罰我，而這會兒老頭子就是叫我去打算強姦我的房間。但當我打開房門，我看到那裡有其他的女孩。我一會兒才認出她們。

「吉蘭！妮絲琳！」是我的嫂嫂和姪女。沒有比見到家人更開心的事了，所以我們奔入彼此懷中，親吻，哭泣。她們都穿得跟我一樣，而且看起來像好幾個禮拜沒睡了。妮絲琳真的很嬌小，我不知道她怎能應付當薩比亞的日子。至於吉蘭，和她深愛的丈夫分開，我覺得強暴對她來說一定比我更悲慘。知道我們可能隨時又被拆散，我們很快坐到地上，互訴自己的遭遇。

「你們是怎麼到這裡的？」我問她們。

「我們都被賣了，」妮絲琳說：「我在摩蘇爾被賣兩次，然後被帶到這裡來。」

「你知道凱薩琳怎麼了嗎？」妮絲琳問我。

「她也在摩蘇爾的一個中心。」我說。

我告訴她們拉米雅口中瓦拉的事，以及我的部分遭遇。「我被一個可怕的人監禁，」我說：「我試圖逃跑，但被他抓到。」我沒有一五一十地告訴她們。有些事情我還沒能夠說出口。我們盡可能緊擁彼此。「樓下那個一臉猥褻的老頭，我認為是他把我買下來的。」我說。

「不是。」妮絲琳看著地上，「他買下我了。」

「晚上給那齷齪的老頭硬上，你怎麼受得了？」我對妮絲琳說。

妮絲琳搖搖頭。「我完全沒想到自己。」她說，「蘿吉安呢，被那個彪形大漢帶走後，她怎麼樣了？在她離開後，我們全都瘋了。我們拚命哭。在那一刻，我們甚至忘記克邱發生的事情，滿腦子只有蘿吉安被那怪物帶走的事。」

「克邱發生什麼事了？」我膽戰心驚地問：「你們確切知道嗎？」

「我在電視上看到，所有男人都被殺了。」妮絲琳說：「每一個男人都被殺了。新聞是這樣說的。」

就算我已經聽到學校後面的槍聲，但在那一刻前，我仍抱持男人大難不死的希望。聽到姪女言之鑿鑿，就像再次聽到子彈發射，周而復始，直到那成為腦海裡唯一的聲響。我們試著互相安慰。「不要為他們死去而哭，」我告訴她們：「我恨不得自己跟他們一起死。」死，比被當成商品賣來賣去，被強姦到身體稀巴爛來得好。我們的男人包括學生、醫生、青年和長者。在克邱，我的哥哥和同父異母的兄弟幾乎全部肩並肩被伊斯蘭國處死。但他們的死只在一瞬間。當你成了薩比亞，你日日夜夜、分分秒秒都在死，而跟我們的男人一樣，你再也見不到家人或家園。妮絲琳和吉蘭認同我的說法。「真希望當我們的男人遇害時，我們也跟他們一起死。」她們說。

一嘴爛牙的好戰分子，也就是妮絲琳的俘虜者，來到門口，指著我。「該走了。」他說，而我們開始乞求：「你想對我們做什麼都可以，拜託讓我們在一起！」我們大叫，緊抱著彼此，就像那一夜在摩蘇爾一樣。而如同那一夜，他們硬生生把我們拉開，在我還來不及說再見之前，就把我拖下樓。

在哈姆達尼亞，我失去了一切希望。那裡被伊斯蘭國控制，沒有逃生路線，也不用幻想在街上行走的人看到不幸的亞茲迪女孩會伸出援手。那裡除了空蕩的房屋和戰爭的氣味，什麼都沒有。

十五分鐘後我們到達哈姆達尼亞的第二個中心。我有不祥的預感，會在這裡碰到新的主人，所以我慢慢離開車子，感覺身體彷彿是用水泥做的。這個中心由兩棟房屋組成，而當我們的車子停下來時，一個中年男子從較小的那一棟走出來。他留著長長的黑鬍子，穿伊斯蘭國的黑褲。司機指示我跟著他進去。「那是阿布．穆阿瓦亞。」他告訴我：「照他說的去做。」

這棟屋子只有一層樓，但非常整潔美觀，曾歸一個富裕基督家庭所有。裡面沒有女孩迎接我，只見四處堆著亞茲迪的服裝，比保守穆斯林伊拉克婦女穿的傳統連衣裙亮麗大膽；還有已撤離屋子的那家人的遺物。就像走進墳墓。阿布．穆阿瓦亞進了廚房，和另一個較年輕的男人一起吃麵包和優格，喝紅茶。

「我要在這裡待幾天？」我問那些男人：「我有家人在另一個中心。我可以跟她們在一起嗎？」

他們幾乎連一眼都沒看我，阿布．穆阿瓦亞回答：「你是薩比亞。」他淡淡地說：「你不是發號施令的人，你是奉命行事的。」

「娜迪雅，你皈依了嗎？」另一個男人問。

「是。」我回答，懷疑他們怎麼知道我的名字、還知道我多少事情。他們沒有問我從哪裡來或家人怎麼了之類的問題，但也許那些細節對他們無關緊要。重要的是我人在那裡，而且我屬於他們。

「去洗澡。」阿布．穆阿瓦亞說。我不知道哈吉．薩曼用多少錢把我賣出去。就我所知，已非處女的薩比亞比較便宜，而因為我在巴士鬧事，又企圖逃跑過，我可能已經有愛惹麻煩的名聲。這也是我那次嘗試的懲罰嗎？也許薩曼是亟欲擺脫我而把我當成禮物送人，或者他已找到就他所知最殘酷的男人，把我送給他。那種事情是免不了的，我知道。亞茲迪女孩會在恐怖分子之間傳來傳去，免費。

「我今天早上洗過了。」我告訴他。

「那就去那個房間等我。」阿布．穆阿瓦亞指著一個房間，我順從地穿門而入。那是個小房間，有張褐色的窄床，蓋著一件藍白條紋的毯子。牆邊有兩個擺滿鞋子的鞋櫃，還有一座都是書的大書櫃。書桌上有一部關機的電腦，螢幕全黑。我想，這裡之前一定是學生的房間，跟我年紀差不多的男孩；那些鞋子是大學生愛穿的那種樂福鞋（loafer），但沒有那麼大。我坐在床邊等，避免望進牆上掛著的那面大鏡子，也不覺得自己夠嬌小，能穿過那個代替窗戶的通風口。我不想打開櫃子或翻弄東西來了解那個男孩更多事。我甚至沒有去看看書櫃裡有哪些書。或許那個男孩仍在某處活著，而一個死人亂翻活人的東西，似乎不太恰當。

第十一章

每一個伊斯蘭國的成員都殘酷地對待我，強暴更是如出一轍，但我記得那些凌虐我的男人一些細微的個別差異。哈吉·薩曼是最惡劣的，部分因為他是第一個強暴我的人，也因為他充分表現出憎恨我的樣子，我一閉眼睛他就打我。對他來說，光是強暴我還不夠，他一逮到機會就羞辱我，把蜂蜜塗在他的腳趾要我舔，或逼我為他打扮。摩提賈強暴我時表現得像是一直吵著要糖吃而終於吃到的男孩，而我永遠忘不了另一名衛兵的眼鏡，他是如此斯文地對待眼鏡，卻如此兇惡地對待同為人類的我。

阿布·穆阿瓦亞大約在晚上八點進房間，一進來就攫住我的下巴，把我推到牆邊。「你為什麼不反抗？」他問。我不反抗，似乎惹他生氣了。從他屋裡亞茲迪服裝的數量猜測，他應該染指過很多薩巴亞，或許她們都會反抗，唯獨我例外；或許他喜歡證明，就算薩巴亞反抗，他也能稱心如意。他個子很小，但非常強壯。「有意義嗎？」我對他說：「又不只是一個兩個三個這樣，你們所有人都這樣。你期望我反抗多久？」我記得當我說到那句話時，他笑了。

阿布·穆阿瓦亞離開後，我一個人沉沉睡去，然後半夜在床上被背後的身體弄醒。是那個和阿布·穆阿瓦亞在廚房吃麵包和優格的男人。我記得我的喉嚨渴到痛，而當我起來找水喝時，他抓住我的臂膀。「我只是需要喝點東西。」我說。我被我自己的絕望嚇到了。在哈吉．薩曼那裡被衛兵輪暴後，我已不再對伊斯蘭國和強暴感到畏懼。我麻木了。我沒有問那個新來的男人想幹什麼，沒有試著說服他別碰我，沒有跟他講話。

於是，人生只有強暴，沒有別的。這成了你平常的日子。你不知道接下來誰會打開門來侵犯你，反正門就是會開，而明天可能更糟。你不再想逃跑，或想再見到家人。你過往的生活成了遙遠的記憶，彷彿一場夢。你的身體不屬於你，你也沒有力氣說話、對抗、或去想外面的世界。只有強暴和麻痺，接受這就是你現在的人生。

恐懼比較好。有恐懼，就表示你認為現在發生的事情不正常。你覺得心臟快要爆炸、覺得想吐、你不顧一切抓著家人和朋友、你在恐怖分子面前搖尾乞憐、你哭到眼瞎，但至少你做了什麼。絕望則和死亡相差無幾。

我記得隔天早上當我睜開眼，驚恐地看到我的腿架在阿布．穆阿瓦亞朋友的腿上而急忙抽回時，他表現出一副被冒犯的樣子。從我小時候，每當我睡在我愛的人旁邊，例如我姊、我媽或我哥，我都會把腿擱在他們身上，好跟他們更親密。一看到我對恐怖分子做這件事，我當然馬上抽走。他笑著問：「幹嘛動？」我討厭我自己。我怕他以為我喜歡他。「我睡覺不習慣旁邊有人。」我說：「我想要休息一下。」他看了看手機上的時間，便離開去浴室了。

阿布．穆阿瓦亞把早餐擱在地墊上，叫我來吃。就算那意味要跟兩個強暴我的男人一起在廚房用餐，我仍往食物衝過去。我從離開薩曼家就沒吃東西，現在飢腸轆轆。食物很熟悉也很美味，黑蜂蜜、麵包、蛋和優格。我默默地吃，兩個男人則討論他們成天要做的乏味瑣事，去哪裡給發電機找更多汽油、誰要抵達哪個中心等等。我沒看他們。用完餐，阿布・穆阿瓦亞就叫我去沖個澡、穿上罩袍。「我們等一下就要離開這裡了。」他說。

回到房間，沖完澡，我第一次照鏡子。我的臉蒼白又泛黃，差不多及腰的長髮纏結雜亂。我的頭髮曾帶給我無數歡樂，但現在我完全不想要任何東西提醒我，我曾經有多想變漂亮。我翻了幾個抽屜想找把剪刀剪了頭髮，但找不到。房間裡好熱，我覺得我的頭著火了。門突然開了，第二個男人走進來。他帶來一件藍色連衣裙，叫我穿上。「我不能穿這件嗎？」我問，拿了一件亞茲迪連衣裙給他看。穿那件可讓我感覺安慰，但他說不行。

他先是看著我換裝，然後走近我，摸遍我全身。「你好臭。」他說，摀住鼻子，「你有洗澡嗎？亞茲迪的女的都像你這麼臭嗎？」

「我就是這個味道。」我告訴他：「我不在乎你喜不喜歡。」

走出屋子的路上，我看到桌上阿布・穆阿瓦亞的手機旁邊有一小塊塑膠片，手機的記憶卡。不知道裡面有什麼。薩巴亞的照片？我的照片？攻打伊拉克的計畫？在克邱我很喜歡拿別人的記憶卡嵌入凱里的手機，只是想看看裡面有什麼。每一張都有一小塊謎團待解，也經常透露主人許多故事。有一瞬間我幻想自己去偷拿那張記憶卡。也許裡面的祕密可以幫赫茲尼找到我，或幫伊拉克軍隊收復摩蘇爾。也許裡面有伊斯蘭國犯罪的證據。但我終究沒碰它；我是如此絕望，絕望到覺得不管我做什麼，都無法改變任何事情。所以我只跟著男人到外面。

一部救護車大小的廂型車停在外面的街上，一個司機站在門邊等。他剛從附近的摩蘇爾或塔阿法過來，我們一到車子那裡就向阿布．穆阿瓦亞報告好戰分子在那些城市的最新情況。「我們在兩地都得到相當大的支持。」他說。阿布．穆阿瓦亞點頭表示同意。當車門開啟，他們便停止談話，這時三個女人踏了出來。

三個女人跟我一樣，從頭到腳全被罩袍和面紗遮住。她們在車子外面蜷縮在一起。其中一個比另外兩個高得多，而那兩個較嬌小的緊抓著高挑女子的罩袍和戴著手套的手，彷彿在等罩袍的褶層將她們吞沒。她們在車尾停步，左右張望，環顧四周，觀察哈姆達尼亞的環境。當她們從面紗缺口探出的眼神落在阿布．穆阿瓦亞的臉上，頓時充滿恐懼。他正仔細打量著她們。

高個子把手搭在最矮女孩的肩膀，把女孩拉近自己豐滿的身軀。最小的女孩可能只有十歲。我想那一定是一個母親帶著兩個年幼的女兒，而她們一起被賣。「不得透過買賣或贈與（奴隸）讓母親與其青春期前的孩子分離。」伊斯蘭國的薩巴亞小冊子上這麼寫。母親要在孩子身邊，直到孩子「長大成熟」。在那之後，伊斯蘭國就可對她們為所欲為。

三名女子緊挨在一起，慢慢離開貨車，往我度過一夜的小屋子走去，兩個女孩圍著母親，像小雞圍著母雞，緊抓著她手套滑溜的布料。我是要跟她們交換嗎？當她們經過我們身邊，我凝視她們，希望她們與我視線接觸，但她們始終看著前方，然後一一消失在小屋子的黑暗中，門在身後關上。眼睜睜看著你的孩子、母親或姊妹經歷我們正在經歷的事情，一定很可怕。但我仍羨慕她們。她們算幸運的了；伊斯蘭國常違反他們自己訂的規則，把母親跟孩子拆散。而單獨一人是極其悲慘的事。

阿布・穆阿瓦亞給了司機一些伊拉克第納爾，我們便駛出哈姆達尼亞。我沒有問我們要往哪裡去。我的無助像一件斗篷，比罩袍更重、更黑、更朦朧。車裡，司機放了那種在伊斯蘭國占領的摩蘇爾非常普遍的宗教音樂，那聲音配上車子的行進，讓我頭暈目眩。「請停車一下。」我告訴阿布・穆阿瓦亞：「我要吐了。」

車子停在公路邊，我推開車門，跑了幾呎到沙地上，掀起頭紗，把早餐吐了出來。車子呼嘯而過，汽油和塵土的氣味讓我又吐了一次。阿布・穆阿瓦亞下車，站在離我不遠處監視著，確定我不會試圖逃跑，不管逃到田裡或馬路上。

在連接哈姆達尼亞和摩蘇爾的路上，有一個大型檢查哨。在伊斯蘭國來伊拉克前，那由伊拉克軍隊鎮守，監視與蓋達組織關係密切的叛軍的一舉一動。現在那個檢查哨變成伊斯蘭國控制道路——進而控制整個國家——計畫的一部分。你可以說，伊拉克是檢查哨組成的國家，而連接哈姆達尼亞和摩蘇爾的檢查哨，只是許多飄揚恐怖分子黑白旗檢查哨的其中之一。

在庫德斯坦，檢查哨裝飾著鮮豔的黃、綠、紅庫德族旗幟，由敢死軍站崗。在伊拉克其他地區，插黑、紅、白、綠伊拉克國旗的檢查哨，讓你知道自己身在中央政府控制的領土。在與伊朗交界的伊拉克北部山區，現在包括辛賈爾部分地區，人民保護聯盟則在自己的檢查哨懸掛他們的旗幟。巴格達或美國怎麼可以說伊拉克是統一的國家呢？你一定是從未走過我們的馬路、從未在檢查哨前排隊等候、從未只因車牌上寫的城市名就被盤問半天，才會認為伊拉克沒有裂成一百個碎片。

大約上午十一點半，我們停在那個檢查哨前。「娜迪雅，下車。」阿布・穆阿瓦亞說：「到裡面去。」我慢慢走近那個小混凝土建築，衛兵的辦公兼休息室，覺得噁心想吐到暈眩而虛弱。我以為他們要做一些額外的檢查，所以當我看到廂型車穿過檢查哨，繼續開往摩蘇爾而把我單獨留在這裡，我好不驚訝。

那棟建築是由三個房間組成：大廳裡，一名好戰分子坐在堆滿文件的辦公桌後面；另外兩個較小的房間則看似當休息室使用。其中一間的門微開著，我看得到裡面有張單人床的鐵架。一個女孩坐在床墊上，用阿拉伯語跟另一個女孩說話。「*Salam alakum*。」那個好戰分子從工作裡抬頭對著我說。我開始朝女孩所在的房間走去，但他叫住我。「不是那間，你要去的是另外一間。」我的心沉了下去；在那一間，我會是一個人。

那個小房間看起來好像剛剛才清掃和油漆過。電視機旁的盤子裡還留著一些水果，而那蘋果微弱的香氣讓我再次感到噁心。我去牆邊汩汩作響的飲水機喝了點水，然後在地上的床墊坐下來。我頭昏眼花，覺得房間好像在轉。

另一名好戰分子出現在門口。他年輕而削瘦。「薩比亞，你叫什麼名字？」他站著不動，看著我。

「娜迪雅。」我說，因頭痛而皺眉。

「你喜歡這裡嗎？」他問我。

「唔，」我說：「我要待在這裡嗎？」我要被留在這個檢查哨，根本算不上地方的地方嗎？

「你不會待太久的。」他說完就離開了。

房間開始轉得愈來愈快，我一直作嘔、咳嗽，試著把水留在胃裡。我好怕如果我吐了，就會惹上麻煩。

有人敲門。「你還好嗎？」那個瘦子的聲音從房外傳來。

「我想吐。」我說：「我可以吐嗎？」

「不行，不行，不能吐在這裡。」他說：「這是我房間，我在這裡祈禱。」

「那就讓我去洗手間。」我說：「我想洗把臉。」

「不行，不行。」他不願開門，「你不會怎樣的，你不會怎樣的，等就是了。」

片刻後，他帶著一杯熱騰騰的東西回來。「這給你喝，」他邊說邊拿給我，「你會覺得比較舒服的。」那液體略呈綠色，聞起來有草藥的味道。

「我不喜歡喝茶。」我告訴他。

「這不是茶，」他說：「這能讓你頭痛消失。」他坐在床墊上，面對我，噘著嘴，手放在胸口。

「像這樣喝。」他示範給我看，吸入蒸氣、再啜一口飲料。

我提心吊膽。我確定就是這個男人買了我，而他隨時都會把手移開他自己的胸部，放到我的胸部來。就算他想治好我的頭痛，那也是因為這樣我才能以夠好的狀態讓他調戲。

我一邊喝飲料，手一邊發抖。我喝了幾口，他便把馬克杯從我手上拿走，放在床墊旁的地板上。

我開始哭。「拜託你，」我說：「我今天早上才從其他男人那裡過來，我頭好痛，我真的很不舒服。」

「你不會怎樣的。」他說：「你不會怎樣的。」說著便開始拉我的連衣裙。房裡很熱，所以我已經脫掉罩袍，只穿著今天早上阿布．穆阿瓦亞的朋友拿給我的藍色連衣裙。我試著反抗，用力壓下被他掀起的裙底，而他馬上發起脾氣，用力打我的大腿，又說了一遍：「你不會怎樣的。」這一次的口氣聽來像威脅。他沒把我的連衣裙脫掉就開始強暴我，一下就完事，然後他坐起來，整理襯衫，說：「我馬上回來，我去看看你能不能待在這裡。」

他離開後，我把洋裝拉低，哭了一會兒，然後撿起馬克杯，又喝起草藥水。有什麼好哭的？草藥水不熱了，但對我的頭痛有幫助。不一會兒那個好戰分子回房，好像我們之間什麼事也沒發生一樣，問我想不想再喝一點。我搖搖頭。

現在事情很明顯了：我不屬於那個削瘦的好戰分子，不屬於哪一個男人。我是駐那個檢查哨的薩比亞，任何伊斯蘭國的分子都可以進房間對我為所欲為。他們把我留置在一個反鎖的房間，除了一張床墊和一碗腐爛中的水果什麼都沒有，只能等門開，等另一個好戰分子進來。這就是我現在的人生。

那個瘦子離開後我頭還很暈，而我認為站起來走走可能有幫助。我別無他途，只有像囚犯一樣在房裡兜圈子，先後經過飲水機、水果碗、床墊和我從未試著打開的電視。我的手撩過白色牆面，感覺油漆的小結塊，彷彿它們在傳遞什麼訊息。我脫掉內褲看，說不定月經又來了，但沒有。我坐回床墊。

不久，另一名好戰分子進來。他體格魁梧，說話大聲而傲慢。「你就是那個生病的嗎？」他問。「這裡還有誰？」我反問，但他拒絕回答。「不關你的事。」他說，然後重複：「你就是那個生病的嗎？」這一次我點點頭，沒錯就是我。

他進來，把門鎖上。他皮帶插著槍，而我想像把槍抓過來抵著頭。**殺了我吧**，我想跟他說，但我馬上想到，如果他看到我伸手拿槍，一定會設計比死更糟的懲罰，所以我什麼也沒去試。

不像前一個瘦子，這個新好戰分子把門鎖起來。這讓我陷入恐慌。我往後退，一陣天旋地轉，我跌到地板上，沒有完全不省人事，但身體癱軟、視線模糊。他過來，在我身邊坐下，說：「我想你是在害怕吧。」他的語氣並不親切，是嘲笑、殘酷。

「拜託你，我真的很不舒服。」我跟他說：「先生，拜託你，我真的很不舒服。」我一再重複這句，但他還是來我躺著的地方，抓住我的肩膀，把我拖回床墊。床刮過我光著的腳丫和小腿。

他再次嘲弄我：「你喜歡這裡嗎？」他大笑，「你喜歡他們在這裡對待你的方式嗎？」

「你們都用一樣的方式對待我啊。」我說。我的頭脹得厲害，現在幾乎什麼都看不到了。我躺在他把我拖去的地方，閉上眼睛，試著不去想他的模樣，忘記這個房間。我試著忘記我是誰，試著失去所有移動四肢、說話和呼吸的能力。

他繼續奚落我。「你生病了，不要說話。」他說，把手按在我的肚子上，「你為什麼這麼瘦？你都不吃東西的嗎？」

「先生，我真的很不舒服。」當他掀起我的連衣裙，我的聲音消散在空氣中。

「你不知道我有多喜歡你現在這樣嗎？」他說：「你不了解我就是喜歡你虛弱的樣子嗎？」

第十二章

每個薩比亞都有和我類似的故事。在你從姊妹、親人、鄰居和同學那裡聽到她們的遭遇之前，你無法想像伊斯蘭國能幹出多少暴行，而那時你會明白，你沒有特別不幸，也不是因為大叫或試著逃跑才被懲罰。那些男人都一樣：他們都是恐怖分子，都認為傷害我們是他們的權利。

有些女性在被擄走之前親眼見到丈夫被殺，或親耳聽到俘虜者志得意滿地談論辛賈爾的屠殺。她們在家裡或旅館，甚至監獄裡被俘，然後被有系統地強暴。其中有些還是小孩，不管月經來了沒有都被侵犯。一個女孩手腳被捆綁任人宰割，還有一個是在睡覺時第一次被硬上。有些女孩如果違背俘虜者的意思就不准吃東西或被凌虐，其他人就算對好戰分子唯命是從，待遇也相同。

我們有個同村女孩在被從哈姆達尼亞運送到摩蘇爾途中，俘虜者等不及要強暴，就把車停在路邊，在車裡完事。「就在路上，車門開著，我的腳伸在車外。」她告訴我。到他家後，他逼她把頭髮染成金色，拔光眉毛，做妻子做的事。

凱薩琳被伊斯拉姆醫生帶走，在加入伊斯蘭國之前，他常四處治療亞茲迪的病人。他每週都會買新的女孩，擺脫舊的，但一直把他最愛的凱薩琳留在身邊。他強迫她梳妝打扮，就像哈吉・薩曼要我做的那樣，還逼她擺姿勢跟他合照。有一組是他們涉水渡河的照片。伊斯拉姆醫生挽著凱薩琳，就像新婚夫妻。她把面紗拉到頭上，笑容燦爛到臉好像要裂開了。伊斯拉姆醫生逼她做出快樂的樣子，還要假裝愛他，但我了解她，看得出來那被迫的笑容背後是純粹的恐懼。她試著逃跑六次，每次都被她前往求援的人出賣，而每次被送回伊斯拉姆那裡，都被他凶狠地懲罰。類似的故事永遠說不完。

我在那個檢查哨過了一夜。隔天早上，那名好戰分子的雙向無線電響了，把他吵醒。「你有覺得比較好了嗎？」他問我。我徹夜未眠。「我沒有感覺比較好，」我回答：「我不想待在這裡。」「那你需要做一件事。我等會兒告訴你怎樣會感覺比較好。」他說完便開始回覆無線電，一會兒就離開房間。

他們把我反鎖在裡面。我聽得到車子穿過檢查哨和好戰分子對無線電講話的聲音，認為他們可能會把我關在這裡關到死。我又開始吐了，這一次就往地板和床墊吐。那個瘦子回來，叫我取下面紗，然後我一邊吐，他一邊在我頭頂澆水。那十五分鐘我只吐了細流一般帶酸味的液體，好像我的身體正在枯竭。「進浴室去。」他告訴我：「把自己洗乾淨。」阿布・穆阿瓦亞的廂型車已經回來載我，繼續回摩蘇爾之路。

在浴室裡，我把水潑到臉和臂膀。我的身體在發抖，好像我在發燒似的，而我幾乎看不到東西，也站不住。我從來沒覺得這麼虛弱過。那種感覺改變了我心裡的某樣東西。

自離開克邱後，我一直恨不得死掉。我希望薩曼把我殺了，請求神讓我死，而且不吃不喝，希望我會就此消失。很多次我都以為強暴我和打我的男人會把我殺了。但死亡始終沒有來。在檢查哨的浴室，我哭了起來。離開克邱後第一次，我覺得自己可能真的會死。而同時我也確定，我並不想死。

◆

另一個好戰分子過來載我走完到摩蘇爾剩下的路程。他名叫哈吉・阿邁爾，我猜他是我的新主人，雖然我病得太嚴重而沒辦法問。從檢查哨到城市的路程很短，但因為我每隔幾分鐘就得停下來吐，司機開了快一個鐘頭。「你為什麼病得這麼厲害？」哈吉・阿邁爾問，我不想告訴他我覺得是因為強暴的緣故。「我沒吃東西，也沒喝什麼水，」我說：「而且這裡好熱。」

到了摩蘇爾，他進藥局幫我買了一些藥，在我們抵達他家後給我吃。我一直默默啜泣，而他咯咯地笑，就像我哥覺得我太戲劇化的時候那樣。「你沒有那麼弱小，」他告訴我：「沒什麼好哭的。」

他的小房子漆成深綠底白條紋，看起來還沒被伊斯蘭國占領多久。裡面很乾淨，沒有伊斯蘭國的衣服，也沒有亞茲迪女孩留下的連衣裙。我走向沙發，一躺下立刻睡著，醒來後已過傍晚，而我的頭疼和噁心都消失了。那個司機正躺在另一張沙發上，手機擱在旁邊。「感覺好點了嗎？」看到我醒後，他這麼問。

「有好一點。」我說，雖然我仍希望他覺得我太虛弱而不能碰。「我頭很暈，我覺得我需要吃點東西。」從前一天早上跟阿布・穆阿瓦亞吃完早餐，我就沒有吃東西了，而且我已經把那些食物統統吐掉了。

「誦幾段《可蘭經》然後祈禱，」他告訴我：「疼痛就會消失。」

我進浴室，帶著我的袋子，擔心如果把它留在客廳，就算他認為裡面只有衣服和衛生棉，還是會被他拿走。把門鎖上後，我檢查袋子，確定珠寶還安全地塞在衛生棉裡、藏得夠隱密，除非把衛生棉一片一片拿起來，沒有人看得出來，而我覺得沒有男人會這麼做。我拿出我媽的配給卡，在手裡握了一會兒，懷念她。然後我離開浴室，決意要從這名好戰分子身上獲得一些資訊。

跟一個沒有在我們獨處的第一刻強暴我的男人相處感覺很怪。起初我懷疑哈吉．阿邁爾雖然身為伊斯蘭國一員，是否可能看到我病得那麼厲害而心生同情。也許他的階級很低，唯一的職務是監視我。但回到客廳後，他等待我的樣子就像哈吉．薩曼每天晚上等我那樣，臉上盡是殘酷與威權，而雖然他沒有強暴我，他還是侵犯了我。心滿意足後，他輕鬆地倒在沙發上，開始用平常的語氣說話，彷彿我們認識似的。

「你會在這間房子待一週，」他告訴我：「然後你可能會去敘利亞。」

「我不想去敘利亞！」我哀求，「你可以帶我到摩蘇爾的其他房子，但別送我去敘利亞。」

「不用怕，」他告訴我：「敘利亞有很多像你這樣的薩比亞。」

「我知道那裡有，」我說：「但我還是不想去。」

哈吉．阿邁爾頓了一下，看著我，「再看看吧。」他說。

「如果我會在這裡待一週，我可以見我姪女蘿吉安和凱薩琳嗎？」我問他。

「也許她們人在敘利亞。」他說：「也許你去敘利亞就可以見到她們了。」

「不久前我才在摩蘇爾看到她們。」我回答：「我覺得她們還在這城市的某個地方。」

「噢，這我幫不了你。」他說：「我只知道你該在這裡等。說不定最快明天，你就會在敘利亞了。」

「我說了，我絕對不會去敘利亞！」這會兒我生氣了。

哈吉．阿邁爾笑了。「你以為你去哪裡是由你決定的？」他告訴我，音調始終沒有提高，「你想想，昨天你在哪裡？今天你又在哪裡？」

他走進廚房，一會兒後，我聽到蛋在熱油裡煎的噗哧聲響。我跟過去。一盤蛋和番茄在桌上等我，但我餓歸餓，卻不想吃東西了。會去敘利亞的念頭令我毛骨悚然。我如坐針氈。他似乎不介意我沒有吃東西。

他吃完他的蛋，就問我除了身上穿的，還有沒有別件罩袍。

「我只有這件。」我說。

「你可能需要多幾件才能去敘利亞。」他回答：「我會出門幫你買幾件。」

他拿了車子的鑰匙，走向前門。「待在這裡，」他跟我說：「我馬上回來。」他說完就離開，門砰的一聲關上。

我獨自一人了。這間屋子裡沒有別人，沒有聲音。我們在城市較外圍的地區，街道多半平靜，僅偶有幾部車經過，每棟房屋的間隔很近，但坪數都很小。從廚房的窗戶，我可以看到一些人從這棟走到那棟，而房屋後面，便是向摩蘇爾延伸的路。這地區看似寧靜，不像哈吉．薩曼家附近那麼忙亂，也不像哈姆達尼亞那樣赤貧。我就這樣站著眺望窗外快半個小時，才赫然想起，路上不只是沒什麼人，而且沒有伊斯蘭國的人。

自從被哈吉．薩曼懲罰後，我第一次想到逃。在檢查哨受到的凌辱，以及會被送去敘利亞的可能，重新點燃逃跑的急迫性。我考慮從廚房窗戶爬出去，但在那之前，我走向前門，看那個好戰分子會不會——如果有奇蹟——沒把門鎖上。木造的門很重。我轉了黃色的門把，心頓時一沉。那動也不動。**他不會笨到沒鎖門的啦**，我想。但不試白不試，我又用力一拉，而就在快跌倒的剎那，門旋開了。

茫茫然，我踏上門廊，一動不動地站著，等著隨時會有槍指著我，或聽到衛兵大叫。但什麼也沒有。我走下台階，進入庭院。我沒戴面紗，所以我稍微低著頭走，用眼角餘光觀察有沒有衛兵或好戰分子。沒有。沒有人對我吼叫，甚至沒有人注意到我。院子有座低矮的圍牆，但如果用垃圾桶當梯蹬，就可以輕易跳過去。我的胃焦慮地翻攪。

彷彿被什麼附身似的，我迅速跑進屋子，抓了我的袋子和面紗。我盡快行動；誰知道哈吉．阿邁爾什麼時候會回來，而萬一被他說對，他們打算明天就帶我去敘利亞怎麼辦？我放下面紗遮住臉，把袋子的細帶拉到肩上，再次猛拉門把。

這次我一次就用盡吃奶的力氣，門一下就開了。我很快跨過門檻，踏上門廊，但一接觸到外面的空氣，我就感覺罩袍的裙子被拉住，於是我回頭。「我覺得很悶！」我說，以為會看到好戰分子站在門口。「我需要呼吸空氣！」就連面對薩曼衛兵的那一晚，也沒有此刻可怕。他們不會相信我不是企圖逃跑。但當我回過頭，卻沒見到半個人影。我感覺到的拉扯，只是衣角被關上的門夾住。我差點笑出聲，趕緊把衣角拉出來，便衝進庭院。

我站在一個垃圾桶頂端，窺視牆外。街道空無一人。左手邊有一座大清真寺，剛一定有許多伊斯蘭國的好戰分子在那裡奉行暮禱，但我右手邊和前方就是一般的地區街道，居民都在屋內，也許在祈禱，也許在煮晚餐。我聽得到車聲和水流過軟管的聲音；隔壁，一個女人正在給院子澆水。恐懼阻止我翻這道牆。**萬一哈吉．阿邁爾剛好在這時開車回來怎麼辦？我想。我有辦法再次承受懲罰嗎？**

我考慮翻牆躍入鄰居的花園，不要跳到街上，擔心哈吉．阿邁爾隨時可能開車經過。這附近的房屋看起來都沒有電，而天色正在變暗。穿著罩袍，我在幽暗的院子可能不會被發現。我已經完全不考慮穿過庭院的大門，我相信一定有人在注意它。單獨一個女人，不管身體有沒有遮，從被伊斯蘭國占領的屋子出來都惹人注目，而舉報薩比亞的報酬太誘人了。

我知道如果再躊躇下去，時間就會用光。我得做個決定。但我動彈不得。不論我在腦海裡上演哪一種劇本，結局都是被抓到、遭受像薩曼懲罰我那樣的懲罰。我猜想哈吉．阿邁爾放我一個人在家，門沒鎖，也沒派衛兵，不是因為他忘了。他不是笨蛋。他會這樣是因為認定此時此刻，被虐待這麼久，又因生病和挨餓而孱弱不堪的我，不會有逃跑的念頭。他們認為已經永遠占有我了。**他們錯了，**我想。於是一眨眼後，我已將袋子扔過牆，然後自己翻越，砰的一聲落在牆的另一邊。

第三部

第一章

我看得出來，院子圍牆的另一邊，從這棟屋子往前直走的路，其實是條死路，而因為目前正值晚禱時間，經過左邊的大清真寺可能非常危險。唯一的選擇是右轉，而我不知道那會帶我去哪裡。我開始走。

我還穿著哈吉．薩曼第一天晚上從那個被當成清真寺的大廳拿給我的那雙男用涼鞋，而這是第一次我穿著它行走超過從屋子門口到車子的距離。那啪啪啪地打著腳底，我擔心太大聲了，沙土還卡在皮帶和腳趾之間。**太大雙了！**我想。我已經忘了這回事，而那一刻，觀察到這件事讓我很開心：因為那代表我正在移動。

我沒有走直線，我在路邊停的車輛間穿來穿去，隨便找路口轉彎，一而再、再而三地跨越同樣的街道，希望旁人會覺得我知道自己要去哪裡。我的心在胸口跳得好厲害，跳到我擔心經過的人會聽到，而知道我是什麼人。

我經過一些由發電機供應照明的房子，周圍有遼闊的花園，種植開紫花的灌木和高大的樹。這是頗高級的地段，房子蓋給富裕的大家庭住。時值黃昏，大部分的人都在家裡，吃晚餐和帶孩子上床睡覺，但隨著天色更暗，他們又紛紛出來坐在微風中，和鄰居聊天。我試著不要注視任何人，也希望沒有人注意到我。

我從小到大都很怕晚上。幸好家裡窮，所以我可以和姊姊及姪女睡同一間房，或在屋頂被家人圍繞。當我在摩蘇爾的傍晚行走，天很快變暗，而我對夜的恐懼甚至比被伊斯蘭國抓到更甚。沒有街燈，而且只有少數房子有光，摩蘇爾的這個地區馬上會一片漆黑。一戶戶人家將陸續就寢，街上將空無一人，我想，除了我和正在找我的人。我猜這會兒哈吉・阿邁爾已經帶著新罩袍回到家，發現我失蹤了。他也許會用無線電通知其他伊斯蘭國的人員，或許通知指揮官，甚至特別知會哈吉・薩曼，說我逃跑了。他會跑回廂型車，用強烈的頭燈搜尋逃逸女孩的蹤影。他說不定已在為自己擔心。畢竟都是因為他放我隻身在家，門又不鎖，我才可以如此輕易脫逃。我想這點會讓他開得更快、找得更勤、敲每一戶人家的門、詢問街上每一個人、攔下所有單獨行走的女人。我想他會找到深夜才罷休。

我的罩袍幫助我混入人群，但我不覺得如自己所希望的那麼難以辨認。我一邊走，心裡一直在想，他們抓到我的那一刻，拿著什麼武器，會用什麼樣的聲音說話，然後，那雙把我拖回那間房子的手，會給我怎樣的感覺。我得在天色全暗之前找到藏身處才行。

每經過一間屋子，我都想像自己走到門前敲門。那戶人家會不會馬上通報？會不會把我送回去給哈吉・薩曼？伊斯蘭國的旗子插在路燈柱上和門上，提醒我正身處危險的地方。就連孩子在自家庭院裡的笑聲都令我驚恐。

有一瞬間，我懷疑自己是不是回去比較好。我可以翻回院子的牆，推開沉重的前門，坐回廚房裡，哈吉．阿邁爾留下我的地方。或許去敘利亞都比再次嘗試逃走而被抓到來得好。但我又想到：不行，神給了我這次機會，也讓我輕易離開那間房子。沒反鎖的門、安靜的鄰里、沒有衛兵，牆邊的垃圾桶，這些都是值得再試一次的徵兆。這種機會不會再來第二次，尤其如果我被抓到的話。

一開始，我一聽到聲音、一看到風吹草動就跳起來。一輛車子從前方開來，唯一運作的那盞頭燈像警察的手電筒照著我，而我緊挨著牆走，直到車子開過。看到兩個身穿運動服的年輕男子走來，我馬上過馬路避開，而他們自顧自地聊天，好像沒看到我似的。聽到一間屋子生鏽的門咯吱咯吱地開啟，我迅速在路口轉彎，快步離開而沒用跑的；聽到狗叫，我又轉過街角。那些可怕的時刻引領我持續前進，但我仍無法料想自己正往哪裡去。我覺得我可能會永遠、永遠走下去。

走著走著，兩旁的房屋逐漸從被伊斯蘭國強占、較富裕人家的混凝土多層樓別墅——門前停著高級車、有發電機供電給電視和收音機——縮小成較平凡的住宅，多數為塗灰色水泥的一、兩層樓。亮的燈較少，整個街坊也較安靜。我聽得到嬰兒在屋裡哭，想像母親正抱著他們搖啊搖，試著安撫。植草的庭院變成較小塊的菜圃，家用轎車也變成農用的小貨車。汙水和洗碗水全都流進路旁的排水溝：我來到貧窮的地區了。

我忽然有一種感覺，這就是我在找的。如果摩蘇爾有遜尼派人士願意幫我，那八成是貧窮的遜尼派教徒，或許是留在這裡只因沒錢離開、或對本身生計的關注重於伊拉克政治的人家。很多貧窮人家加入伊斯蘭國，但那天晚上，既然缺乏指引，也沒有理由相信任何陌生人，我只想找到像我家一樣的家庭。

我不知道該敲哪一戶的門。我在伊斯蘭國的中心裡待了很久，和其他女孩一起放聲大叫，知道外面一定聽得到我們的聲音，卻始終沒有人出手相助。我搭巴士和汽車來去城市之間，與載滿家庭的汽車交會而過，而他們根本沒看我們一眼。好戰分子天天處死不認同他們的人、強暴他們覺得價值比物品還不如的亞茲迪女性、遂行將亞茲迪人從地球表面抹去的計畫，而摩蘇爾依舊沒有人伸出援手。伊斯蘭國主要是在國內發展茁壯的，就算許多遜尼派穆斯林在該組織占領摩蘇爾時逃之夭夭，還有更多遜尼派穆斯林在伊斯蘭國統治下遭到脅迫，我都沒有理由認為哪扇門後面住著一個有同情心的人。我記得自己多渴望摩提賈的母親會用看自己女兒的眼神看我，她卻滿懷仇恨。這些房子裡住的都是像她這樣的人嗎？

雖然心存疑慮，但我別無選擇。我不可能單獨離開摩蘇爾。我幾乎不可能通過檢查哨，就算真的通過，也會在路上被抓，或早在抵達庫德斯坦之前脫水而死。我唯一活著離開摩蘇爾的希望寄託在某一間房子。但，是哪一間呢？

很快，天黑到讓我看不清前方了。我已經走了將近兩個小時，穿著涼鞋的腳很痛。每走一步，就是離安全更近一步，離伊斯蘭國更遠一步，就算相差甚微。但我不可能永遠走下去。在某個轉角，我停在一扇又寬又高的金屬門邊，舉起手，準備敲。但最後一刻，我把手放回腰際，又開始行走。我不知道為什麼。

從那間房子轉過街角，我停在一扇比前一扇小的綠色金屬門前。那棟屋子是兩層樓的混凝土建物，跟克邱蓋的一些新房子類似，而屋裡沒有燈。那棟屋子沒什麼特別的地方，沒有任何線索顯示裡面住著什麼樣的人家。但我沒辦法再走了。這一次我舉起手，「砰砰」敲了門兩次。那發出大而悶的重擊聲，而當聲音在金屬上震動，我站在街道上，等著看我會不會得救。

◆

門一會兒就開了，一個看似五十多歲的男子站在門的另一側。「你是誰？」他問，但我什麼也沒說，就從他身邊擠進去。在那個小院子裡，我看到一家人在離門很近的地方圍坐成一圈，只有月光照耀他們。當我聽到大門關上的聲音，我掀起面紗。

「求求你們，」我說：「幫幫我。」他們沉默不語，所以我繼續說：「我叫娜迪雅，是辛賈爾的亞茲迪人。達伊沙來我的村子，我被帶來摩蘇爾當薩比亞。我失去家人了。」

院子裡坐著兩個二十多歲的年輕男子，和一對我覺得應該是爸媽的年長夫婦，以及一個看來十一歲左右的男孩。一個也二十多歲的年輕女性坐著，搖懷裡的嬰兒入睡。我想她臉上最先露出恐懼。他們的小屋子裡沒有電，而已經把床墊搬來比較涼爽的院子裡。

那一瞬間我的心跳倏然停止。他們可能是伊斯蘭國的人——男人留鬍子，穿著寬鬆的黑長褲，女人穿著保守，不過因為人在家裡，臉沒有遮住。他們和之前扣留我的人並無不同，而我相信他們一定會舉發我。我僵在那裡，不再說話。

一個男人抓住我的手，把我從院子裡拉進屋子。玄關又熱又暗。「這裡比較安全。」年長的男人解釋：「那種話不可以在外面說。」

「你是哪裡人？」我們一進屋內，年長的女性就開口問，我猜她是年長男人的妻子。「你出了什麼事？」她的聲音焦慮但不帶怒氣，我覺得我的心跳舒緩了一點。

「我是克邱人。」我告訴他們：「我被當成薩比亞帶來這裡，剛從最後一間達伊沙扣留我的房子逃出來。他們想把我送去敘利亞。」我把遭遇告訴他們，甚至包括強暴和虐待的事。我想他們知道得愈多，就愈可能幫助我。他們是一個家庭，因此懂得同情和愛。但我沒有說出買賣我的好戰分子叫什麼名字。哈吉・薩曼是伊斯蘭國的要員，而還有哪種人比判人死刑的法官，更令人膽寒而不敢違抗呢？我想，**要是他們知道我是薩曼的薩比亞，不管有多可憐我，一定會馬上把我送回去。**

「你希望我們怎麼做？」那個女人問。

「請想像你們有個小女兒被帶走、和家人分開，被迫遭受種種強暴和苦難。」我說：「拜託你們，想像一下那種情況，再考慮該拿我怎麼辦。」

我一說完，那位父親就毫無顧忌地說：「別慌，冷靜下來，我們會試著幫助你。」

「他們怎麼可以對小女孩做那種事？」那個女人喃喃自語。

那家人自我介紹。他們的確是伊斯蘭國進犯時留在摩斯爾的遜尼派；他們說，那是因為他們沒有別的地方可以去。「我們在庫德斯坦沒有認識的人可以幫助我們通過檢查哨。」他們告訴我：「而且我們很窮。我們所有東西都在這間房子裡。」我不知道該不該相信——很多貧窮的遜尼派都離開摩蘇爾了，其他人則留下來，眼看生活每況愈下，更未因他人受苦而好轉，才對伊斯蘭國幻想破滅。我認為如果他們有意幫我，那代表他們說的是實話。

「我們是阿札維人（Azawi）。」他們說，那是長久以來在這一帶和亞茲迪人關係密切的部落。那代表他們可能知道亞茲迪教，甚至可能認識克邱附近村子裡的代父母。這是好兆頭。

年長的男人叫希山姆，他體格魁偉，留了黑白交雜的長鬍子。他的妻子瑪哈有張圓潤漂亮的臉。我進門時她只穿家居服，但不一會兒，因為我是陌生人，她就進屋內披上罩袍。他們的兒子納賽爾和胡珊都很瘦，還不是成熟的男人，而他們兩個，特別是納賽爾，接連好奇地問了好幾個問題：我是怎麼來這裡的？我的家人呢？

二十五歲的納賽爾是大哥，個子很高，髮際線也高且在後退中，還有張寬闊的大嘴。我最擔心這兩個兒子：如果這家人有誰效忠伊斯蘭國，會是這些遜尼派的年輕男子。但他們說自己恨透那些好戰分子。「他們來這裡以後，日子變得好可怕。」納賽爾告訴我：「我們感覺好像在戰爭中生活。」

納賽爾的妻子莎法雅也在院子裡。她跟丈夫一樣個子高挑，眼窩深邃迷人。她什麼也沒說，只一邊看著我，一邊讓寶寶在腿上彈上彈下，還不時瞥一下納賽爾的小弟哈利德，他年紀很小，渾然不知發生什麼事。在這家人之中，莎法雅似乎最擔心我的存在。「你還需要罩袍嗎？」在我把髒的罩袍脫掉後，她這麼問我。這是體貼的表示，但她問話的語氣卻讓我覺得她不喜歡我在穆斯林人家裡穿亞茲迪的連衣裙。「不用了，謝謝。」我說。若非必要，我不想再穿不熟悉的衣服了。

「你之前跟哪個達伊沙在一起？」納賽爾終於問了。

「薩曼。」我低聲說，他會意地哼了一聲，但沒對我的前俘虜者表示什麼意見，反倒問起我的家人和如果我離開摩蘇爾，要去哪裡。我覺得他並不畏懼，而且想要幫助我。

「你們遇過其他亞茲迪女孩嗎？」我問。

「在法院前面見過幾位。」希山姆說。他兒子胡珊坦承曾見過幾部巴士經過，他覺得車裡就是載滿像我這樣的奴隸。「摩蘇爾有標語說，如果舉報薩比亞，達伊沙會給五千美元。」他說：「但我們聽說那是騙人的。」

「我們不喜歡摩蘇爾變成現在這樣。」希山姆說：「我們本來早在達伊沙第一次過來的時候就要離開的，但我們沒有錢，也沒地方去。」

「我們有四個女兒嫁到這裡的人家。」瑪哈說：「就算我們離開，她們也會留下。她們丈夫的家人可能投靠達伊沙了，我們不知道。這裡有好多人支持他們。但我們不能把女兒單獨留在這裡。」

這家人都讓我進屋裡了，我不想表現得不知好歹。他們不帶評判地聽我的故事，也願意提供幫助。但我還是忍不住懷疑，在我被俘時，他們人在哪裡。聽他們的藉口讓我憤怒，雖然我試著不表現出來。胡珊怎麼可以眼睜睜看著那些巴士經過，明知車上載的是即將夜夜被伊斯蘭國好戰分子強暴的年輕女孩和女人，希山姆怎麼可以在法院眼睜睜看著好戰分子硬逼薩巴亞進行非法婚姻，卻毫無作為？他們的確在幫助我，但要等到我在家門口出現才肯出手。而我只是千千萬萬人之一。他們口口聲聲說討厭伊斯蘭國，卻未曾做過任何阻止的行動。

或許，我想，要平凡家庭抵抗像伊斯蘭國那樣的恐怖分子是強人所難，因為恐怖分子會指控他人為同性戀，並把他們從屋頂推下去，還會強暴信仰「錯誤」宗教的年輕女孩、用石頭把人砸死。我從沒做過像那樣的測試，來證明我有多願意幫助他人。但那是因為亞茲迪人從來沒有因為自己的宗教得到庇護，只有因此遭受攻擊。希山姆和他的家人能在伊斯蘭國占領的摩蘇爾安然無恙，是因為他們出生就是遜尼派，因此被好戰分子接受。在我出現之前，他們滿足於把自己的宗教當成盔甲。我試著不要因此恨他們，因為此刻他們對我充滿善意，但我並不愛他們。

「你在庫德斯坦有沒有認識的人，我們可以打電話告訴他們，你在我們這裡？」希山姆問。

「我有哥哥在那裡。」我告訴他，並背了已深印腦海的赫茲尼的電話。

我看著希山姆撥電話，開始講話。然後他一臉困惑地把話筒從耳朵拿遠，又播了一次。還是一樣，我擔心是不是我記錯號碼。「他有接嗎？」我問希山姆。

他搖搖頭，「有個男人接聽，但我一告訴他我是誰，從哪裡打過去，他就開始罵我。」他告訴我：「那可能不是你哥，如果是，我覺得他也不相信你在我這裡。」

希山姆又試了一次。這一次接聽的人讓他講話了。「娜迪雅在我們這裡，她逃出俘虜她的人了。」他解釋：「如果你不相信我，我有認識的亞茲迪人可以告訴你我是什麼樣的人。」希山姆曾和辛賈爾出身的亞茲迪政治人物一起在海珊的軍隊服役。「他會告訴你我是好人，不會傷害你妹妹。」

那次通話很簡短，之後希山姆告訴我，跟他講話的是赫茲尼無誤。「起初，他一看到是摩蘇爾打去的電話，就以為我是打去耍狠的。」他說：「顯然扣押他妻子的人有時會打給他，只為提醒他們正對他的妻子做什麼。他只能痛罵他們幾句，然後掛電話。」我為赫茲尼和吉蘭心痛，他們當初可是歷盡艱辛才結為連理的。

時間已晚，那對婆媳幫我在其中一個房間撲了床墊，還問我餓不餓。「我不餓。」我說。我完全不想吃東西，「但我很渴。」納賽爾拿了水給我，在我喝的時候，提醒我絕對、絕對不要出去。「這一區都是達伊沙的成員和同路人。」他告訴我：「對你並不安全。」

「這裡發生了什麼事？」我想知道。附近有薩巴亞嗎？如果有薩比亞不見，好戰分子會挨家挨戶搜索嗎？

「我們處在一個危險的時刻。」納賽爾跟我說：「到處都是達伊沙。他們統治整座城市，人人都得小心謹慎。我們有發電機，但晚上不敢用，因為擔心如果美國的飛機看到光，就會朝我們家投擲炸彈。」

雖然熱，我卻不禁打了哆嗦，想到我最早駐足而決定不要敲的那扇門。門後住著誰呢？「先睡吧。」希山姆說：「早上我們會想辦法讓你離開這裡。」

房間很悶熱，我幾乎沒睡。整晚我都在想周遭的房子：住著支持伊斯蘭國的家庭。我想到哈吉・薩曼正坐在車裡沿路搜索，找我，憤怒讓他熬一整夜。不知道讓我逃出來的好戰分子會發生什麼事。納賽爾和他的家人會不會受到可能拿到五千美元報酬的誘惑，把我交出去呢？他們會不會騙我，假裝同情我、願意協助，其實卻憎恨我亞茲迪人的身分？我想，我現在就信任他們挺蠢的，就算他們來自阿札維部落，就算希山姆服兵役時有亞茲迪朋友。多的是跟亞茲迪人來往密切的遜尼派，仍出賣朋友給伊斯蘭國。

我姊和姪女都跟我分開了，她們可能在任何地方。她們會因為我逃跑而被懲罰嗎？留在索拉夫的女人，和被送往敘利亞的女孩，發生了什麼事？我想到我美麗的母親，想到她在索拉夫從卡車跌下來時，白頭巾也跟著掉落，想到她怎麼把頭枕在我的腿上，閉著眼試圖阻隔身邊的戰慄。我看著凱薩琳被人從我母親身邊拉走，然後我們統統上了巴士。我不久後將會得知她們的遭遇。當我終於睡著，我沒有作夢，只有徹底的黑。

第二章

我在清晨五點醒來，起得比其他人都早，而我的第一個念頭是，我得離開這裡。這裡不安全，我告訴自己。他們會對我做什麼？他們善良到願意冒險幫助我的機率有多高？但已經早上了，炎熱的太陽已照亮街道，如果我嘗試離開，甚至沒有暗處遮掩我了。我無處可去了。躺在床上，我了解我的命運就在希山姆和他的家人手中，而我所能做的，就是祈禱他們是真心助我。

兩個小時後，納賽爾帶著希山姆的指示前來。當我們一邊說話，一邊等候他的父親加入時，瑪哈供應我們早餐。我吃不下，但喝了一點咖啡。「我們會帶你去我姊姊米娜和姊夫巴夏爾那裡。」他告訴我：「他們住在比較外圍，達伊沙比較不會去那裡而發現你。」

「我們知道巴夏爾不喜歡達伊沙。」納賽爾說：「但他的兄弟怎麼樣，我們就不敢肯定了。他說他們沒有加入，但那種事沒個準，所以你還是得小心。不過巴夏爾是個好人就是了。」

面紗遮住臉，跟希山姆和納賽爾同坐一部車，我覺得安全無虞。隨著我們開往米娜和巴夏爾位於摩蘇爾市郊的家，房屋沒那麼密集了。當我們下車走到前門時，沒有人看我們，我也沒看到附近有哪間屋子掛著伊斯蘭國的旗子，也沒有哪面牆被噴上伊斯蘭國的塗鴉。

那對夫婦在入口迎接我們。那棟房子比希山姆家來得大而美觀，讓我想起我已婚哥哥用一生積蓄慢慢在克邱興建的房子。那是用混凝土建造，希望能屹立到永遠，磁磚地板鋪了綠色和米黃色的地毯，客廳裡的沙發有厚厚的坐墊。

米娜是我見過最美的女人。有白皙圓潤的臉蛋、碧綠如寶石的眼眸，身材類似狄瑪兒，不會太瘦，長髮染成濃豔的褐色。她和巴夏爾有五個孩子，三男二女，當我抵達時，全家人冷靜地迎接我，彷彿希山姆和納賽爾已經回答他們對我的所有疑問。沒有人試著安慰我。除了看似對我境遇的一切細節充滿好奇的納賽爾，這家人好像把我當成該履行的責任來對待我，對此我深深感激。如果他們付出情感，我不確定自己能否回報。「*Salam alakum*。」我對他們說。「*Alakum asalaam*，」巴夏爾回答：「別擔心，我們會幫你的。」

計畫是這樣的：幫我用莎法雅或米娜的名字，看哪個比較容易，弄一張假身分證，然後請巴夏爾或納賽爾陪我從摩蘇爾到吉爾庫克，假裝我們是夫妻。納賽爾在摩蘇爾有製作身分證的朋友願意幫忙，他以前做標準的伊拉克國家身分證，現在做黑白的伊斯蘭國身分證。「我們會幫你弄一張伊拉克的身分證，而非達伊沙的。」他告訴我：「那看起來比較像真的，也會讓你比較容易進庫德斯坦，如果我們過得了達伊沙的檢查哨的話。」

「如果我們用莎法雅的資料，你就跟納賽爾去。」巴夏爾說：「如果用米娜的資料，你就跟我走。」當她的丈夫說這句話時，米娜綠色的眼睛朝我的方向閃爍。我看得出來她不高興，但沒有出言反對。

「吉爾庫克會是放你離開的好地方嗎？」巴夏爾問。他覺得那裡可能是最容易從摩蘇爾進入庫德斯坦的入口。若是如此，他們會告訴身分證製造者把我的出生地寫成吉爾庫克，並給我一個在那裡常見的名字。

「吉爾庫克是伊斯蘭國的嗎？」我不知道。從小到大，我一直以為吉爾庫克是庫德斯坦的一部分，因為庫德族的政黨都這麼說，但從我偷聽到伊斯蘭國好戰分子的對話判斷，那個地方現在不只有庫德族和巴格達政府垂涎，伊斯蘭國也想奪下。好戰分子已經占領伊拉克那麼多地區，若說他們現在已經控制吉爾庫克和那裡所有的油田，我也不會懷疑。「我可以問我家人。如果那裡還是敢死軍掌控，我就可以過去。」

「那好。」巴夏爾很滿意，「我會打電話給希山姆在辛賈爾的朋友，看看他能不能幫你，然後納賽爾會幫你弄到身分證。」

那一天是我從逃跑後第一次跟赫茲尼說話。對話期間，我們都極力保持冷靜。如果我想活著回家，還有很多工作要完成。但我一聽到他的聲音，就高興得說不出話來。

「娜迪雅，」他說：「別擔心。我覺得這家人是好人。他們會幫你的。」

赫茲尼聽起來跟他以往一樣，既有自信又情感豐沛。雖然我經歷了這麼多，卻替他覺得難過。如果我夠幸運的話，身為少數獲救的亞茲迪人是什麼感覺，會有什麼樣的悲痛和渴望，我想我很快就會明白。

我想告訴他我是怎麼逃出來的。我以自己的勇氣為傲。「赫茲尼，很奇怪欸，」我說：「畢竟先前大家都緊盯著我，這個男人的門卻沒鎖。我就打開門，爬牆離開了。」

「那就是神希望的，娜迪雅。」他說：「他希望你活著回家。」

「我擔心這裡有哪個兒子進了達伊沙，」我告訴他：「他們非常虔誠。」

但赫茲尼告訴我，我別無選擇。「你得信任這家人。」他說。我告訴他，如果他覺得這家人是好人，我就待在這裡。

後來我知道，協助亞茲迪女孩逃離伊斯蘭國的偷渡網絡已然建立，赫茲尼也是其中一分子，他將在難民營的貨櫃屋裡協助安排數十名女孩脫身。每一次行動的開始都是驚慌又混亂，但在受害者的家人湊足費用後，那就儼然變成一種商業交易：雇用偷運者的系統。你可以支付數千美元找中間人，主要是阿拉伯人、土庫曼人、敘利亞人或伊拉克庫德族當地人。有些是計程車司機，用自己的車子偷運女孩；有些在摩蘇爾或塔阿法當密探，讓家人知道女孩藏身何處；有些則在檢查哨幫忙、賄賂伊斯蘭國的官員或討價還價。有些伊斯蘭國領土內的關鍵參與者是女性；她們較容易在不引人注意的情況下接近薩比亞。這些網絡的前端是幾名亞茲迪男子，運用在遜尼派村子的人脈建立網絡、確定一切照計畫進行。每支團隊都在自己的地盤行事，有些在敘利亞、有些在伊拉克。一如任何產業，他們也彼此競爭，因為事實愈來愈明確：偷渡薩比亞是在戰時不錯的生財之道。

在我本身的逃脫計畫擬定後，偷渡網絡便開始發展，而赫茲尼在思考自己可以如何參與。我哥勇敢又善良，如果自己幫得上忙，就不會讓任何人受苦，所以很多女孩都有他的電話號碼。所有女性親戚都會背他的電話，她們將電話一路轉給遇到的薩巴亞，讓他很快應接不暇。在希山姆代我打給他的時候，他已經出手協助其他人，也和努力解放亞茲迪人的庫德族自治區政府，以及摩蘇爾和伊拉克其他伊斯蘭國占領區內的聯絡人建立關係。很快地，偷運成了他全職的無給職工作。

由於我的吉爾庫克之行吉凶未卜，赫茲尼相當擔心。他不確定讓這對郎舅，納賽爾或巴夏爾，一路陪我進庫德斯坦的計畫是否行得通。兵役年齡的遜尼派男人要越過庫德族檢查哨並不容易，而赫茲尼知道如果伊斯蘭國發現摩蘇爾的人家幫忙薩比亞逃逸，懲罰必定嚴厲。「我們不希望他因為嘗試幫助你而被抓。」赫茲尼告訴我：「確保納賽爾或巴夏爾陪你到庫德斯坦的過程不出事，是我們的責任，了解嗎，娜迪雅？」

「我了解，赫茲尼。」我告訴他：「我會小心的。」我知道要是我們在伊斯蘭國檢查哨被逮，跟我同行的人必死無疑，我也會被送回去當奴隸。在庫德族檢查哨的危險則是納賽爾或巴夏爾會被拘留。

「娜迪雅，好好照顧自己。」赫茲尼告訴我：「試著什麼都別擔心。明天他們就會幫你弄到身分證了。到吉爾庫克後打電話給我。」

掛斷電話前，我問他：「凱薩琳發生什麼事了？」

「我不知道，娜迪雅。」他說。

「索拉夫情況怎麼樣？」我問。

「伊斯蘭國還在克邱和索拉夫。」他說：「我們知道男人已經被殺了。薩伊德還活著，他告訴我事情的經過。沙烏德到這裡了，他一切安好。我們還不知道索拉夫的女人們怎麼了，但薩伊德決定要跟達伊沙對抗、解放索拉夫，我很擔心他。」薩伊德因身中多處槍傷而承受劇痛，而且每天晚上都夢到行刑隊，讓他輾轉難眠。「我擔心他無法應付這些事情。」赫茲尼說。

我們說了再見，赫茲尼便把電話拿給哈利德，我同父異母的兄弟。他告訴我更多資訊，「亞茲迪人不再奔波了。」他告訴我：「他們在庫德斯坦過著極度嚴苛的生活，等難民營設置。」

「克邱的男人怎麼了？」儘管已經有人告訴過我，我還是問了。我不希望那是真的。

「所有男人都被殺了。」他說：「所有女人都被帶走。你有見到過誰嗎？」

「我見過妮絲琳、蘿吉安和凱薩琳，」我告訴他：「可是不知道她們現在人在哪裡。」

情況比我預期的還要糟。就連我已經知道的事情，都讓我聽不下去。我們掛斷電話，我把話機交還給納賽爾。我不再擔心這家人會出賣我，所以我讓自己稍微放鬆一下。我覺得好累，這輩子從沒這麼累過。

◆

我在米娜和巴夏爾的房子待了幾天，等逃脫計畫循序發展，而大部分的時間我都獨自一人，想我的家人和我即將發生的事。如果沒有人問我問題，我樂於保持靜默。他們是非常虔誠的家庭，一天祈禱五次，但說他們討厭伊斯蘭國，從沒問過我被迫改宗的事，也沒試著要我一起祈禱。

我仍然病得厲害，胃感覺像火燒一樣，所以有一天他們帶我去附近的婦女醫院就診。他們得說服我那裡安全無虞。「只要放一瓶熱水在我肚子上面。」我告訴納賽爾的母親：「那樣就可以了。」但她堅持要我看醫生。「只要你戴著面紗，跟我們在一起，就不會有問題。」她跟我保證，而我痛得無力再爭論。我的頭好暈，當他們帶我上車子、載我進鎮上時，我幾乎渾然不覺。那時我病得好嚴重，現在回想，那次就醫就像一場記不起來的夢。但看完醫生我的身體就比較舒服強健了，而我繼續靜靜在屋裡等待該離開的那一天到來。

有時我跟他們一起用餐，有時我一個人吃；他們要我提高警覺，離窗子遠一點，也不要管電話。「如果有人到門前，就待在你的房間裡，不要出聲。」他們告訴我。摩蘇爾可不是辛賈爾。在克邱，每當有訪客來家裡，都不會特地敲門。因為大家彼此認識，我們歡迎別人來，別人也歡迎我們去。在摩蘇爾，訪客會等著被邀請入內，連朋友都被當成陌生人對待。

我無論如何都不會到外面去。他們的主浴室在屋外，但吩咐我用屋裡較小的浴室。「我們不知道有沒有哪個鄰居是達伊沙那邊的。」他們說。我照他們的話做。我完全不想被人發現和被送回伊斯蘭國，也害希山姆一家因試圖幫助我而被嚴懲。我毫不懷疑，伊斯蘭國一定會處死每一個成年人，而一想到米娜那兩個不到八歲、跟媽媽一樣漂亮的女兒會淪入伊斯蘭國的魔掌，就讓我噁心反胃。

我睡在女兒的房間。我們幾乎沒有交談。她們並不怕我，只是沒興趣知道我是誰，我也無意告訴她們。她們是如此天真純潔。第二天，我醒來時看到她們坐在臥室鏡子前試著解開頭髮的糾結。「可以讓我幫忙嗎？」我問：「我很會弄頭髮唷。」她們點點頭，於是我坐在她們身後，拿梳子梳理她們的長髮，直到柔順整齊。這是以前我每天早上都會幫艾德姬和凱薩琳做的事，而做這件事幾乎讓我感覺回到平常的日子。

白天時電視一直開著，讓孩子可以玩PlayStation遊戲機。男孩既然有電玩轉移注意力，對我的關注又比女孩更少。他們的年紀和我兩個姪子馬立克和哈尼差不多，而馬立克和哈尼兩人都被綁架，並被迫成為伊斯蘭國的戰士。二〇一四年八月前，馬立克還是個靦腆聰明而對周遭世界感興趣的男孩。他愛我們，也愛他的母親韓迪雅。現在我不知道他在哪裡。伊斯蘭國針對挾持的青少年實施嚴密的再教育和洗腦。那些男孩會學阿拉伯語和英語，習得「槍」之類的戰爭詞彙，也被教導亞茲迪教是惡魔的宗教，以及不肯改宗的家人不如死掉比較好。

他們在易受影響的年紀被帶走，而我後來得知，那些課程對其中一些人產生效用。後來馬立克傳照片給人在難民營的赫茲尼。照片裡的他身穿伊斯蘭國的工作服，手持步槍，面露微笑，臉頰興奮得紅潤。他還打赫茲尼的電話，只為了叫韓迪雅加入伊斯蘭國。

「你父親死了。」韓迪雅告訴她的兒子：「沒有人可以照顧我們一家人了。你得回家。」

「你該來伊斯蘭國。」馬立克這樣回答：「你該來這裡接受照顧。」

哈尼在被俘近三年後逃了出來，但當赫茲尼嘗試安排馬立克的救援行動，雇了偷運者在敘利亞的一個市場找上馬立克時，我的姪子卻拒絕同行。「我想要戰鬥。」他告訴赫茲尼。現在的他，只是過去那個克邱男孩的影子，此後赫茲尼便不再嘗試。但韓迪雅如果看到電話是馬立克打的，還是會接聽。「他還是我的兒子。」她會這麼說。

米娜是個好主婦、好媽媽。她整天都在為家人打掃和煮飯、跟小孩玩和給寶寶餵奶。日子很緊繃，對她、對我都是如此，所以我們沒什麼交談。不久後她的弟弟或丈夫就會跟我展開那段危險的庫德斯坦之行。這家人要經歷的太多了。

在走廊擦肩而過時，她問起我的頭髮：「為什麼你只有髮尾是紅的呢？」

「很久以前我用散沫花染過。」我說，一邊檢查髮縷。

「很漂亮。」她說，然後繼續前進，沒多說什麼。

一天午餐後，米娜正努力安撫肚子餓了而不停哭泣的寶寶。平常她不讓我協助家務，但那天下午當我說我來洗碗，她點點頭，一臉感激。水槽在俯瞰街道的窗子前面，可能會有路人看到我，但寶寶讓她無暇多想我們會不會被發現，而我很高興有機會幫她的忙。出乎意料地，她開始問我問題。

「你還有認識的人在達伊沙那裡嗎？」她問，把寶寶摟在胸前。

「有，」我說：「他們帶走我所有朋友和家人，把我們統統拆散。」我想問她同樣的問題，但不想冒犯。

她頓了一會兒，在想事情。「你離開摩蘇爾以後會去哪裡？」

「去我哥那邊。」我說：「他和其他亞茲迪人一起等著進難民營。」

「難民營是什麼情況？」她問。

「我不曉得。」我說：「幾乎每個活下來的人都會去那裡。我哥赫茲尼說那裡會很困苦。那裡沒事情做，沒有工作，而且離城市很遠。但那裡很安全。」

「我不知道這裡會發生什麼事。」她說。這其實不是個問題，所以我什麼也沒說。我繼續洗碗，她則沉默到我洗好為止。

那時寶寶已經停止哭泣，在米娜的懷裡睡著了。我回樓上的女兒房，躺在床墊，但眼睛沒閉上。

第三章

決定了，要跟我同行的人是納賽爾。這讓我很高興；納賽爾喜歡跟我說話，而在成行前的那段日子，他是我覺得相處比較自在的人。我們動身時，他儼然像個哥哥了。

一如我的兄長，納賽爾會在我腦袋糊塗時取笑我，而這是常有的事。我們常開一個別人不懂的玩笑。剛來這間房子的頭幾天，納賽爾問我一切怎麼樣，我只心不在焉地回答：「很熱，非常熱。」我害怕到心煩意亂，不敢說其他事情。一個小時以後，當我們再次碰面，他又問了：「娜迪雅，現在一切怎麼樣？」我又說了一遍，沒意識到我在重複一樣的話：「納賽爾，很熱，非常熱。」就那樣。後來，他開始幫我回答，用開玩笑的語氣問：「嘿，娜迪雅，怎麼樣啊？很熱嗎？還是很熱，非常熱？」會意過來後，我哈哈大笑。

第三天，納賽爾帶了身分證回來。上面寫我叫蘇珊，家鄉是吉爾庫克，但其他資訊都是莎法雅的。「務必把身分證上的所有資訊背得滾瓜爛熟。」他告訴我：「如果他們在檢查哨問你什麼時候在哪裡出生，而你不曉得……那就結束了。」

我夜以繼日研讀身分證，背莎法雅的出生年月日，她爸媽的名字，以及納賽爾的出生年月日和他爸媽的名字。在伊拉克的身分證上，無論是伊斯蘭國到來之前或之後，女性的父親或丈夫的資訊都和自己的一般重要。

莎法雅的照片貼在一角。我們長得不算非常像，但我不擔心檢查哨的衛兵會要我掀起面紗露臉給他們看。我想伊斯蘭國的成員不會當著遜尼派女子丈夫的面要她這麼做，畢竟遜尼派丈夫可能是伊斯蘭國的支持者。「如果他們問你為什麼還沒辦達伊沙的身分證，就跟他們說你沒時間。」希山姆說。我心驚膽戰，很快就把資訊背熟，熟到好像印在我腦海裡一樣。

我們的計畫很簡單。納賽爾和我假裝是夫妻，要去吉爾庫克拜訪我的家人。蘇珊是吉爾庫克常見的名字。「告訴他們你會待一週左右。」他們這樣吩咐：「納賽爾會說他陪你過去，當天或隔天就會回來，視你們抵達的時間而定。」那樣納賽爾就不用帶行李，也不必煩惱罰款的事。伊斯蘭國規定，想在哈里發國外面久待的遜尼派人士得繳罰款。

「你知道吉爾庫克的事情嗎？」他們問我：「比如地區的名稱之類的，以免他們問起？」

「我沒去過，」他說：「但我可以請我哥告訴我一些事情。」

「她的袋子怎麼辦？」納賽爾問。我還拖著那個黑色棉布袋。袋子裡有凱薩琳、狄瑪兒和我的連衣裙，和藏了珠寶和我媽配給卡的衛生棉。「那不像穆斯林女人拜訪家人一週會帶的那種袋子。」

希山姆出門，帶回來一瓶洗髮精、一瓶潤髮乳和兩件穆斯林女性流行風格的簡單連衣裙，我把這些東西加進我的袋子。我開始對他們在我身上花的錢感到過意不去。他們跟我家一樣是貧窮人家，我不想成為負擔。「等我到庫德斯坦，再寄錢給你們。」我告訴他們。他們堅決表示沒關係，但我沒辦法將之拋諸腦後。我仍舊擔心，要是金錢成為太沉重的壓力，他們就會決定檢舉我。

赫茲尼叫我別放在心上。「五千美金的報酬是騙人的。」他說：「達伊沙這麼說只是想讓女孩打消逃跑的念頭。他們希望你們覺得自己跟牛一樣，每戶人家都想抓一頭來賣。但他們不會付錢。」

「何況，納賽爾離開摩蘇爾是好事。」赫茲尼告訴我。

「什麼意思？」我不解其意。

「你不曉得？」赫茲尼說：「去問希山姆吧。」

那天晚上我問了希山姆。「他是什麼意思？納賽爾也想離開嗎？」我問。

一會兒後他告訴我：「我們都很擔心納賽爾。」他說：「他是年輕男子，達伊沙強迫他去打仗是遲早的事。」

納賽爾是在美國占領、什葉派當政期間，於貧苦中長大的，年紀小一點的時候，他曾對他眼中遜尼派遭到壓迫的情事感到憤怒。像他這樣的年輕人是伊斯蘭國的首要招攬對象，而他的家人認為恐怖分子希望納賽爾加入他們的警察隊。他已經在摩蘇爾附近的建築物修理公共衛生系統，而大家都擔心，雖然那份工作無關暴力，以後卻會為他貼上恐怖分子的標籤。

在我不知從哪裡冒出來、站在他們的門階上時，他們已絞盡腦汁，思索讓納賽爾離開摩蘇爾的辦法。他們認為，如果這家人幫助亞茲迪人逃離奴役，之後庫德政權便可能讓他們進入庫德斯坦。

希山姆要我別告訴納賽爾我知道的事，還有無論如何，別告訴任何人納賽爾曾為伊斯蘭國工作，就算只是修馬桶。「職務是什麼並不重要，」他說：「庫德族或伊拉克軍隊會把他打入監牢。」

我答應他不會告訴任何人。我無法想像納賽爾成為伊斯蘭國的警察，依據宗教或因民眾違反某些邪惡的規定或抱持異議就加以逮捕，甚至處死。他會需要和哈吉．薩曼共事嗎？納賽爾現在是我的朋友，而且看似太溫和、太通情達理而無法勝任那樣的工作。但話說回來，我才剛認識他，而且好多遜尼派已經反過來針對亞茲迪人。我不知道他是否有幾分相信，除了遜尼派伊斯蘭，其他宗教都該逐出伊拉克；是否覺得自己正在參與收復伊拉克的革命。我聽我哥說過，有些遜尼派因為長年遭受美國人、庫德族和什葉派的壓迫，同時受到伊斯蘭激進化的洗禮，已極其猛烈地針對他們的鄰居。現在他們其中一人正在幫助我。但他這麼做只是為了救他自己嗎？這點重要嗎？

◆

過去一、兩年，我深深思考過納賽爾一家人的事。他們冒著莫大的風險幫助我。倘若伊斯蘭國發現這家人收容了薩比亞，很可能不留活口，或者俘虜女兒、逼兒子上戰場。而要發現並不難，到處都有伊斯蘭國的人。我希望人人都擁有像納賽爾一家那樣的勇氣。

話雖如此，在伊拉克和敘利亞，每有一戶像納賽爾那樣的人家，就有成千上萬戶人家對種族滅絕袖手旁觀，甚或主動參與。有些人出賣了像我這樣試圖逃離的女孩。凱薩琳和拉米雅先後在摩蘇爾和哈姆達尼亞被她們求援的人告發六次，每一次都受到懲罰。一群被帶到敘利亞的薩巴亞在底格里斯河的蘆葦叢中像逃犯一般被搜索，因為當地一名農人打電話告知伊斯蘭國指揮官，有些奴隸三更半夜跑去他那裡要求幫忙。

在我們被折磨、被強暴的時候，伊拉克和敘利亞的人家過著正常的生活。他們看著我們和俘虜者穿過街道，還群聚街頭目睹死刑。我不知道每個人作何感想。二〇一六年底摩蘇爾解放行動開始後，很多人家談到在伊斯蘭國控制下的生活有多艱辛、恐怖分子有多殘酷、聽到戰機當空有多驚恐，就怕戰機會轟炸他們的家園。他們找不到足夠的糧食，電力統統中斷，孩子得上伊斯蘭國的學校，男孩必須戰鬥，他們動輒得咎，做什麼都得繳稅或罰款。他們還說，有民眾在街上被殺。根本沒辦法生活。

但當我在摩蘇爾時，對住那裡的人來說，生活似乎相當正常甚至美好。首先，他們為什麼會留下來？他們認同伊斯蘭國、認為哈里發國的概念很好嗎？那看起來像他們自二〇〇三年美國人來以後一直在打的宗派戰爭的自然延續嗎？如果生活真的像伊斯蘭國跟他們保證的那樣持續變好，他們會讓恐怖分子想殺誰就殺誰嗎？

我試著同理這些人家。我相信他們很多人很害怕，而最後連那些原本歡迎伊斯蘭國的人都開始憎恨伊斯蘭國，而在摩蘇爾解放後說他們別無選擇，唯有任恐怖分子為所欲為。但我認為他們是有選擇的。要是他們聚在一起、集合武器、旋風般衝進好戰分子販賣或贈送女孩的伊斯蘭國中心，我們很可能都會沒命。但至少那會向伊斯蘭國、亞茲迪人和世界其他地方傳遞這個訊息：並非所有固守家園的遜尼派都支持恐怖主義。或許，如果摩蘇爾有人上街吶喊：「我是穆斯林，你們要我們做的不是真正的伊斯蘭！」伊拉克軍隊和美國人就可以在當地人的幫助下提早介入，努力營救亞茲迪女孩的偷運者也可以拓展網絡、一批一批帶出我們，而不是像滴水的水龍頭那樣一次一個。但沒有，他們任憑我們在奴隸市場放聲尖叫，什麼也沒做。

在我來到納賽爾一家的屋子後，他們告訴我，他們已開始反省自己在伊斯蘭國扮演的角色。他們說，看到我出現在家門前、絕望地乞求他們幫助薩比亞，他們深感內疚；他們知道自己的倖存，以及並未被迫離開的事實，某種程度上是與恐怖分子勾結。我不知道如果在好戰分子接管摩蘇爾後，日子確實變好而不是變壞，他們會如何看待伊斯蘭國。他們告訴我，他們永遠改變了。「我們發誓在你離開後，會幫助更多像你這樣的女孩。」他們說。

「還有很多女孩需要你們。」我告訴他們。

第四章

我們等了幾天，納賽爾和我才成行。我在那間屋子裡過得自在，但迫不及待離開摩蘇爾。伊斯蘭國無所不在，我也確定他們正在找我。我可以想像哈吉・薩曼削瘦的身體氣得發抖，輕柔但恫嚇的聲音威脅要給我更多折磨。我無法再和那種男人待在同一個城市。一天早上在米娜家，我在刺痛中醒來，發現身上爬著很多隻小紅螞蟻，我將它視為徵兆。在我們通過第一個檢查哨之前，我不會感到一絲真正的安全，而我知道我們可能根本過不去。

在我到達米娜家幾天後，納賽爾的雙親一早就到屋子來。「是離開的時候了。」希山姆說。我穿上凱薩琳的粉紅色和棕色連衣裙，然後就在準備出發前，才套上黑色的罩袍。

「我來唸一段祈禱文。」瑪哈對我說。她態度和藹，所以我答應了，靜聽她說完那段話。然後她給了我一枚戒指。「你說達伊沙搶走你媽的戒指，」她說：「請用這個代替吧。」

除了我從克邱帶出來還留著的東西，我的袋子也裝了這家人買給我許許多多的額外物品。在臨別一刻，我拿出狄瑪兒漂亮的黃色長連衣裙，送給米娜。我吻了她的雙頰，謝謝她收留我。「你穿這件連衣裙一定很美。」我說：「那原本是我姊姊狄瑪兒的。」

「謝謝你，娜迪雅。」她說：「願阿拉保佑你平安抵達庫德斯坦。」我不忍心看那家人和納賽爾的妻子跟他道別。

離開家之前，納賽爾把身上兩支手機的其中一支給我。「我們坐計程車的時候，如果你需要什麼或有問題要問我，傳簡訊給我。」他說：「別開口說話。」

「我怕我在車裡坐太久會吐。」我提醒他，於是他去廚房拿了幾個塑膠袋給我。「用這些吧。我不希望我們停下來。」

「在檢查哨時，不要顯出害怕的樣子。」他繼續說：「盡可能冷靜。我會回答大部分的問題。如果他們問你話，簡短回答就好，音量小一點。只要他們相信你是我的妻子，就不會要你說太多話的。」

我點點頭。「我會盡力。」我說。我已經覺得自己可能害怕到昏倒了。納賽爾一副若無其事，他好像天不怕地不怕似的。

大約上午八點三十分，我們開始一起走向幹道。我們要招一輛計程車載我們到摩蘇爾的計程車行，另一輛納賽爾事先叫好的計程車已經在那裡等候，準備載我們到吉爾庫克。人行道上，納賽爾走在我前面一點點，我們沒有交談。我低著頭，盡量不看經過的路人，深怕我眼中的恐懼會立刻洩露我是亞茲迪人。

那天很熱。米娜的鄰居在給草坪澆水，試著救回枯死的植物，孩子則騎著彩色的塑膠腳踏車在街上衝來衝去。那些聲音嚇到我了。在屋裡待了這麼久，明亮的街道感覺十分凶險，毫無遮掩、危機四伏。我在米娜家等候時嘗試鼓起的希望蕩然無存。我確定伊斯蘭國會追上我們，我會被抓回去當薩比亞。「沒問題的。」當我們站在幹道的人行道上等計程車出現時，納賽爾輕聲對我說。他看得出來我擔心受怕。一輛輛汽車快速掠過，使我黑色罩袍的前緣覆上黃色的細沙。我抖得好厲害，以至於在我們叫到計程車時，我幾乎無法使喚自己的身體進車裡去。

在我腦海盤桓的每一個腳本，結局都是我們被捕。我看到我們的計程車在公路邊拋錨，我們被滿載好戰分子的卡車接走。我看到我們在渾然不覺中經過一枚土製炸彈，在路邊奄奄一息。我想到所有家鄉認識的女孩、親人、朋友，她們現在四散伊拉克和敘利亞各地，想到我那些被帶去克邱學校後面的哥哥。我回家後可以找誰呢？

摩蘇爾車行擠滿要叫計程車載他們去伊拉克其他城市的民眾。男人跟司機討價還價，妻子靜靜站在一旁。男孩兜售冰涼的瓶裝水，周邊小販兜售銀色包裝的洋芋片和糖果，或驕傲地站在精心疊起的香菸塔旁。我懷疑車行裡有沒有女人跟我一樣是亞茲迪人。我希望她們全部都是，而那些男人都跟納賽爾一樣，正在幫助她們。車頂有小型標誌的黃色計程車，在週知目的地的招牌底下停車或怠速：塔阿法、提克里特（Tikrit）、拉馬迪（Ramadi）。這些地方全都起碼部分被伊斯蘭國控制，或受恐怖分子威脅。我的國家有好多領土現在歸那些奴役我、強暴我的男人所有。

計程車司機在為行程做準備時，一邊跟納賽爾聊天。我坐在離他們稍遠的長椅上，試著扮演好納賽爾之妻的角色，聽不清楚他們說些什麼。汗流進我的眼裡，使視線朦朧，而我把袋子緊緊抓在腿上。那個司機將近五十歲。體型不碩大，但看起來很強壯，還留了小鬍子。我不知道他對伊斯蘭國是何感覺，但我每個人都怕。在他們協商期間，我試著勇敢，但很難想像我沒有再次被捕的結局。

最後納賽爾點頭要我上車。他坐在司機旁邊，我爬進他身後的座位，把袋子輕輕放在身邊。車子開出車行時，司機隨手玩他的無線電，尋找頻道，但每個頻道都只有靜電干擾，他嘆了口氣，關掉它。

「今天真熱，」他對納賽爾說：「我們先買點水再上路吧。」納賽爾點點頭，於是一會兒後，我們停在一家報攤前旁，司機去買了幾瓶冰水和幾包餅乾。納賽爾拿了一瓶水給我。水從瓶子邊緣滴落，積在我旁邊的座位上。餅乾乾得難以下嚥；我試了一片，只是想擺出輕鬆的樣子，餅乾卻像水泥一樣卡在喉嚨。

「你們為什麼要去吉爾庫克？」司機問。

「內人的家人在那裡。」納賽爾回答。

司機從後照鏡看著我。我一對到他的眼，就撇過頭去，假裝為窗外的城市神魂顛倒。我相信我眼裡的恐懼會出賣我。

車行周邊的街道處處可見好戰分子。伊斯蘭國的警車就停在路邊，警員沿人行道巡邏，槍插在腰帶。那裡的警察似乎比老百姓還多。

「你們會待在吉爾庫克還是回摩蘇爾？」司機問納賽爾。

「我們還不確定。」納賽爾說，完全按照他父親的吩咐，「要看到那裡要花多久時間，還有吉爾庫克的情況。」

他問那麼多幹嘛？我想。我很慶幸自己不用說話。

「如果你願意，我可以在那邊等，載你們回摩蘇爾，」司機告訴我們。納賽爾微笑以對，「或許可以唷，」他說：「到那邊再看看。」

第一個檢查哨在摩蘇爾轄區內，是像蜘蛛一樣的龐大建築，由高大的柱子支撐金屬屋頂。這裡曾是伊拉克軍方檢查哨，現在則驕傲地展示伊斯蘭國的旗幟，而曾屬於伊拉克軍隊、現歸伊斯蘭國的汽車，停在一間小辦公室前面，車外也插滿黑白旗。

我們停車時，有四名好戰分子當值，從讓他們躲避炎熱、填寫文件的白色小崗亭出來外面工作。伊斯蘭國意欲控制所有進出摩蘇爾的交通。他們不只要確定沒有反伊斯蘭國的戰士或偷運者進入城市，也想知道誰離開了，以及離開多久。如果叛逃，伊斯蘭國會處罰他們的家人。最起碼，好戰分子會榨乾他們的錢。

前面只有寥寥幾部車在排隊，我們很快就接近其中一名衛兵。我開始控制不住地發抖，覺得眼淚就要奪眶而出。我愈想用意志力逼自己冷靜，就抖得愈厲害，而我相信那一定會洩漏我的身分。**也許我該逃跑**，我想，而當我們慢下來，我將一隻手放上門把，準備在必要時跳車。當然，這其實不算選項。我根本無處可逃。車的一側，燠熱的平原綿延無盡，另一側，也就是我們在身後的，是我亟欲逃離的城市。好戰分子監視摩蘇爾的每分每寸，要追上徒步逃走的薩比亞根本不費吹灰之力。我祈求神，別讓我被捕。

納塞爾從側鏡看著我，感覺到我很害怕卻不能跟我講話。他臉上閃過微笑，要我冷靜下來，就像在克邱時凱里或我媽那樣。沒什麼能阻止我心狂跳，但至少我不再幻想跳車這件事了。

我們停在其中一座衛兵崗亭旁，我看著門打開，一名全副伊斯蘭國制服的好戰分子踏了出來。他看起來跟那些來伊斯蘭國中心買我們的人沒什麼兩樣，所以我又開始嚇得發抖。司機搖下車窗，那名好戰分子彎下身子。他看一看司機、看一看納賽爾，然後瞥了我和我旁邊的袋子。「*Salam alakum*，」他說：「你們要去哪裡？」

「先生，我們要去吉爾庫克。」納賽爾說，把我們的身分證從車窗遞出去，「內人是從吉爾庫克來的。」他的聲音毫無顫抖。

好戰分子拿走身分證。從崗亭打開的門，我看到一把椅子和一張小桌子，桌上有一些文件和那名好戰分子的無線電。桌子一角，一部小電扇輕輕地旋轉，桌邊則有一瓶幾乎喝光的水搖搖晃晃。然後我看到了。和其他三人的照片一起掛在牆上的，是我在哈吉．薩曼強迫我改宗那天，於摩蘇爾法院大樓拍的相片。那底下寫了幾句話。距離太遠，我看不到那寫什麼，但我猜那列出我的資訊，以及如果抓到我要如何處置。我輕輕倒抽一口氣，很快掃視其他三張照片。其中兩張因為反光我看不清楚，剩下一張則是我不認識的女孩。她看起來年紀很輕，而跟我一樣，她的恐懼躍然臉上。我移開視線，不想讓好戰分子發現我盯著那些照片，那一定會讓他起疑。

「你們去吉爾庫克要見誰？」衛兵還在問納賽爾，幾乎沒注意我。

「內人的家人。」納賽爾說。

「要去多久？」

「內人會待一個禮拜，我今天就會回來，」他說，按照我們排練的腳本。他聽起來毫不畏懼。

我不知道納賽爾從座位能否見到我那張懸掛在崗亭裡的照片。我相信如果他看得到，就會要我們回頭。見到我的照片證實伊斯蘭國正積極地尋找我，但納賽爾只是繼續回答問題。

衛兵繞過來我旁邊，示意要我搖下車窗，我照做，同時覺得我可能會害怕到昏倒。我記得納賽爾的勸告：保持冷靜，盡可能平靜簡短地回答問題。我的阿拉伯語相當完美，我從很小就開始說，但我不知道自己的口音或用字會不會洩露我其實來自辛賈爾，而非吉爾庫克。伊拉克是個大國，你通常可以從對方說話的方式判斷他在哪裡長大。我不知道吉爾庫克出身的人該怎麼說話。

他彎下身子，透過車窗看著我。我很感激面紗遮住我的臉，而我試著控制我的眼睛，不要眨得太多或太少，當然，無論如何，不可以哭。在我的罩袍裡面，我汗流浹背，但仍害怕得發抖。但我在這個衛兵眼鏡裡的形象仍是一般穆斯林女性的模樣。我坐直起來，準備回答問題。

問題很短。「你是誰？」他的音調很平，一副很無聊的樣子。

「我是納賽爾的妻子。」我說。

「你要去哪裡？」

「吉爾庫克。」

「為什麼？」

「我家人在吉爾庫克。」我輕聲回答，視線放低，希望我的恐懼會被當成端莊，我的答覆聽起來不像排練過。

衛兵直起身子，走掉了。

最後他問司機問題：「你是哪裡人？」

「摩蘇爾。」司機回答，聽起來這個問題已經回答過一百萬遍了。

「你在哪裡工作？」

「有錢賺的地方啊！」司機咯咯笑著回答。然後，衛兵不再說話，從車窗交還我們的身分證，揮手要我們通過。

我們開過一條長長的橋，沒有人說話。橋下，底格里斯河在陽光下波光粼粼。蘆葦等植物緊挨著河水；它們靠得愈近，就愈可能生存。離開堤岸，植物就沒那麼幸運了。它們會被伊拉克盛夏的豔陽烤焦，只有少數得到住民細心灌溉，或從降雨汲取一些水分的，春天會再發芽。

我們一抵達河的彼岸，司機就說了：「我們剛過的那座橋，可是布滿土製炸彈呢，」他說：「是達伊沙設置的炸彈，以防伊拉克或美國人試圖收復摩蘇爾。我很討厭過那座橋。我覺得橋好像隨時會爆炸似的。」

我回頭看。橋和檢查哨都愈退愈遠了。我們活著通過兩者，但結果是可能截然不同的。檢查哨的伊斯蘭國好戰分子可能問我更多問題，可能從我的口音聽出什麼，或注意到我的舉止有什麼可疑之處。「下車。」我想像他這麼說，而我別無選擇，只能照他的話做，跟著他進入崗亭，而他會命令我掀開面紗，讓他看到我就是相片裡的那個女人。我想到橋可能在我們通過時爆炸，土製炸彈把我們的車子炸個粉碎，讓我們三人當場斃命。我祈禱，當那座橋真的爆炸時，上面都是伊斯蘭國的好戰分子。

第五章

車子離開摩蘇爾的路上，經過以往戰鬥的現場。伊拉克軍方棄守的小型檢查哨，已成燒焦的瓦礫堆。巨型卡車的殘骸像垃圾一樣被留在路邊。我在電視上看過好戰分子在國軍撤守後焚毀檢查哨，我不了解他們為什麼要那樣做。他們只想毫無理由摧毀物品。即使路邊有年輕牧羊人騎著行動緩慢的驢子，帶領著一群羊，這幅風景還是看起來很不正常。

很快我們來到另一個檢查哨。這一個僅有兩名伊斯蘭國的好戰分子把關，他們看來更不關心我們是誰或要往哪裡去。他們更快速地走完同樣的問題。我也能從崗亭的門看進去，但沒看到裡面懸掛任何照片。沒過幾分鐘，他們便揮手要我們通過。

從摩蘇爾到吉爾庫克的路途遙遠，且在鄉間曲折蜿蜒。有些路段很寬，但有些很窄，連會車都沒辦法。這些道路因車禍多而惡名昭彰。汽車想要超過速度慢的大貨車，在對向車道拚命閃燈，逼貨車開到路肩讓過。載滿建築材料的卡車沿途散落砂石，削過汽車和擋風玻璃，還有很多地方路面崎嶇不平，讓人覺得好像掉出懸崖似的。

伊拉克的城市就是一連串這樣的道路相互連接，有些比其他更危險，而且總是車多擁擠。伊斯蘭國進犯時，他們甚至在攻占城市之前就戰略性地控制道路、切斷交通、隔離可能逃走的人。接著他們設立檢查哨，更容易抓到試圖離開的人。在伊拉克很多地方，鋪柏油的公路是民眾逃跑的必經之路。在空曠的平原和沙漠，幾乎沒有地方讓人躲藏。若把城市和鄉鎮比作伊拉克的器官，那麼道路就是靜脈和動脈，而伊斯蘭國一控制道路，就等於控制人民的死活。

我看著這幕風景好一會兒，那砂石組成、乾燥如沙漠的平原，跟辛賈爾我最愛的地區迥然不同。春回大地時，辛賈爾那些地方都會覆滿青草和花朵。我覺得好像身在國外，而就某種意義而言，我覺得確實如此，畢竟我們還沒離開伊斯蘭國的領土。但當我更仔細觀看時，我發現景色一點也不單調。岩石愈來愈大，大到跟小懸崖一樣，然後又縮成砂土。砂土裡長著帶尖刺的植物，有時還會長成細瘦的樹。偶爾我會看到油泵搖晃的前端或連著幾棟泥磚屋構成一個村落。我就這樣看著、看著、看到暈車，再也無法看窗外為止。

我頭暈目眩，伸手拿了一個納賽爾在我們離開米娜家之前給我的塑膠袋。不一會兒就吐了。我太緊張而沒有吃早餐，胃幾乎空無一物，但水狀的嘔吐物仍讓計程車彌漫一股酸臭，而我看得出來那讓司機很不爽，他讓車窗開著，直到再也受不了跟著灼熱的空氣一起吹進來的沙子。「請告訴你太太下一次她要吐的時候，可以叫我停車。」司機告訴納賽爾，語氣不至於不和善：「現在車裡難聞得要命。」納賽爾點點頭。

幾分鐘後我請他停車，我下車。車子飛馳而過，颳起陣陣強風，讓我的罩袍像氣球一樣膨脹起來。我盡量走遠一點，不想讓司機看到我的臉，然後掀起面紗。嘔吐物刺痛我的喉嚨和嘴唇，汽油味則讓我嘔得更厲害。

納賽爾過來查看我的狀況。「你還好嗎？」他問：「我們可以走了嗎，還是你需要在這裡待久一點？」我看得出來他很擔心，既擔心我，也擔心這樣停在路邊。每隔一陣子就有一輛伊斯蘭國的軍車呼嘯而過，而我相信有個女孩在吐的畫面，就算是穿罩袍、戴頭紗的女孩，是會讓一些人轉頭看的。

「我沒事。」我告訴他，慢慢走回計程車。我覺得很虛弱、口乾舌燥。我的汗已經讓好幾層衣服濕透，而我不記得前一次吃了什麼東西。回到車裡，我坐在中間的座位，閉上眼，希望可以睡著。

我們來到一個小鎮，一個就建於路邊的小鎮。賣點心的商店和忙碌的修車廠直接開在公路旁，等顧客上門。有家主打烤肉和番茄醬飯等典型伊拉克食物的自助式餐廳。「你們餓不餓？」司機問我們，納賽爾點點頭。他沒吃早餐。我不想停下來，但決定權不在我。

餐廳又大又乾淨，有磁磚地板和包覆塑料的座椅。家人比鄰而坐，但可拆卸的塑膠隔板把男人和女人分開，這是伊拉克較保守地區的常態。我坐在隔板的一側，讓納賽爾和司機去覓食。「我吃東西就會吐。」我低聲對納賽爾說。但他很堅持，「不吃東西你會更想吐。」他說，於是一分鐘後，他端了扁豆湯和麵包回來，先放在我面前的桌上，才消失在隔板後面。

我把面紗掀到剛好能吃東西而不會弄髒布料的位置。湯很可口，跟我在克邱喝的一樣，是用扁豆和洋蔥熬煮，比我習慣的辣，但我還是只喝得下幾匙。我擔心萬一想吐，又得在路上停下來。

因為隔板的關係，我覺得自己獨自一人。一群女人坐在餐廳的對角，遠到我聽不見她們在說什麼。她們穿得跟我很像，吃得慢條斯理，有條不紊地拉起面紗來咬烤肉串和麵包。她們隔板的對面坐著幾個穿白長袍的男人，我猜是跟她們一路的；我在進來時就看到他們了。他們吃著東西，沒有交談，我們也一樣，而這間餐廳安靜到我覺得如果我能聽到女人面紗拉起又放下的聲音，聽起來一定跟人的呼吸聲一樣。

在我們離開的時候，兩個伊斯蘭國的好戰分子在停車場朝我們走來。他們的卡車是那種漆成米黃色、插了伊斯蘭國旗幟的軍卡，就停在我們的計程車旁邊。他們其中一人有條腿受傷，拄著拐杖走，另一人則慢慢走在旁邊，讓他能跟上。我的心跳戛然而止。我很快衝到納賽爾的另一邊，讓他擋在我和好戰分子中間，但當我們經過那兩人時，他們沒多看我們一眼。

對街，一輛伊斯蘭國的警車裡坐著兩名警官。他們是為我們而來的嗎？他們已經派同事沿街搜索我和納賽爾了嗎？我覺得他們隨時會發現我們走出餐廳，跑過來，拿槍抵著我們的頭。也許他們根本犯不著問問題。也許他們會在這個停車場，當場把我們擊斃。

每個人都令我害怕。在餐廳裡穿白棉袍的男人是伊斯蘭國的嗎？與他們同桌的女人是他們的妻子還是薩比亞？她們像摩提賈的母親那樣熱愛伊斯蘭國嗎？街上的每個人，從賣菸的到從汽車底下滾出來的技工，都是我的敵人。汽車行駛或孩子買糖果的聲音，聽來跟炸彈爆炸一樣令人驚恐。我急忙回到車裡。我想要快點抵達吉爾庫克，而從納賽爾跟著我的神情，我看得出他也急欲離開。

此時已過中午，陽光更烈了。如果我看窗外，馬上會覺得噁心，但如果試著閉上眼，眼前的漆黑又在旋轉，令人暈眩。所以我直視前方納賽爾座位背後，只想著自己和一路上可能發生的事。我的恐懼毫無緩和跡象。我知道我們還有更多伊斯蘭國的檢查哨要過，而在那之後，還有敢死軍。納賽爾給我的電話嗡嗡響，我收到他傳來的簡訊。

「你的家人剛傳訊給我。」上面說：「沙巴赫會在艾比爾等我們。」

沙巴赫是我的姪子，伊斯蘭國屠殺克邱男人之際，他人在庫德族首府的一間旅館工作。我們計畫在他那裡待一、兩個晚上，我再去扎胡跟赫茲尼會合。如果我們到得了的話。

在第三個檢查哨，他們沒問我們任何問題，甚至連名字也沒問，就只瞥一眼身分證，就揮手放我們過了。也許是追捕逃逸薩巴亞的系統尚未建置完成，不然就是好戰分子比自己以為的更懶散又欠缺組織。

從那裡我們靜靜開了一小段路。我想大家都累了。納賽爾沒有再傳簡訊給我，司機也不再搜尋無線電台，不問納賽爾問題了。他只直視前方道路，以穩定的速度掠過伊拉克北部的原野和牧草地，一邊抓一疊紙巾擦拭額頭的汗，直到紙巾都皺縮成濕答答的小紙團。

恐懼和噁心讓我覺得精疲力竭。不知道過庫德族檢查哨一事會不會讓納賽爾緊張，因為敢死軍都被訓練必須對試圖進入庫德斯坦的遜尼派男人起疑。在跟赫茲尼通過電話後，我已經決定不要讓納賽爾留在伊斯蘭國的領土，包括回摩蘇爾。我想要跟他說不要擔心，但想起我答應要保持安靜，也想把簡訊留到緊急時用，所以我什麼也沒說。我希望當時納賽爾知道，我不是那種會把朋友留在險境棄之不顧的人。

我們抵達一個十字路口，一個路標指向吉爾庫克，司機停車了。「我不能再載你們進去了。」他說：「你們得從這裡走到檢查哨。」因為他有摩蘇爾的車牌，可能會被敢死軍盤問甚至扣留。

「我會在這裡等。」他對納賽爾說：「如果他們不讓你進去，就回來，我們一起回摩蘇爾。」納賽爾謝過他，付了錢，我們便把東西拿下車。我們開始往檢查哨的方向前進，路肩就只有我們兩人。「你累了嗎？」納賽爾問我，我點點頭。「很累。」我說。我覺得筋疲力盡，而且我仍不相信我們有辦法順利成功。每踏出一步，我都不由自主想像最壞的結果：伊斯蘭國在我們步行時追上來，或敢死軍扣留了納賽爾。吉爾庫克是個危險的城市，早在對伊斯蘭國戰爭前，就常發生教派鬥爭，而我想像我們未來一定會遇上汽車炸彈或土製炸彈。前方還有漫長的旅程。

「我們就去檢查哨，看看會發生什麼事吧。」他說：「你的家人在哪裡？」他問。

「扎胡。」我告訴他：「達霍克附近。」

「離吉爾庫克多遠？」他問，而我搖搖頭。「我不知道。」我說：「很遠。」

我們默默並肩走完剩下的路。

在那個檢查哨，開車或步行排隊的人要接受敢死軍面談。自從對伊斯蘭國開戰，庫德斯坦自治政府已收留數十萬流離失所的伊拉克人，包括許多來自安巴爾省和其他若不配合伊斯蘭國就難以生存的遜尼派多數區的遜尼派人。但他們要進庫德斯坦並不容易。遜尼派阿拉伯人想通過檢查哨，大多需要有庫德族人擔保，而這個過程可能曠日廢時。

因為吉爾庫克並未正式劃歸庫德族自治區，也有龐大的阿拉伯人口，一般來說，非庫德人過吉爾庫克的檢查哨比過其他如艾比爾的檢查哨來得容易。遜尼派學生會週週或天天過哨去城裡上學，家庭也會進去購物或拜訪親戚。吉爾庫克非常多元，土庫曼人、基督徒和阿拉伯人及庫德族住在一起，長久以來，那就是它的魅力所在，也是詛咒。

在伊斯蘭國進犯伊拉克後，敢死軍火速趕往吉爾庫克保衛這個城市，以防珍貴的油田不被恐怖分子侵害。他們是伊拉克境內唯一能保護吉爾庫克防禦恐怖分子的軍隊，但有些居民抱怨他們跟占領者無異，因為他們堅稱那裡是庫德族的，不是阿拉伯人或土庫曼人的。我們不知道那是否意味納賽爾會更難通過檢查哨。因為我們來自伊斯蘭國在伊拉克的首都，他們可能會懷疑我們要拜訪親戚的說法，可能要我承認是脫逃的亞茲迪薩比亞，他們才會放行。但我並不想那麼做，至少現在不想。

自辛賈爾屠殺事件後，庫德斯坦就歡迎亞茲迪人投奔，自治政府也協助無家可歸者設置難民營。有些亞茲迪人懷疑自治政府的動機。「庫德族人希望我們原諒當初他們遺棄我們的事情。」那些亞茲迪人說：「這不值得稱許。全世界都眼睜睜看著亞茲迪人在山上流浪，而庫德族自治政府希望亞茲迪人忘記他們看到的真相。」也有人認為庫德自治區政府是想讓亞茲迪人在庫德斯坦境內定居，不會幫他們收復辛賈爾，而我們的人數可以強化他們脫離伊拉克獨立的訴求。

無論動機為何，亞茲迪人現在需要庫德政府。達霍克附近有自治區政府專門為亞茲迪人設置的難民營，庫德民主黨也成立辦公室協助營救像我這樣的亞茲迪薩巴亞。自治區政府正試著慢慢修補和亞茲迪人的關係，重新建立我們對他們的信任，希望我們再一次自稱為庫德族人、想成為庫德斯坦的一部分。但那一天，我還沒準備好原諒他們。我不希望他們以為放我進去就是在救我，因為他們明明可以在伊斯蘭國來辛賈爾之前，讓我的家人不致四分五裂。

納賽爾轉頭看我。「娜迪雅，」他說：「你可以去跟他們說你是亞茲迪人。告訴他們你是誰，還有我是誰。跟他們說庫德語。」他知道如果我告訴他們我的真實身分，我一定會被放行。

我搖搖頭。「不。」我說。我看到身穿制服在吉爾庫克檢查哨執行勤務的敢死軍就火大。他們沒有離棄吉爾庫克，那他們為什麼要離棄我們？

「你知道這些人在辛賈爾是怎麼拋棄我們的嗎？」我問納賽爾。我想到過去那些害怕伊斯蘭國近在咫尺，嘗試進入庫德斯坦卻被拒絕的亞茲迪人。「別擔心！」自治區政府檢查哨的衛兵這麼告訴他們：「敢死軍會保護你們的。你們待在家裡比較好。」如果他們不打算靠戰鬥來保護我們，就該放我們進去庫德斯坦。因為他們，成千上萬人被殺害、劫持、背井離鄉。

「我不會跟他們說我是亞茲迪人，也不會跟他們講庫德語。」我告訴他：「那不會改變任何事實。」

「放輕鬆一點。」納賽爾說：「現在你需要他們，務實一些。」

「門都沒有！」我近乎咆哮，「我不會做任何讓他們知道我需要他們的事情。」在那之後，納賽爾就不再對這件事發表意見。

在檢查哨，士兵查看我們的身分證，打量我們全身上下。我沒對他們說半句話，仍跟納賽爾講阿拉伯語。「打開袋子。」士兵說，於是納賽爾把袋子接過去，打開來給敢死軍檢查。他們花了很多時間翻我的東西，把連衣裙拉起來看，還檢查洗髮精和潤髮乳的罐子。幸好他們沒把衛生棉拿出來，我的珠寶仍小心藏在裡面。

「你們要去哪裡？」他們問。

「我們會待在吉爾庫克。」納賽爾說：「住內人娘家。」

「誰要帶你們過去？」他們問。

「計程車。」納賽爾說：「我們過了檢查哨會叫車。」

「好。」他說，指著一大群鬆散地聚集在幾間小辦公室外面的人，「去站在那裡等。」

我們和其他人一起站在烈陽下，等待敢死軍放我們進入吉爾庫克。有些人是全家人擠在一起，提著大行李箱和裝滿毯子的透明塑膠袋。老人家坐在自己的物品上面，女人家拿東西搧風，熱到輕聲呻吟。汽車的車頂，家具和床墊堆得老高，一副隨時會垮下來的樣子。我看到一個小男孩拿著足球，一個老人提了關著一隻黃鳥的鳥籠，好像那些是世上最重要的東西。我們全都來自不同的地方，年紀和宗教各異，但在吉爾庫克的檢查哨，我們全都一樣，一樣苦苦等候，一樣惶惶不安。我們想要一樣的東西——平安、安全、找到家人——我們也逃離一樣的恐怖分子。**這就是在伊斯蘭國統治下身為伊拉克人的意義**，我想。**我們全都無家可歸。先在檢查哨度日，再到難民營生活**。

最後，一個士兵叫我們過去。我用阿拉伯語跟他說話。「我來自吉爾庫克，但目前和我的丈夫一起住在摩蘇爾。」我說，比了比納賽爾，「我們要去見我的家人。」

「你帶了什麼東西？」他們問。

「就幾件這禮拜要穿的衣服。」我說：「一點洗髮精、一些個人用品……」我的聲音變得微弱，心加速跳動。如果他們拒絕，我不知道我們該怎麼辦。納賽爾得回摩蘇爾。我們緊張地望著彼此。

「你有帶任何武器嗎？」他們問納賽爾。他說沒有，但他們還是搜他的身，接下來瀏覽他的手機，搜尋可能暗示他和伊斯蘭國一夥的照片或影片。他們把我晾在一旁，沒有要求檢查納賽爾給我的手機。

過了一會兒，士兵把東西還給我們，搖搖頭。「抱歉，我們不能讓你們進入。」他說。語氣不殘酷，但斬釘截鐵。「每個庫德斯坦的訪客都需要有人擔保，否則我們真的不知道你們是誰。」

「我們得打給我父親在辛賈爾的朋友。」納賽爾在士兵離開後跟我說：「他有門路，可以告訴他們該讓我們進去。他們會聽他的。」

「好，」我說：「只要他不告訴他們我是亞茲迪人，而你在幫助我脫逃就可以。」

納賽爾打了電話，然後把手機拿給士兵，他只講了兩三句。他看起來很驚訝，且有點生氣。「你剛應該一開始就打給他的。」他告訴我們，同時把電話還給納賽爾，「你們可以走了。」

通過檢查哨，我立刻取下面紗。傍晚的微風輕拂臉龐，感覺真舒服，我不由得笑了。「什麼，原來你不喜歡戴啊？」納賽爾逗我，回我微笑。

第六章

這位計程車司機是四十多歲、活潑開朗的庫德族人，當他問我們想去哪裡的時候，納賽爾和我面面相覷。「載我們到庫德斯坦。」納賽爾說，司機大笑，「你們就在庫德斯坦啊！」他回答，然後重問一遍，「你們想去哪個城市？艾比爾？還是蘇萊曼尼亞（Sulaymaniyah）？」

納賽爾和我都笑了。我們都不認識庫德斯坦的地理。「哪個比較近？」納賽爾問他。

「蘇萊曼尼亞。」司機答。

「那就去蘇萊曼尼亞。」我們說。我們都累了，也鬆一口氣，而當我們安於這趟車程，我們忘了照赫茲尼所交代，打電話給我的姪子沙巴赫。

天色暗了。從環形公路，我眼中的吉爾庫克只剩下遙遠的屋光和街燈。小時候，我們在電視上看過庫德族慶祝新年「Newroz」，他們會在翠綠的山腰成群圍繞著營火和一堆一堆的烤肉跳舞。我會忿忿不平地說：「你們看庫德斯坦的生活多棒，我們卻得在這些貧窮的村子過日子。」然後我媽會斥責我：「他們過得好是應該的。」她會說：「你又不是不知道，他們在海珊當政時經歷過種族滅絕。」

我對庫德斯坦全然陌生。我不知道哪個城鎮叫什麼，不知道住在那裡的人是什麼樣子。我在吉爾庫克和蘇萊曼尼亞都沒有朋友，而雖然沙巴赫在艾比爾的旅館上班、沙烏德曾在達霍克附近的工地工作，他們比較像為了薪水來庫德斯坦工作的孟加拉或印度勞工，而沒有把艾比爾或達霍克當家。也許我在伊拉克所有地方都是陌生人。我絕不會回我受盡欺凌的摩蘇爾。我從來沒去過巴格達或提克里特或納傑夫（Najaf）。我沒去過那些偉大的博物館或古代廢墟。在伊拉克全境，我真正認識的地方只有克邱，而那現在屬於伊斯蘭國。

我們的司機是驕傲的庫德族人，沿途夾雜庫德語和阿拉伯語歡快地介紹風景名勝，並試著和納賽爾聊起摩蘇爾的生活。「整座城市都被達伊沙占領了嗎？」他邊問邊搖頭。

「沒錯。」納賽爾回答：「很多人想離開，但很困難。」

「敢死軍會把他們逐出伊拉克的！」我們的司機斷言。納賽爾什麼也沒說。

我在這部計程車裡比較放鬆了。下個檢查哨分隔了爭議領土和真正的庫德斯坦，納賽爾可能會再被質問。但我們有希山姆那個辛賈爾出身的朋友為後盾。他顯然擁有一些權力。至少我不必再轉頭看有沒有伊斯蘭國的車子，不必再擔心身邊的人是不是恐怖分子的細作了。

「看到靠近山那邊的建築了嗎？」司機問我們，用他纖細的手指指向納賽爾的窗外。在我們的右側，伊拉克東部山脈的影子裡正在進行大規模的住宅開發。巨大的廣告牌驕傲地宣傳那項計畫，還附帶社區完工後的模型。「那裡完工後就會像美國的公寓大樓了。」我們的司機說：「又新又漂亮。美好的事情正在庫德斯坦發生。」

「你太太叫什麼名字？」司機問，從後視鏡看著我。

「蘇珊。」納賽爾回答，仍沿用我假身分證上的名字。

「蘇珊！」司機說：「好美的名字啊！我就叫你蘇蘇好了。」他說，對我笑了笑。此後，每當他指著外面的什麼東西，都會確定我有在注意。「蘇蘇！你有看到那邊的湖嗎？那在春天很美唷。」或「蘇蘇，我們剛經過的城鎮啊，有你吃過最棒的冰淇淋唷。」

我還記得那段行程，我懷疑辛賈爾能否像庫德斯坦這樣從種族滅絕中恢復，甚至成為比之前更好的地方。我很想相信可以，但我不得不承認，那似乎不大可能。辛賈爾不像庫德斯坦人口幾乎全是庫德族，而敵人，海珊的軍隊，是從外面來。在辛賈爾，亞茲迪人和阿拉伯人住在一起。我們在商業上互相仰賴，也會穿過彼此的城鎮。我們試著當朋友，但敵人卻在辛賈爾內部生根發展，就像意欲將其接觸到的一切趕盡殺絕的疾病。就算美國人和其他人前來幫助我們，仿照他們在海珊攻擊庫德族後的作為，但亞茲迪人沒什麼可以回報，所以他們可能不會前來幫助。即使如此，我們要怎麼回到過去的日子，再次在阿拉伯人之間討生活呢？

「蘇蘇！」司機又在吸引我的注意了，「你喜歡野餐嗎？」我點點頭。「那還用說！喔，你一定要來這裡，來蘇萊曼尼亞郊外的山上野餐。你不會相信那在春天有多漂亮。」我又點點頭。後來納賽爾和我會嘲笑司機，和他幫我取的綽號。「我們沒有讓達伊沙抓走你。」納賽爾說：「但如果我們再跟他待久一點，他也不會放你走了。」

◆

我們在凌晨近四點抵達蘇萊曼尼亞，那時，所有店面，包括我們要叫計程車搭往艾比爾的車行，都還沒有開。當我們接近檢查哨時，司機叫我們不要擔心。「我認識那些人。」他說，而真的，用庫德語說了三兩句話，他們就揮手要我們通過。

「我該帶你們去哪裡？」司機問，但我們搖搖頭。

「帶到車行附近就好。」納賽爾說。

「還沒開門呢。」司機回答。他人很和善，在替我們擔心。

「沒關係，」納賽爾說：「我們可以等。」

司機停車，納賽爾付錢給他。「蘇蘇，祝你好運！」他說完便開車離開。

我們在車行附近一家超級市場外面坐下，背靠著牆。街道空空蕩蕩，整座城市悄然無聲。高聳的建築，漆黑的窗子，陰森地逼視我們。其中一棟造型像風帆，點著耀眼的藍光；我後來才知道那是仿照杜拜一棟建築蓋的。一陣撫慰的微風拂來，像一條項鍊環繞蘇萊曼尼亞的山景，熟悉得令人安心。我需要找洗手間，但我害臊得不敢告訴納賽爾，所以我們就坐在那邊，精疲力竭，等商店開門好找些東西吃。

「你從沒來過這裡嗎？」納賽爾問。

「沒有，」我說：「但我知道這地方風景優美。」我告訴他我在電視上看到的歡慶新年報導，但沒提起海珊或安法爾戰役。「這裡水源充足，草木的翠綠可以維持更久。」我告訴他：「這裡有很多公園，有適合孩子的遊樂設施。伊朗人越過邊界而來，只為了在公園漫步。這些山也讓我想起家鄉。」

「我們明天要去哪裡？」我問納賽爾。「我們會叫部計程車去艾比爾。」他說：「去你姪子的旅館跟他碰面，然後你就可以去扎胡跟赫茲尼會合。」

「你不去嗎？」我問，他點點頭。我替他覺得難過。「我希望你全家人能來庫德斯坦。希望你們不必再於達伊沙統治下生活。」

「機會渺茫。」納賽爾說：「也許有一天吧。」他看來非常悲傷。

車坐太久，我的身體疼痛不堪，我的腳也因徒步前往第一個庫德檢查哨而痛得厲害。後來我們兩個都睡著了，但沒睡太久。一兩個小時後，早上的車聲和柔和的晨曦喚醒我們。納賽爾轉頭看我。他很高興我有睡著。「今天早上，太陽無懼地從你身上升起了。」他說：「這是不需要害怕的早晨。」我回答：「這裡好美。」

我們肚子空空的。「去吃點東西吧。」納賽爾提議，於是我們走幾步路到一家商店買了夾蛋和炸茄子三明治。不算好吃，但我餓到狼吞虎嚥。我不再覺得自己可能會吐了。

在餐廳的洗手間，我脫掉汗臭難聞的罩袍和凱薩琳的連衣裙，再拿幾張濕紙巾擦拭腋下和頸部。然後我從袋子裡拿出長褲和襯衫換上。我小心不要看到鏡子裡。從哈姆達尼亞那天早上過後，我就沒照過鏡子了，而我也不敢看自己現在的模樣。我把凱薩琳的連衣裙摺好，小心放回袋中。**我會留到她重獲自由，交還給她**，我想。我原本要把罩袍丟進垃圾桶，但最後一刻反悔，決定把它留作證據，證明伊斯蘭國對我的所作所為。

外面的街道開始湧現上班上學的人潮。交通變得擁塞，汽車猛按喇叭，商店拉起鐵柵，開門營業。陽光在帆型摩天大樓反射，而現在我可以看到，那表面覆蓋著帶藍色的玻璃，頂端有座圓形的觀景台。生命的點點滴滴讓這座城市顯得更美。沒有人看著我們，我也不怕任何人。

我們打給沙巴赫。「我去蘇萊曼尼亞接你。」他提議，但納賽爾和我說不用。「沒有這個必要，」我說：「我們去找你就好。」起初納賽爾要我一個人去艾比爾。「你不再需要我了。」他說，但我跟他爭論到他答應同行。我昔日的固執回來了，何況我還沒準備好跟他道別。「我們會一起去艾比爾。」我告訴沙巴赫：「我希望你見見這位幫助我逃生的男人。」

◆

我們在蘇萊曼尼亞的計程車行等車載我們去艾比爾，那天早上車行非常忙碌，已經有四個司機拒絕我們。他們沒有說明原因，但我們懷疑那是因為我們來自摩蘇爾，也因為納賽爾是阿拉伯人。每個司機都跟我們要身分證查看，瞥我們一眼，再看看身分證，再看看我們。「你們要去艾比爾？」他們會問，而我們點點頭。

「為什麼？」他們想知道。

「見家人。」我們告訴他們，但他們只是嘆口氣，把身分證還給我們。「很抱歉。」他們說：「我有人預約了。問問看別人吧。」

「他們害怕是因為我們是從摩蘇爾來的。」納賽爾說。

「怪不了他們。」我說：「他們怕達伊沙。」

「你還是不說庫德語嗎？」納賽爾問，我搖搖頭，不要。我還沒準備好告訴他們我是誰。我們還沒真的遇上麻煩。

我們靜坐在那裡，太陽愈來愈熱，我們也愈來愈擔心找不到願意帶我們去艾比爾的司機。終於有司機首肯了，但因為我們是第一批乘客，我們得等到車子坐滿。「先坐在那邊吧。」他說，指著人行道，一大群人已經占據幾小塊陰涼處，等待司機通知他們準備上路。

車行人潮擁擠，我看了看人群。沒有人在看我們。我不再害怕，但也沒有我以為會有的那種如釋重負的感覺。我腦中盡是在我終於抵達扎胡之後，人生會變成什麼樣。我好多家人不是亡故就是失蹤，而且我不是要回家。我將回到失去親人留下的空洞。我覺得高興又空虛，而我很感激有納賽爾可以說話。

「要是達伊沙現在來到這間車行會怎樣？」我問納賽爾：「你覺得會發生什麼事？」

「大家會嚇死吧。」他說。我想像一個一身黑的好戰分子帶著自動步槍進入熙來攘往、心不在焉的人群。

「可是你認為他會先找誰？」我說：「誰比較值錢？我，脫逃的薩比亞？還是你，離開摩蘇爾又助我脫逃的遜尼派？」

納賽爾笑了。「聽起來像謎語。」他說。

「呵，我知道答案唷。」我說：「他兩個都不會放過。我們都會死。」

我們都笑了，就那一刻。

第七章

庫德斯坦嚴格來說是一塊由不同省分（govermorate）組成的地區。不久前只有三省，達霍克、艾比爾和蘇萊曼尼亞，但在二〇一四年，庫德自治區政府也將哈拉普加（Halabja）——安法爾戰役期間最大的攻擊目標——設為一省。

雖然大家都在講獨立的庫德斯坦，並強調庫德族的身分認同，但這幾個省給人的感覺大不相同，而且非常非常分歧。幾大政黨：巴爾札尼的庫德民主黨、塔拉巴尼（Talabani）的庫德斯坦愛國聯盟（Patriotic Union of Kurdistan，簡稱ＰＵＫ）、較近成立的變革黨（Gorran Party）和三個伊斯蘭主義政黨組成的聯盟，瓜分了這個地區的忠誠，而庫德民主黨和庫德斯坦愛國聯盟之間的分歧尤其顯著。一九九〇年代中期，效忠這兩大政黨的人民和敢死軍打了一場內戰。庫德族人不喜歡談論這件事，因為他們如果有望脫離伊拉克獨立，就必須團結，但那是場可怕的戰爭，也留下難以磨滅的傷痕。有些人寄望對伊斯蘭國的抗戰能使庫德族團結一致，但當你行經這些地區，你可能以為自己路過不同的國家。兩個政黨都有自己的敢死軍和維安情報部隊，稱為「asayish」。

與伊朗接壤的蘇萊曼尼亞是庫德斯坦愛國聯盟的大本營，也是塔拉巴尼家族的故鄉。那裡被認為比庫德民主黨的地盤艾比爾自由。庫德斯坦愛國聯盟的活動範圍受伊朗影響，庫德民主黨則與土耳其結盟。庫德族的政治非常複雜。在我獲釋、開始從事人權工作後，我開始領會，類似辛賈爾的失敗這種事情，可能是怎麼發生的。

往艾比爾路上的第一個檢查哨是由效忠庫德斯坦愛國聯盟的敢死軍和維安情報部隊把關。看了我們的身分證後，他們叫計程車司機把車停到旁邊等。

我們和兩個年輕男女共乘這部車，他們可能是情侶或夫妻。聽到納賽爾和我說阿拉伯語，那個女孩似乎很驚訝。「你也說庫德語嗎？」得知我會，她這才安心而放鬆。我跟她們一起坐在後座，納賽爾坐前座。那兩位乘客都是庫德斯坦的居民，所以我們停車顯然是因為納賽爾和我拿地區外的身分證。當官員叫司機等候時，那個女孩不耐地嘆氣，一直彈打手上的身分證，看著窗外，想知道為什麼要這麼久。我瞪著她。

敢死軍指著我和納賽爾。「你們兩個，跟我來。」他說，又告訴司機：「你可以走了。」於是我們在計程車離開前抓起我們的東西。跟著士兵進辦公室時，我忽然又害怕起來。我沒料到進庫德斯坦後還會遇到這麼大的麻煩，但顯而易見的是，只要我堅持自稱是「吉爾庫克來的蘇珊」，這趟庫德斯坦之行就不會輕鬆。如果他們懷疑我們是伊斯蘭國的同路人，或純粹不相信我們在艾比爾有親人，可能就不會放行了。

在辦公室裡，士兵開始問我們問題。「你們是誰？」他想知道，「為什麼一張身分證說摩蘇爾，一張說吉爾庫克？」他特別懷疑納賽爾，因為他的年紀，正好是最多伊斯蘭國戰士的年紀。

我們都累壞了。我只想要順利抵達艾比爾見沙巴赫。我明白要如願以償唯有一途：我不再佯裝，承認我的真實身分。「夠了。」我對納賽爾說：「我會告訴他們。」

於是我用庫德語對士兵從實招來。

「我叫娜迪雅。」我說：「我是克邱的亞茲迪人。那張身分證是偽造的。是在摩蘇爾拿到的，我被達伊沙囚禁在摩蘇爾。」我比了比納賽爾，「這位先生幫助我逃出來。」

士兵目瞪口呆，盯著我們兩個看，一清醒過來，他說：「你們得把你們的事情跟維安部隊說。跟我來。」

他打了電話，隨後帶我們到附近一棟大樓。那裡是維安情報部隊的維安總部，一群官員在一間大會議室等著我們。我們的座位安排在一張大桌子的前端，桌上架了部攝影機，鏡頭朝向那兩把椅子。納賽爾一看到攝影機，馬上搖頭。「不行，」他用阿拉伯語對我說：「我不能被拍攝。我不能讓任何人知道我長什麼樣子。」

我轉頭對官員說：「納賽爾冒著很大的危險與我同行，他全家人都還在摩蘇爾。」我告訴他們：「如果有人知道他是誰，他有可能受到傷害，他的家人也可能受到傷害。再說，你們為什麼要錄影？有誰會看？」我也對庫德斯坦愛國聯盟當局想拍攝訪問的做法備感焦慮。我還沒準備好對觀眾回憶我在摩蘇爾的經歷。

「只是讓我們記錄用，而我們保證會把納賽爾的臉弄模糊。」他們說：「我們以《可蘭經》發誓，除了我們和上司，不會有人看到這個。」

當事態變得清楚：除非我們吐露實情，他們不會放我們走，我們只好答應。「你們得發誓沒有人能認出納賽爾的身分，這段影片也只有敢死軍和維安部隊能看。」我說。「當然，當然。」他們說，於是我們開始了。訪問持續了數小時。

一名高官問了這個問題：「你是克邱的亞茲迪人？」他問。

「是。」我說：「我是辛賈爾克邱村的亞茲迪人。敢死軍離開時，我們還在村裡。達伊沙在我們的學校寫：『此村屬於伊斯蘭國。』」我解釋我們如何被強迫進學校，女人和女孩怎麼被帶到索拉夫和摩蘇爾。

「你在摩蘇爾多久？」他問。

「我沒辦法確切肯定，」我告訴他：「我們被關在漆黑的房間，很難知道在每個地方待了多久時間。」維安部隊知道辛賈爾發生的事，知道亞茲迪男人被殺害、女孩被帶往摩蘇爾而後轉送伊拉克各地。但他們想知道我故事的細節，特別是我被俘時確切發生的事，和納賽爾如何幫助我脫逃。納賽爾用阿拉伯語小聲提醒我，談論這兩個主題要小心。關於他家，他告訴我：「別說你傍晚來到我家、我們坐在外面。說你是半夜來的。否則他們會認為，因為我們可以坐在院子裡休息，我們是達伊沙一夥兒的。」我告訴他別擔心。

至於強暴的事，雖然庫德斯坦愛國聯盟官員逼我透露細節，我仍拒絕承認有這種事發生。我家人固然愛我，但在我見到他們前，我真的不知道，如果他們，或整個亞茲迪社群，知道我已經不是處女，會在我回歸時作何反應。我記得哈吉．薩曼在他強暴我後輕輕對我說的：就算我逃走，我的家人在見到我的那一刻也會殺了我。「你毀了。」他說：「沒有人會娶你，沒有人會愛你。你的家人也不要你了。」就連納賽爾也擔心把我送回家裡，當他們發現我被強暴時會做何反應。「娜迪雅，他們在拍。我不信任他們。」他在庫德斯坦愛國聯盟的辦公室裡低聲跟我說：「你該等等，先看你的家人如何對待你。或許他們一旦得知事實就會殺了你也說不定。」這樣懷疑養育你的人是痛苦的事，但亞茲迪人很保守，並不允許婚前性行為，更沒有人預料這種事會同時發生在那麼多亞茲迪女孩身上。這樣的情況考驗著每一個社群，不論它有多深情，有多穩固。

一個官員給我們一些水和食物。我急著想離開。「我們應該要去扎胡跟我的家人會合。」我說：「時間晚了。」

「這是非常重要的案件。」他們告訴我：「庫德斯坦愛國聯盟官員會想知道你是怎麼被帶走又怎麼逃出來的詳情。」他們特別感興趣的是庫德民主黨敢死軍怎麼離棄我們。這我說了，也說了好戰分子怎麼來奴隸市場，先挑選最漂亮的女孩的事，當說到我被俘的經過時，我撒謊了。

「你被誰帶走？」採訪的人問。

「一個彪形大漢選了我，說你以後是我的人了。」我說，光想到薩爾萬就渾身發抖，「我說別想。我待在那個中心，待到有天看到四周沒有衛兵，終於能逃出來。」

然後輪納賽爾說話。

「那天大約凌晨十二點半或一點，我們聽到敲門聲。」他說。他在椅子上有點無精打采；穿著條紋T恤，他看起來比實際年輕。「我們很怕是達伊沙，而且有帶武器。」他形容我是個擔心受怕的女孩，以及他們怎麼幫我做身分證，和他怎麼裝成我丈夫、護送我離開摩蘇爾。

庫德斯坦愛國聯盟的敢死軍和維安部隊對納賽爾很滿意。他們謝謝他，把他當英雄看待，問他伊斯蘭國統治下的生活，並聲稱：「我們的敢死軍會對抗恐怖分子，直到他們統統從伊拉克消失。」他們很驕傲庫德斯坦是逃離摩蘇爾的人的避風港，也樂得提醒我們，遺棄辛賈爾的不是效忠庫德斯坦愛國聯盟的部隊。

「在摩蘇爾有成千上萬像娜迪雅這樣的女孩，」納賽爾告訴他們：「娜迪雅只是其中之一，而我把她帶來這裡。」訪談結束時已將近下午四點。

「現在你打算去哪裡？」官員問。

「達霍克附近的營區，」我說：「但首先要去艾比爾見我的姪子。」

「你的什麼人在達霍克？」官員問：「我們不想讓你進入危險的境地。」

我給他我同父異母兄弟瓦利德的電話號碼，他已在屠殺事件後和其他許多亞茲迪人一同加入敢死軍，想要戰鬥，也迫切需要薪水。我以為他們會信任同志，但那卻讓庫德斯坦愛國聯盟官員提防起來。掛掉電話後，官員問：「瓦利德是庫德民主黨的敢死軍？」然後自己回答：「如果是，你不該跟他走。你知道的，是他們讓你們不設防的。」

我什麼都沒說。就算對庫德族的政治了解不深，我已經察覺選邊站是不智的。「你剛才應該在訪談裡多說說那件事的。」官員說：「應該讓世界知道庫德民主黨敢死軍不管你們死活。」

「如果你要留在這裡，我可以幫忙。」他繼續說：「何況你有足夠的錢回家嗎？」

我們爭論了一會兒，官員堅稱我在庫德斯坦愛國聯盟的地盤比較安全，我則告訴他我非走不可。最後他了解他沒有辦法說服我。「庫德民主黨也好，不是庫德民主黨也罷，我想跟我的家人在一起。」我說：「我好幾個禮拜沒見到他們了。」

「好吧。」他終於讓步，並拿給納賽爾一張紙，「剩下的路程帶著這張。在檢查哨別用你們的身分證。出示這張。他們會讓你們通過。」

他們叫了一輛計程車載我們走完到艾比爾剩下的路程，先付了錢，並謝謝我們待了這麼久。納賽爾和我上車時沒說什麼，但我感覺得出來，通過那個檢查哨時，他跟我一樣鬆了口氣。

在那之後的每一個檢查哨，我們都出示這份文件，都立刻被放行。我倒在座椅上，想在到艾比爾見沙巴赫之前小睡一下。這時候的景致比之前還綠，農田和牧場維護得宜，沒有被棄置。類似克邱那樣有泥磚房屋和牽引機的小農村逐漸被較大的城鎮取代，城鎮又逐漸變成都市，其中有些坐擁華麗的大樓和清真寺，比辛賈爾的什麼都大。在這部計程車裡感覺很安全。打開車窗，就連空氣也比較涼爽宜人。

不久，納賽爾的電話嗡嗡作響。「是沙巴赫。」他告訴我，然後破口大罵：「他看到我們的訪問了！他們還是傳出去了。」

沙巴赫打來，納賽爾把電話給我。我的姪子很生氣。「你們為什麼要接受訪問？」他問我：「你們該等等的。」

「他們說不會傳出去的。」我告訴他：「他們保證過。」我又氣又惱，擔心我會害納賽爾和他一家人曝光，擔心此時此刻伊斯蘭國的好戰分子已經在敲希山姆和米娜的家門，準備嚴懲他們。納賽爾認識很多伊斯蘭國的人，他們也對他甚為了解。就算臉經過模糊處理（至少庫德斯坦愛國聯盟維安部隊信守這個承諾），他們也可能認出來他來。我不敢相信我的經歷竟然上了新聞，這些都是到目前為止如此私密，只有少數我信任的人知道的事。我好害怕。「這事關納賽爾一家人的性命，還有我們一家人的！」沙巴赫繼續說：「他們為什麼要這麼做！」我在椅子上呆住，差點哭出來。我不知道該說什麼。那支影片看來是對納賽爾的終極背叛，我好恨庫德斯坦愛國聯盟維安部隊讓它上新聞，無疑是要讓他們看起來比他們口中背棄亞茲迪人的庫德民主黨好心。「我寧可死在摩蘇爾也不要讓這支影片公諸於世。」我告訴他，而這是真心話。我們被庫德斯坦愛國聯盟利用了。

那支影片在我心裡糾結很久。我的哥哥很生氣我露了臉，還把家人供出來，納賽爾則擔心他的安危。赫茲尼說：「假如我們得打電話告訴希山姆，因為他幫助你，他的兒子死了，那是多可怕的事。」他們很氣我在攝影機前批評庫德民主黨敢死軍。畢竟，留置亞茲迪人的難民營都設在庫德民主黨的領土；我們又再次倚賴他們。我很快了解，我的故事，雖然我仍認為那是個人的悲劇，卻可能成為別人的政治工具，特別是在伊拉克這樣的地方。我得仔細斟酌我要說的話，因為同一句話對不一樣的人有不一樣的意義，而你的故事可能很容易反過來變成針對你的武器。

第八章

庫德斯坦愛國聯盟的文件在艾比爾外的檢查哨失效了。那個檢查哨很大，有混凝土防爆牆阻隔一排一排的車輛以防汽車炸彈，還以馬蘇德·巴爾札尼的照片做裝飾。這一次當敢死軍要我們下車，我們兩個都不驚訝，就跟著哨兵進入他主官的辦公室。那只是個小房間，盡頭，指揮官坐在一張木桌子後面。沒有攝影機，沒有圍觀群眾，但在面談開始前，我打給一直傳簡訊來問為什麼這麼久還沒到的沙巴赫，請他到檢查哨來。我們不知道這次面談會持續多久。

指揮官問了和庫德斯坦愛國聯盟維安部隊一樣的問題，我一一回答，也再次跳過強暴和有關納賽爾家人的細節。這一次我小心不要說有關庫德民主黨敢死軍的壞話。他記錄我說的每一句話，問完，他微笑地站起來。

「你所做的事情不會被忘卻的。」他告訴納賽爾，吻了他的雙頰，「阿拉愛你所為。」

納賽爾的表情完全沒變。「這不是我一個人做的。我所有家人都冒著生命危險協助我們到庫德斯坦這裡。」他說：「任何有一點惻隱之心的人都會做一樣的事。」

他們沒收了我的假摩蘇爾身分證，納賽爾的則原封不動交還。然後門開了，沙巴赫走了進來。

我的家族裡有好多男人都是戰士，我父親就有一長串英勇事蹟，死後仍為人稱道；賈洛在塔阿法跟美國人並肩作戰；從小就亟欲證明自己勇氣十足的薩伊德，拖著中彈負傷的腿和臂膀爬出亂葬崗。但沙巴赫仍是學生，只比我大兩歲。他在艾比爾的旅館工作是因為想多賺點錢，希望有朝一日能上大學，找到好工作，過比農人或牧羊人更好的生活。在伊斯蘭國來辛賈爾之前，他是這樣奮鬥的。

那場種族滅絕改變了每一個人。赫茲尼奉獻全部心力協助偷運者解放薩巴亞。薩伊德活在他倖存那天的夢魘中，一心只想戰鬥。沙烏德在乏味的難民營度日，試著平復生還者的罪惡感。馬立克，可憐的馬立克，在種族滅絕爆發時還是小男孩，如今已經成為恐怖分子，將他全部的生命，甚至對母親的愛，奉獻給伊斯蘭國。

至於沙巴赫，從沒想過要當士兵或警察的他，離開了艾比爾的旅館和學校，到辛賈爾山戰鬥。以往他很害羞、怯於表達情感，現在卻充滿不曾有過的男子氣概。

當我在檢查哨抱住他，開始哭泣，他要我保持冷靜。「這裡有很多官員，娜迪雅，我們不要在他們面前哭。」他說：「你都經歷那麼多了，現在安全了，你不應該哭。」他在這幾週長大好幾歲；我想我們都是。

我試著穩定情緒。「哪一位是納賽爾？」沙巴赫問，所以我指給他看。他們握了手。「我們去旅館吧。」沙巴赫說：「有一些亞茲迪人待在那裡。納賽爾，你跟我住，娜迪雅，你可以跟一些女生待在另一個房間。」

我們從檢查哨開了一小段路，便抵達市中心。艾比爾的形狀像不對稱的大圓，道路和房屋從一座古老的城堡呈放射狀開展，有些人類學家說那裡是世上最早持續有人居住的地方。城裡幾乎處處都可見到高大的沙色城牆，而城牆也跟艾比爾如今新穎摩登的其他地區呈現鮮明對比。艾比爾的路上都是白色的休旅車，開得飛快，沒什麼規則可以讓它們慢下來，街道兩旁則是購物中心和旅館，永遠都有興建中的新建築。我們抵達時，許多這樣的工地都轉作臨時難民營，為庫德自治政府解決龐大伊拉克和敘利亞逃難人口湧入的問題。

我們把車停在一家旅館，那裡小而單調，有幾張深色的沙發，窗戶掩蓋著紗質窗簾，地板鋪著亮晶晶的灰色磚。一些亞茲迪男人坐在大廳裡，跟我打招呼，但我很想睡覺，所以沙巴赫帶我去房間。房裡我見到一個家庭：一個老婦人和他的兒子和媳婦，兒子也在這家旅館工作。他們正坐在一張小桌子前，吃旅館餐廳供應的飯、湯和蔬菜。婦人一看到我就跟我打手勢，「過來坐。」她說：「跟我們一起吃。」

她大約是我媽的年紀，也跟我媽一樣穿飄逸的白連衣裙，戴白頭巾。見到她，我從離開摩蘇爾那間伊斯蘭國的房子後努力維繫的克制便化為泡影。我崩潰了，用盡全身力氣尖叫，幾乎站不起來。我為母親哭泣，當時我尚不知她的命運。我為兄長哭泣，我親眼目睹其中幾位被逼上絕路，而倖免於難的，也必須用餘生重拾我們家庭的碎片。我為凱薩琳、瓦拉和我的姊姊哭泣，她們仍被囚禁。我哭是因為我已經順利逃脫，而我不覺得自己配得上這種幸運；況且，我不確定這樣算不算幸運。

那個婦人走過來抱住我。她的身體也像我母親一樣柔軟。當我稍微平靜下來，卻注意到她也在哭，她的兒子和媳婦也在哭。「耐心的等待吧。」她告訴我：「你愛的每個人都有希望回來。別對自己那麼嚴格。」

我跟他們坐在桌前。我的身體感覺像虛無做的，彷彿隨時都會飄走。因為他們堅持，我喝了一點湯。那名婦人看起來很老，比她的年紀還老，白髮幾乎掉光，看得到底下粉紅色帶褐色斑點的嬌弱頭顱。她來自特艾札爾，而她近年來的人生是一場漫長的悲劇。「我其他三個兒子，全都未婚，死於二〇〇七年那場爆炸案。」她告訴我：「當他們喪命時，我告訴自己，我要等見到他們的屍體才要洗澡。我只洗臉，洗手，不洗澡。在清洗他們的身體入殮之前，我不想淨身。」

她看出我很疲倦。「女兒，」她說：「去睡覺吧。」我躺在她的床上，閉上眼，但睡不著。我一直想到她三個兒子、他們失落的屍體，和我的母親。「我把我媽留在索拉夫了。」我告訴她：「我不知道她後來怎麼了。」我又哭了起來。那一整晚，她躺在我身邊，我們一直哭一直哭。早上，換上凱薩琳的連衣裙後，我吻了她的雙頰。

「以前我常覺得，發生在我兒子身上的事，是一個母親最無法承受的事。」她說：「我一直希望他們死而復生，但現在我很慶幸，他們沒有活著見到我們在辛賈爾發生的事。」她拿白頭巾包住所剩不多的頭髮。「願神保佑，你的母親總有一天會回到你身邊。」她說：「把一切交給神吧。我們亞茲迪人，除了神，已一無所有了。」

◆

在旅館樓下大廳，我看到一個很眼熟的男孩，於是向他走過去。他是我克邱一個朋友的弟弟。「你知道她發生什麼事了嗎？」他問。

我最後一次看到他姊姊是在摩蘇爾，就是我被哈吉．薩曼帶走的那個市場。當蘿吉安和我離開時，她還沒有被選中，但我想她應該很快就被挑走。「相信有天她也會平安無事的。」我說。我已經明白，對許多身在庫德斯坦的亞茲迪人來說，我將是噩耗的信使。

「她連一通電話也沒有。」他說。

「在那裡打電話不容易。」我告訴他：「他們不希望我們打電話或聯絡任何人。我也是在逃出來以後才打給赫茲尼的。」

沙巴赫進入大廳，告訴我是前往扎胡的時候了。「納賽爾在那個房間。」他說，指著走廊上一扇未關的門，「去跟他說再見吧。」

我走到那個房間，推開門，納賽爾站在房間中央，而我一看到他就哭了。我替他難過。當我和他的家人住在一起時，我覺得像闖進別人生活的陌生人。我重新燃起未來的希望，結束逃亡，而現在我人在艾比爾，和我的姪子和其他亞茲迪人團圓。但納賽爾，卻得回溯我們可怕的旅程，回到伊斯蘭國。現在換我為他擔心了。

納賽爾也哭了起來。沙巴赫站在門口看著我們。「沙巴赫，我可以跟娜迪雅聊兩分鐘嗎？」他問：「說完話我就得走了。」沙巴赫點點頭，離開了。

納賽爾轉向我，一臉嚴肅。「娜迪雅，現在你在沙巴赫這裡，而且馬上要去跟其他家人會合。我沒有必要與你同行，但我需要問你一件事。你覺得安全了嗎？如果你還是害怕會出事，或他們會因為你曾淪為薩比亞而對你做什麼，我會留下來陪你。」

「納賽爾，不用。」我說：「你也看到沙巴赫是怎麼對待我，我不會有事的。」其實我沒有百分之百肯定，但我希望納賽爾走自己的路。庫德斯坦愛國聯盟影片之事已讓我萬分愧疚，我也不知道他多久以後會被人認出來。「別相信達伊沙描述亞茲迪人的話。」我告訴他：「我為你哭泣，因為你為我做了這麼多。你救了我的命。」

「這是我的責任。」他說：「僅此而已。」

我們一起離開房間。我想不出話來表達對他的捨命相助有多感激。過去兩天，我們一同分攤每一個驚恐和悲傷的時刻，每一個擔憂的眼神和每一個令人不寒而慄的問題。他在我身體不適時給我安慰，而在每一個檢查哨，他的平靜幫助我不致因恐懼而崩潰。我永遠不會忘記他和他一家人對我的恩情。

我不知道為什麼他可以那麼善良，而其他許多摩蘇爾人可以那麼可怕。我認為如果你是好人，發自內心的好，那麼就算你生長在伊斯蘭國的總部，你還是個好人，就像你可以被迫皈依不信的宗教，而你依然是亞茲迪人一樣。那是根深柢固的。「要小心。」我告訴他：「保重，離那些罪犯愈遠愈好。這是赫茲尼的電話。」我給他一張寫了赫茲尼手機號碼的紙條，還有他的家人支付的計程車資。「你隨時都可以打給赫茲尼。我永遠不會忘記你為我做的一切。你是我的救命恩人。」

「祝你幸福快樂，娜迪雅。」他說：「從今以後擁有美好的人生。我的家人會繼續試著幫助像你這樣的人。如果摩蘇爾有其他女孩想要逃脫，她們可以打給我們，我們會設法幫助她們的。」

「或許有一天，在所有女孩重獲自由，達伊沙從伊拉克消失後，我們會再次見面、聊聊這件事。」納賽爾說。然後他輕輕笑了起來。「娜迪雅，一切怎麼樣？」他說。

「很熱。」我回答，微微一笑。

「永遠不要忘記，」納賽爾說，逗我開心：「很熱，納賽爾，非常熱。」

然後，笑容離開他的臉龐，他說：「娜迪雅，願神與你同在。」

「願神與你同在，納賽爾。」我回答。當他轉身走向出口，我向塔烏西・美雷克祈禱，他和他的家人能到達平安的地方。而在我祈禱完之前，他已不見蹤影。

第九章

在納賽爾離開艾比爾後，我試著追蹤他和他家人的情況。一想到庫德斯坦愛國聯盟的影片，我就羞愧得無地自容，只能祈禱那不會置他們於險境。他只是個在貧窮社區長大的孩子，但赫茲尼和我都擔心他遲早會被恐怖分子纏上。多年來伊斯蘭國已在那個城市布滿眼線，以糾舉遜尼派的異議者和國家的不穩定因素。那裡的男人原本希望恐怖分子會像復興黨員，把他們的權力還給他們。就算他們已對伊斯蘭國幻想破滅，但在納賽爾從庫德斯坦回去時，男孩已變成士兵，以及更糟的——真正的信徒。米娜的兒子有辦法逃離戰場嗎？我到現在仍不得而知。

赫茲尼真的很擔心他們會出事。「他們幫助過你。」他說：「萬一他們因此受罰，我們該如何自處？」他非常嚴肅地承擔我們家長的責任。當然，從扎胡或之後的難民營，他什麼也做不成。赫茲尼跟希山姆和納賽爾通了兩次電話，然後一天下午他打去時，線上的聲音告訴他這個號碼已經斷線。在那之後，赫茲尼必須仰賴第二手資訊才能得知納賽爾一家人的情況。一天我們獲得消息，其實伊斯蘭國已查出納賽爾幫助過我，並逮捕巴夏爾和希山姆，但他們已讓好戰分子相信納賽爾是單獨行動。

那家人到二〇一七年伊拉克軍隊開始解放摩蘇爾時仍在城中，而此後資訊變得更難取得。赫茲尼輾轉得知納賽爾的一個兄弟在伊斯蘭國與伊拉克軍隊爭奪摩蘇爾與瓦迪哈賈爾聯絡道路的戰役中身亡，但我們不知詳情，亦不知其真假。那家人住在東摩蘇爾，是那年該城第一個解放的地區，他們可能已經逃離，也可能在戰爭中喪命。我聽說伊斯蘭國在伊拉克軍隊反攻時拿民眾當人肉盾牌，並找平民跟他們一起待在美軍想轟炸的建築裡。逃離摩蘇爾的人形容那裡宛如地獄。我們所能做的只有祈禱他們平安。

赫茲尼從伊斯蘭國進犯辛賈爾後一直待在扎胡的姑姑家，我們在過去那裡之前，先去了達霍克的醫院，薩伊德和哈利德仍在那裡養傷。難民營還沒建好，逃到庫德斯坦的亞茲迪人睡在任何能睡的地方：市郊、亞茲迪的人家擠滿未完工的公寓大樓、在混凝土地板搭援助機構提供的帳篷。高樓的牆還沒砌好，我路過時不免擔心裡面家庭的安危，也確實發生過幾次幼童墜樓事件，但他們沒有別的地方可去。所有辛賈爾人都擠在那些光禿禿的建物，而他們什麼家當都沒有。當援助機構帶食物來分配時，眾人衝刺和推擠，以確保能分得一袋。母親們會以最快的速度飛奔，只為拿到一罐牛奶。

赫茲尼、沙烏德、瓦利德和我的姑姑都在醫院等我。我們一見到彼此，全都相擁而泣，激動地問了一個又一個問題，好一會兒情緒才逐漸平息，我們才聽得到別人在說什麼。我簡短告訴他們我的遭遇，跳過強暴的事。姑姑嚎啕大哭，開始吟誦葬歌，哀悼者常一邊呼喊，一邊繞著屍體走，用力拍打胸口來表達痛苦，有時會持續好幾個小時，直到你喉嚨撕裂、兩腳和胸口麻痺。姑姑吟誦時靜立不動，但音量大到足以充塞整個房間，或許甚至是整個達霍克。

赫茲尼比較冷靜了。我那個平常感情用事的哥哥，每當有家人生病就會哭、追求吉蘭時大概可以當情詩集主角的哥哥，念念不忘本身歷劫餘生的奇遇。「我不知道神為什麼要赦免我。」他說：「但我知道我必須善加利用我的人生。」我一看到他寬大、親切、曬黑的臉龐和小鬍子，淚水就奪眶而出。

「別哭。」赫茲尼說，摟著我，「這是我們的命運。」

我走到薩伊德的病床邊。他的傷口讓他受盡苦楚，但比不上屠殺的記憶，以及那麼多人喪命、自己卻大難不死的罪惡感。就連沒被伊斯蘭國殺死的人，也已經失去了生命，一整個像我哥和我這樣失落的亞茲迪世代行走世界各地，心裡除了家人的回憶什麼都沒有，腦中除了要讓伊斯蘭國受法律制裁一片空白。薩伊德已加入敢死軍的亞茲迪分隊，渴望戰鬥。

「媽在哪裡？」我哭著抱住他。「沒有人知道，娜迪雅。」他說：「我們一有機會就會把索拉夫從達伊沙手中解放出來，拯救她。」

我同父異母的兄弟哈利德雖然中槍次數較少，傷勢卻比薩伊德嚴重。兩顆子彈粉碎了他的手肘，他需要人造關節，但達霍克的醫院拿不到這種東西。直到今天，他的手臂仍僵直地懸在身上，宛如樹木的枯枝。

◆

我初抵扎胡時，赫茲尼仍住在姑姑家附近一間蓋到一半的屋子，他從山上逃過來時就住的那裡。那是我姑姑和姑丈在自己土地上蓋的小屋，打算給他們的兒子和媳婦住，但他們不富有，所以得慢慢蓋，有一點額外的積蓄才這裡補補、那裡加加。與伊斯蘭國的戰爭讓施工完全停擺，當我抵達時，屋裡只有兩間空白混凝土牆的臥室，窗戶沒遮蓋，混凝土板之間的縫沒填補，風和塵土一直灌進來。以前我來這裡都是跟媽一起，沒有她，我覺得跟斷了手腳一樣。

我跟赫茲尼、沙烏德和同父兄弟瓦利德和納瓦夫住進那間未完工的屋子。薩伊德和哈利德出院後也加入我們。我們盡可能讓這屋子看起來像個家。當援助機構發放柏油帆布時，我們就拿來遮蓋窗子，發放食物時，我們仔細分配，盡量貯備於當廚房使用的小房間。赫茲尼從主屋拉長長的延長線到我們的房間，把燈泡掛上天花板，讓我們有光線。我們買了一些填料把牆中的縫隙填起來。雖然我們滔滔不絕地討論戰爭，但很少碰觸讓彼此心煩意亂的細節。

這裡唯有薩伊德和納瓦夫是未婚男子，他們的孤寂沒有我已婚的兄長那麼明顯。赫茲尼還沒有吉蘭的消息；我們只知道她和妮絲琳在哈姆達尼亞。我們也沒有沙烏德的妻子夏琳，和我同父兄弟妻子的音訊。我告訴他們我所知道關於伊斯蘭國的一切，以及我在摩蘇爾和哈姆達尼亞的所見所聞，但對於我在被俘期間發生的事，只含糊帶過。我不想證實他們最深的夢魘和伊斯蘭國對亞茲迪女孩的惡行，那只會讓我的兄長更痛苦。我沒問克邱的屠殺，因為不想讓薩伊德和哈利德想起他們的經歷。沒有人想要在別人的傷口灑鹽，加深別人的絕望。

雖然住著生還者，這棟屋子卻是悲慘之境。曾經活力充沛的哥哥們都像沒有靈魂的軀殼，白天醒著只因不可能一直睡一直睡。因為我是唯一的女性，我被期望要打掃和做飯，但我對這些事所知不多。以前在家，家事有我姊姊和嫂嫂負責，我只要念書，而現在，在臨時廚房裡笨手笨腳、馬馬虎虎地洗衣服，我覺得自己好沒用。我哥哥對我很好，知道我沒學過這些家事，都會幫忙，但我很清楚，一旦學會，這些將是我的責任。姑姑知道我不會做麵包，所以會多做一些帶來給我們，但那也是我該學會的技術。學校成了非常遙遠的記憶。

我已經逃離伊斯蘭國，也在家人身邊，但每每回想，仍覺得就算我有幸能長大，我的人生將是一連串的不幸。不幸之一，我被伊斯蘭國俘虜，再來，我過著一貧如洗的日子，一無所有，沒有自己的地方，仰賴他人給我們食物，沒有土地，沒有綿羊，沒有學校，只有我大家庭的一小部分，等待難民營設置，等待難民的帳篷換成貨櫃屋。然後等待克邱被解放，我覺得可能永遠不會有那麼一天：我的姊姊獲釋，母親在索拉夫得救。我天天都在哭。有時和姑姑或哥哥一起哭，有時自己在床上哭。每每作夢，都會夢到被送回伊斯蘭國，又得再次逃脫。

我們學會如何善加利用援助機構提供的物資。大卡車滿載一袋袋米、扁豆和麵糰，每週會來一次，車上也有一些食用油和罐裝的番茄。我們沒有儲藏室也沒有冰箱，所以有時存放的食物會壞掉或引來老鼠，我們就得把整包糖和麥片丟掉，所幸後來我們找到一個空油桶，把它清理乾淨，拿來儲存食物。扔棄食物是令人心痛的事；沒有錢買更多食物，我們只能省吃儉用，直到下一輛卡車來扎胡。天氣變冷後，姑姑給我一些暖和的衣物，但我沒有內衣、胸罩和襪子，我也不想開口要東西，只好有什麼用什麼。

赫茲尼的電話常響，而電話一響，他就會去外面接，不讓我們其他人聽到。我亟欲知道他獲得什麼樣的資訊，但他只會跟我透露一點點，我想那是因為他不想讓我煩惱。一天他接到艾德姬的來電，去院子裡講。回來時，他的眼睛紅了，好像哭過似的。「她在敘利亞。」他告訴我們。她雖然跟我們的姪子在一起，她在索拉夫聲稱那是她的兒子，但她擔心伊斯蘭國隨時會發現她撒謊而把男孩帶走。「我嘗試在敘利亞找偷運者。」他告訴我們：「但從那裡把女孩帶出來比伊拉克還難，而且艾德姬不想丟下任何人。」雪上加霜的是，敘利亞的偷渡網絡和伊拉克各自發展，更增添赫茲尼帶出艾德姬的難度。

姑姑是我第一個吐露完整經歷的對象，包括強暴。她為我哭泣，緊緊抱住我。傾訴是一種解脫，我再也不擔心亞茲迪人會因為我發生的事排斥或怪罪我了。我們有太多人被伊斯蘭國殺害或綁架，因此倖存的人，不管有過什麼樣的遭遇，都必須齊心協力修補剩下的一切。話雖如此，大部分逃出魔掌的薩巴亞仍像我一開始一樣，絕口不提在伊斯蘭國的經歷，而我可以理解為什麼。這是她們的悲劇，她們有權利不告訴任何人。

蘿吉安是在我之後第一個成功逃脫的。她在凌晨兩點到姑姑家，仍穿著伊斯蘭國給她的罩袍。我還來不及問她問題，她就問了：「其他人情況怎麼樣？」而赫茲尼得一五一十地告訴她。告知是一種負擔。看蘿吉安在聽到我們村民和家人的遭遇時面容扭曲，是件殘忍的事。男人被證實身亡，被帶走當薩巴亞的女孩大多仍在伊斯蘭國手裡。聽完，蘿吉安悲不可抑、徹底崩潰，我擔心她會在姑姑家想不開，就像赫茲尼在一個月前得知克邱大屠殺實情時那樣。但她克服了悲痛，我們非這樣不可。而在她抵達的那天上午，我們搬進難民營。

第十章

通往難民營的路是狹窄的泥土路，讓我想起進克邱的路在鋪柏油以前的樣子，而那天上午我們抵達時，我試著想像其實我是要回家。但任何熟悉的事物只是讓我更明白昔日已遠，徒添傷悲。

從遠方，你可以看到營區數百棟白色的貨櫃屋散布在伊拉克北部的低矮山坡，兩棟之間隔著一條通常下雨就會積水的泥土小徑、淋浴間或臨時廚房。營區四周設了圍籬，說是為了我們安全起見，但孩子們已經在金屬接觸土壤的地方拗出洞，可輕易穿出去到外面的原野踢足球。在營區的入口，較大的貨櫃屋是援助機構和政府的辦公室，以及診所和教室。

我們在十二月搬來，那時在伊拉克北部已開始轉冷，而就算扎胡那棟未完工的屋子較能禦寒，我還是期待擁有自己的空間。貨櫃屋相當寬敞，而我們有幾間毗鄰的可用：一間用作臥房、一間當起居室、一間當廚房。

這個營區不怎麼順應伊拉克北部的季節。冬天來臨，活動房屋間的通道就泥濘不堪，很難不在屋裡留下爛泥。我們一天只有一小時有水，而所有貨櫃屋共用一部暖氣機。沒開暖氣，冷空氣就會在牆上凝結，滴到床上，所以我們會在濕漉漉的枕頭上睡著，在刺鼻霉味中醒來。

營區各處，民眾賣力重建被奪走的生活。能做你以往在家做的事是種安慰，就算只是做做樣子。在達霍克的難民營裡，例行事務和在辛賈爾一樣。女人著魔般做飯和打掃，彷彿如果做得夠好，就可以被送回自己的村落，從亂葬崗喚醒她們的男人，回到以往的生活。每天，當她們的拖把放回角落，麵包統統烤好，沒有家、沒有丈夫會回家的事實會再次把她們壓垮，她們會哭泣，嚎啕痛哭，讓貨櫃屋的牆壁為之震動。我們在克邱的房子總是充滿聲音，有孩子在嬉戲，難民營則相對安靜。我們甚至懷念家人爭執的聲音：那些爭吵宛如最美的音樂迴盪在我們的腦海。我們沒辦法找工作或上學，所以哀悼死者和失蹤者成了我們的職責。

難民營的生活對男人更加艱難。那裡沒有工作，也沒有車去城裡謀職。他們的妻子、姊妹、母親被俘，兄弟和父親亡故。在我幾個哥哥加入敢死軍或警察之前，除了伊拉克政府和一些援助機構發放給種族滅絕生還者的津貼，我們沒有任何收入。最重要的援助機構是名為亞茲達（Yazda）的亞茲迪權利組織，以一群散居世界各地、放下一切協助種族滅絕受害者（我也將為他們奉獻生命）的亞茲迪人為首，很快成為各地亞茲迪人的希望源頭。每當他們過來發放食物，我們就會飛奔過去，有時我們會錯過卡車，因為車子有時會停在營區這一側，有時會停另一側。有時食物感覺已經腐敗，我們會抱怨米在炊的時候聞起來跟垃圾一樣。

夏天來臨，我決定採取主動。我去附近一塊田地工作，那裡的庫德族農民在雇用難民採收哈密瓜。除了微薄的薪資，「如果你工作一整天，我們會供應晚餐。」他保證，所以我就做到夕陽快要西下，從瓜藤摘下沉甸甸的瓜。但當他端出我們的晚餐時，我差點作嘔。那是難民營的變質米，在盤子裡難看又難聞。我好想哭，因為原來那個農民是這樣看我們的，因為我們很窮又住在難民營，他給我們吃什麼都可以，而且我們應該感激。

我們是人！我想告訴他。**我們原本有家，有美好的人生。我們不是賤民。**但我保持沉默，吃下我所能吃的噁心食物。

但回到田裡，我又開始氣惱。**我會完成今天的工作**，我想。**但明天要我再來為這傢伙做事，門都沒有。**有些工人開始聊伊斯蘭國。對於那些在恐怖分子入侵前逃離家鄉的難民來說，我們這些曾被俘虜的人令人好奇，他們總愛問我在伊斯蘭國控制下的生活是什麼樣子，彷彿在追什麼動作片的劇情似的。

那個農民走到我們背後。「你們哪個是從達伊沙出來的？」他問，其他人指著我。我停下工作。我以為他要說他很抱歉之前那樣對待我們，說假如他早知道難民營裡有伊斯蘭國的倖存者，他會對我們好一點。但他只是想聊聊敢死軍有多棒。「噢，達伊沙快完蛋了。」他說：「你知道敢死軍有多能幹。他們幹得真好，而我們為了拯救許多伊拉克人，也失去了不少敢死軍。」

「你知道我們失去多少生命嗎？」我忍不住回嘴：「成千上萬人喪命。那些人因為敢死軍選擇撤離而喪命。」農民就此打住，轉身離開，而一個年輕的亞茲迪男人轉向我，很生氣。「請不要說那種話，」他告訴我：「做你的工作就好。」當那天工作結束，我去找帶頭的亞茲迪人說我不想再為那個農民幹活時，他怒氣沖沖地瞪著我。「那個農民說我們都不用再來了。」他說。

我很愧疚，因為我的一句話害所有人失去工作。但很快地，這成了傳遍營區的笑談。當我離開難民營，開始在伊拉克以外訴說我的故事，一個朋友拜訪營區，向我在那裡的朋友埋怨說，我對敢死軍太客氣了。「娜迪雅該告訴全世界他們對我們幹的好事！」他說，而一個亞茲迪人大笑起來，「她從一開始就那樣說了，我們還因此統統被開除呢！」

◆

狄瑪兒在二〇一五年元月一日凌晨四點抵達難民營。她到現在還會逗我，她到的時候我正在睡覺。「真不敢相信我在逃命，你還睡得著！」她這麼說，但我緊緊抱住她。「我熬到凌晨四點呢，」我告訴她：「你來晚了！」我確實努力熬夜不睡，撐到頭昏腦脹受不了，而我意識到的下一件事就是我姊站在我床邊了。她在土耳其和敘利亞邊界跑了好幾小時，兩隻腳都在流血，被邊界圍籬的有刺鐵絲網割傷。當然，情況原本有可能更糟：她可能被邊境巡警發現而射殺，或踩到地雷。

狄瑪兒回歸的感覺就像大傷口痊癒。但我們並不開心。我們緊擁彼此，一直哭到早上十點，然後她開始迎接川流不息的客人，他們也都來她身邊哭泣。我們到隔天早上才有機會談到其他人。那是狄瑪兒回歸後，最難熬的一刻。早上我在床墊醒來，聽到身邊的她用哭到沙啞的聲音問：「娜迪雅，其他家人在哪裡？」

同一個月，艾德姬也奮力脫逃了。我們擔心到快發狂，幾乎完全沒有她的消息。幾週前一位女性逃出敘利亞，順利抵達難民營。她告訴我她曾跟艾德姬一起待在敘利亞。我們亟欲知道細節，求她告訴我們她所知的一切。「他們相信艾德姬是媽媽。」她告訴我們：「所以會等一段時間才碰她。」艾德姬一心一意保護我們姪子密朗安全。「她告訴我，如果我答應照顧密朗，她會自我了斷。」那個女人告訴我們：「我告訴她耐心等，我們總有一天會逃出去，但她快瘋了。」

聽到她這麼說，我們最擔心艾德姬。我們開始為她、為信仰虔誠且會因為男人認為她不可能學會開車便朝他們發怒的姊姊、以及我們可愛的姪子哀悼。然後，突如其來，艾德姬打了赫茲尼的電話。「她們在阿夫林（Afrin）！」我哥欣喜若狂地告訴我們。阿夫林在庫德族控制的敘利亞，不是伊斯蘭國的一部分。那裡由敘利亞的庫德族人防禦，而我認為既然那些戰士幫助過亞茲迪人逃離山區，他們一定會幫忙我姊的。

艾德姬和密朗逃出拉卡後，獲得一個阿拉伯牧羊人和他的一家人收留。她們在那戶人家待了一個月又兩天，他們拚命思索將她平安送出伊斯蘭國領土的方式。牧羊人的女兒跟一個住阿夫林的男人訂婚，於是那家人等到結婚當天，他們有充分理由一家北上的日子。後來赫茲尼告訴我們，其實他早就知道艾德姬跟那個牧羊人家庭在一起，但沒有說出來，因為不希望我們抱持太大的希望。

從阿夫林那通電話打來兩天後，艾德姬拖著密朗抵達難民營。這一次我跟狄瑪兒等到早上六點。我們擔心得告訴艾德姬其他人的遭遇，就我們所知有哪些人身亡，哪些人失蹤，但我們其實不必告訴她。她心裡有數，從此，艾德姬便在我們哀傷的小世界一起生活。

我們三姊妹都能逃出來堪稱奇蹟。在伊斯蘭國進犯辛賈爾後的三年之中，亞茲迪人以各種離奇的方式逃離奴役。有些是像我這樣得到好心當地人的幫助，有些女孩則由家人或政府付錢（有時是一大筆錢）給偷運者或直接給那個伊斯蘭國成員贖回。要救出一個女孩，大約要花五千美元，其中大半——赫茲尼形容為「可以買一部新車的錢」——交給行動首腦，讓他運用在阿拉伯和庫德伊拉克各地的人脈，協調救援行動。那筆錢要轉給許多中間人，司機、偷運客、偽造文件者，才能讓一個女孩重獲自由。

每一個逃脫的故事都不可思議。一個克邱女孩被帶到伊斯蘭國在敘利亞的首府拉卡，和一大群女性被押在一間結婚會堂等候分配。絕望的她試圖拿打火機點丙烷罐燒了會堂，但馬上被發現。然後她給自己催吐，一個伊斯蘭國好戰分子要她出去，她就和一群女孩跑進會堂附近的漆黑農田裡。最後她們被一個路過的農人告發。但她很幸運，幾週後，買下她的那個男人的妻子協助安排她逃出敘利亞。不久後，那名妻子因闌尾炎而死；顯然伊斯蘭國裡沒有外科醫生能救她。

吉蘭被俘虜了兩年多，赫茲尼才有辦法用最縝密而高風險的計畫救她出來。吉蘭俘虜者的妻子後來對丈夫虐待亞茲迪女孩的事情備感厭煩，因而打電話給赫茲尼，表示願意協助。她的丈夫是伊斯蘭國的高階成員，也是反伊斯蘭國聯盟鎖定的目標。「你得先讓丈夫被殺才行。」赫茲尼告訴她：「這是唯一的途徑。」她答應了。

赫茲尼讓那名妻子和一個會和美國人配合攻擊伊斯蘭國目標的庫德族指揮官聯繫。「你丈夫一離開家門就跟他說。」赫茲尼指示，於是隔天那名好戰分子的座車就遭到空襲了。一開始妻子不相信赫茲尼所說，她的丈夫死了。「為什麼沒有人在講這件事？」她說。她怕丈夫只是逃走，以後會發現她的所作所為。她想要見他的屍體。「屍體也被毀了。」赫茲尼告訴她：「基本上車子被炸個粉碎。」

現在這些女子必須等候進一步指示，而她們只有一絲機會可讓吉蘭平安離開。過了兩、三天，在官方證實那名好戰分子確實身亡後，其他伊斯蘭國成員來他家裡，要把吉蘭帶走。他們敲門時，那名妻子前去應門。「我們的薩比亞跟我的丈夫在車子裡。」她告訴他們，試著不讓聲音顫抖，「她也死了。」好戰分子信以為真便轉身離開，而他們一走遠，吉蘭和那名妻子就被偷運到伊拉克軍隊的前哨基地，再輾轉到庫德斯坦。她們離開後不久，房子也被轟炸。「達伊沙以為她們都死了。」赫茲尼告訴我。

其他人就沒那麼幸運了。二〇一五年十二月，在我參加德國政府協助亞茲迪受奴役者的計畫而和狄瑪兒離開難民營，並轉往德國後幾個月，我獲悉他們在索拉夫找到一座亂葬崗。那天早上我查看手機時，裡面都是艾德姬和赫茲尼傳來的訊息。他們常打來告訴我家人的最新消息，特別是薩伊德，他已如願加入庫德民主黨敢死軍新成立的亞茲迪分隊，在辛賈爾戰鬥。「薩伊德在索拉夫附近，」艾德姬在我回電給她時這麼說：「我們很快就會知道那裡發生什麼事了。」

那天狄瑪兒和我本來該去上德文課，但我們動不了。我們整天坐在公寓裡等消息。我聯絡上一個採訪收復索拉夫戰鬥的庫德族記者，而他、薩伊德和艾德姬讓我的電話幾乎整天響個不停。除了看電話，狄瑪兒和我都在祈禱我們的母親能被發現還活著。

下午，記者打來了。他聲音低沉，我頓時明白他捎了壞消息來。「我們找到一座亂葬崗。」他說：「在學校附近，看起來大約有八十具屍體，女性。」我聽著他說，然後放下電話。我沒辦法告訴狄瑪兒或打電話給艾德姬或赫茲尼說我們的母親，那麼多年來熬過那麼多風風雨雨的母親，死了。我雙手不停顫抖。然後狄瑪兒的手機嗡嗡響起；她收到我家人傳來的簡訊。大家都放聲大哭。

我動不了。我打給薩伊德，而他一聽到我的聲音就哭了。「我在這裡的工作毫無意義。」他說：

「我已經打了一年的仗，什麼東西也沒發現，什麼人也沒找到。」我求赫茲尼讓我回難民營參加葬禮，但他不肯。「我們沒有尋獲她的遺體。」他說：「而且軍隊還在索拉夫。就算你來了，他們也不會讓你靠近墓地。那裡對你並不安全。」他說。那時我已經展開社運工作，天天受到伊斯蘭國的威脅。

在母親證實身亡後，我寄望凱薩琳——我溫柔體貼的姪女、我最好的朋友，每個見過她的人都愛她——能逃出來和我們團聚。如果我要在沒有母親的情況下度過餘生，需要她在身邊。赫茲尼也將哥哥的女兒視如己出，一直竭盡所能設法讓凱薩琳逃到安全的地方，但功敗垂成。凱薩琳也多次企圖逃離，在哈姆達尼亞和摩蘇爾都試過，但全都失敗。赫茲尼在手機裡留著她的一段語音，凱薩琳求我哥：「拜託這次要救我出去。別讓他們關住我。這次拜託救救我。」赫茲尼會邊放邊哭，誓言不成功不罷休。

二〇一五年，我們有了突破。赫茲尼接到一個垃圾收集人員的來電，從吉爾庫克外一個打從戰爭初期就是伊斯蘭國根據地的小鎮打來。「我在伊斯拉姆醫生的房子收垃圾。」他告訴我哥：「一個叫凱薩琳的女孩出來，請我打電話跟你說她還活著。」那位垃圾收集員怕伊斯蘭國會發現他打了那通電話，告訴赫茲尼不要再聯絡他。「我不會再回那棟屋子去了。」他說。

逃跑很難。那個鎮少說有十萬名遜尼派阿拉伯人，而伊斯拉姆醫生是伊斯蘭國內的高階分子。不過赫茲尼在那個鎮上有人脈，而用通訊軟體Telegram可以聯絡上凱薩琳。聯絡人叫凱薩琳去一家醫院。「附近有家藥局，」他說：「我會在裡面，手裡拿著黃色的文件夾。看到我，別跟我說話，就走回你被拘禁的屋子，我會注意你回哪裡，這樣就知道那在什麼地方了。」凱薩琳答應了。偏偏她快到醫院時遇到空襲，她驚恐萬分，立刻回到那間屋子，沒有跟聯絡人碰到面。

接下來赫茲尼試著透過一些不支持伊斯蘭國而受困鎮上的阿拉伯人幫忙。他們在附近的村子有一間房子，可以去那邊而不被大檢查哨攔下；他們答應把凱薩琳藏在那裡。透過他們，赫茲尼得以和凱薩琳互傳信息。凱薩琳說在醫院遭到空襲後，他們已經搬到市區的另一間屋子。她向新聯絡人描述特徵，於是新聯絡人帶著他的妻子去那個地區，敲了多戶人家的門，表示他們想在附近租房子。當他敲到凱薩琳被囚禁的那間屋子，另一個薩比亞前來應門。那是年僅九歲，也來自克邱的艾瑪絲。在她身後，他看到我的姪女和拉米雅，我朋友瓦拉的妹妹。三個人都被伊斯拉姆醫生據為己有。「明天上午，如果屋裡沒有好戰分子，就在窗戶掛一條毯子。」聯絡人低聲對凱薩琳說：「九點半過後，如果我看到毯子，就知道過來是安全的。」凱薩琳雖然害怕，但還是答應了。

那天早上，他開車慢慢經過屋子。一條毯子掛出窗戶，他便下車敲門。三個亞茲迪薩巴亞，凱薩琳、拉米雅和艾瑪絲，跑出來上了他的車。在三個女孩平安抵達附近村落後，聯絡人打電話給赫茲尼，赫茲尼便匯了一些錢過去。

三天後赫茲尼找到偷運者願意以一萬美元的酬勞，帶三個女孩和幫助他們的阿拉伯人到安全的地方。但沒有適當的文件，他們必須在晚上步行越過庫德邊界。「我們會帶她們到河邊，」偷運者告訴赫茲尼：「在那之後會有另一個人載她們去找你。」午夜，第一個偷運者打電話給赫茲尼，說他已順利轉手。於是我的家人著手準備迎接凱薩琳來營區。

赫茲尼整晚守在手機旁，等那通告訴他凱薩琳已來到庫德族地盤的電話。他迫不及待要見她。但那一晚，手機始終沒響。反倒在隔天下午大約一點半時，一個庫德族男人打電話來，問凱薩琳、拉米雅和艾瑪絲是不是我們的人。「她們人在哪裡？」赫茲尼問。

「拉米雅，她傷得很嚴重。」那個男人告訴赫茲尼。她們在試圖進入庫德斯坦時踩到土製炸彈，直接在她們腳下爆炸。拉米雅全身大半三度灼傷。「求神保守另外兩位的靈魂，她們過世了。」完畢。赫茲尼的手機掉落地上。他覺得好像被人開槍擊中一樣。

這件事發生時我已經離開伊拉克了。赫茲尼曾在她們抵達第一個偷運者家裡後打給我，告訴我凱薩琳平安無事。想到能再見到我的姪女，我欣喜若狂，但那晚我卻做了可怕的噩夢。我夢到我堂哥蘇萊曼站在供應克邱電力的一部發電機旁邊。夢裡，我跟哥哥馬蘇德和母親一起走過去，當我們靠近蘇萊曼時，才看到他已經死了，動物正在吃他的屍體。我醒來，渾身是汗，早上我就打電話給赫茲尼問：「發生什麼事了？」於是他告訴我。

這一次赫茲尼答應讓我回伊拉克參加喪禮。我們在凌晨四點抵達艾比爾機場，直奔醫院看拉米雅。她沒辦法說話，臉嚴重燒傷。然後我們轉往吉爾庫克拜訪幫助凱薩琳和其他女孩逃逸的那個阿拉伯人家。我們想找到凱薩琳的屍體，以便遵循亞茲迪傳統將之埋葬，但那家人幫不上忙。「她們一踩到炸彈，她和艾瑪絲就當場斃命了。」他們告訴我：「我們載拉米雅去醫院，但沒辦法同時載運屍體。現在她們在伊斯蘭國手裡。」

誰也安慰不了赫茲尼。他覺得自己辜負了姪女。他到現在還在聽她那段懇求的語音，折磨自己。「這次拜託救救我。」她說。當我聽到那句話時，可以想像凱薩琳滿懷希望的臉，還有赫茲尼淚流滿面的臉。

我們開車去難民營。那看起來跟將近兩年前我和哥哥搬進來時沒什麼兩樣，不過民眾已把貨櫃屋整頓得更像家，掛了帆布讓戶外空間有些蔽蔭，室內也用家庭照片裝飾。有些人已找到工作，屋與屋間也有更多汽車停駐。

當我們靠得更近，我可以看到艾德姬、我同父異母的姊妹，和其他女性長輩一起站在戶外。她們正拉著頭髮，舉手向天，祈禱、哭泣。凱薩琳的母親艾絲瑪淚流不止，醫生擔心她可能會失明。還沒進營區大門，我就聽到葬曲的聲音，而當我們到達家人的貨櫃屋，我加入姊姊們，一起繞圈走，搥胸，慟哭。我覺得所有被俘和逃脫的傷口又綻開了。我不敢相信我再也見不到凱薩琳和我的母親了。就在那一刻，我明白我的家真的毀了。

第十一章

亞茲迪人相信塔烏西．美雷克初至塵世聯繫人類與神之處，在伊拉克北部名為拉利什的美麗山谷。我們會盡量多去那裡祈禱，重新和神及祂的大天使交流。拉利什遙遠而平靜；前往那裡的路途要開車沿一條狹窄的小路前進，蜿蜒穿過一座綠色山谷，行經較小型陵墓和聖堂的圓錐型屋頂，爬上一座山丘到那個村落。在例如新年等重要的節日，那條路上都是朝聖的亞茲迪人，而山谷的中心宛如節慶。在一年其他時候，那裡靜謐無聲，只有少許亞茲迪人在光線昏暗的聖堂裡祈禱。

拉利什必須保持清新純樸。甚至在街上，訪客也必須脫鞋光著腳走，而每天都有一群志工協助維護聖堂和聖堂的地面。他們會打掃庭院、修剪聖樹、刷洗走道、一天數度穿過昏暗的聖堂，用當地橄欖樹提煉的香油點燈。

我們進入前會先親吻聖堂的門框，再親吻入口，小心不要踩到入口；入內後，我們會把五顏六色的絲帶繫成結，每一個結都代表一個心願和一次祈禱。在重要的宗教場合，巴巴教長會蒞臨拉利什，在主聖堂等待朝聖者，在他們旁邊祈禱並為他們祈福。聖堂是阿迪教長之墓，他在十二世紀傳播亞茲迪教，是我們最神聖的人物之一。白泉流經拉利什。我們會在外頭，泉水聚集成大理石般的池水之處。而在阿迪教長陵寢底下潮濕、幽暗、凝結的水滴潸潸流過粗糙壁面的洞穴裡，我們會在泉水分道和終止處一邊祈禱，一邊把水潑到身上。

赴拉利什的最好時間是四月，亞茲迪新年前後。那時正值季節變換，新降的甘霖會挹注神聖的白泉。四月，岩石還不會燙，我們可以踩著行進，泉水也夠冰涼，助我們神清氣爽。山谷清新秀麗，重現生機。

拉利什距克邱四小時車程，而去一趟的開銷太大，油錢、飲食支出、放下田裡的工作，更別說許多家庭獻祭的動物，讓我們沒辦法常去，但我常夢到成行。我們家裡擺了許多拉利什的照片，也可以在電視上看到有關山谷及常駐教長的節目，以及看朝聖者一起跳舞。不像克邱，拉利什水源豐沛，而那些水更孕育了讓山谷五彩繽紛的花草樹木。聖堂是用古老的石頭砌成，用我們的故事裡的象徵做裝飾。但最重要的是，塔烏西．美雷克就是在拉利什這裡第一次和人世接觸，賦予人類使命，並做為人與神的聯繫。就算我們可以在別的地方禱告，在拉利什聖堂裡的祈禱仍最具意義。

我十六歲的時候到拉利什受洗。我恨不得那天趕快來臨，而在那之前的幾週，母親說什麼我都聽。她要我們尊重其他朝聖者和山谷裡的每一樣東西，還有絕對不可以穿鞋或留下髒亂。「不可以吐口水、不可以罵人、不可以有不規矩的行為。」她告誡我們：「別踩聖堂的入口。要親吻入口。」

就連平時最調皮的薩伊德也謹遵她的教誨。「這是你要受洗的地方。」她指著一張相片告訴我，那是一個挖入地下的石槽，源自白泉的一縷清泉，如絲帶般流經馬路。「也是你要為家人祈禱的地方。」我從來沒有因為到十六歲還沒受洗就覺得自己有哪裡不好，那不代表我不是「真正的」亞茲迪人。我們很窮，所以神不會因為我們延後這段旅程就批判我們。但我很高興那終於成真。

我和幾個亞茲迪同胞一起在白泉行浸禮，男生女生都有。一個拉利什的女守護員拿一只小鋁碗舀了清涼的流水，從我頭上澆下去，然後要我一邊禱告，一邊多潑一點在臉和頭。然後她拿一塊白布包住我的頭，我將一點錢，一點奉獻，放在旁邊一塊石頭上。凱薩琳也跟我同時受洗。「我不會讓祢失望。」我輕聲對神說：「我不會回頭。我會向前走，待在這條路上。」

當伊斯蘭國進犯辛賈爾，我們都很擔心拉利什會出事，擔心伊斯蘭國會摧毀我們的聖堂，就像他們對其他許多人一樣。逃出伊斯蘭國的亞茲迪人來神聖的拉利什避難，由聖堂的僕人和巴巴教長及巴巴僧人的祈禱守護。逃離家園到聖谷來的亞茲迪人無不因大屠殺而惶惶不安和身心受創，相信伊斯蘭國隨時會席捲我們的聖堂。

有一天，一個逃亡的亞茲迪年輕爸爸，和他的兒子坐在聖堂院子的入口。他數夜未眠：他一直想到死去的人和被挾持的女性。回憶太沉重。他從皮帶拔起槍，沒有人來得及阻止，他已開槍自盡，就在聖堂入口，自己兒子旁邊。聽到槍聲，以為是伊斯蘭國來了，住在那裡的亞茲迪人開始湧入庫德斯坦的地盤。只有僕人和巴巴僧人留下清理死者的血跡，讓他入土為安，繼續等待接下來的事。他們已經準備好在伊斯蘭國到來時赴死。「如果這地方遭到破壞，我還擁有什麼？」巴巴僧人這麼說。但恐怖分子始終沒有進到山谷裡。神守護了這裡。

大屠殺後，隨著女性慢慢逃出伊斯蘭國的魔掌，我們不知道下一趟拉利什之行會是什麼情況。我們需要聖堂和聖堂的慰藉，但一開始沒有人確定那裡的聖者會怎麼看待逃跑的薩巴亞。我們已改宗伊斯蘭，多數也失去貞操。也許沒有人在意我們是不是被迫違背心意。從小到大，我們都知道這些是重到可以逐出亞茲迪社會的罪。

我們不該低估我們的宗教領袖。八月底，大屠殺餘悸猶存，他們就集會決定最適當的回應。他們很快定案，宣布歡迎前薩巴亞回歸社會，不會因為自身遭遇而被評判。不會因為被迫皈依伊斯蘭而被視為穆斯林，而因為我們是被強暴，我們是受害者，而非敗德的女人。巴巴教長親自會晤逃脫的生還者，提供指引，要我們放心，我們依舊是亞茲迪人。緊接著在九月，我們的宗教領袖撰寫正式聲明告知所有亞茲迪人：我們的遭遇並非我們之過；如果他們信仰虔誠，就應張開雙臂歡迎薩巴亞回歸社群。這充滿同情的一刻，讓我更深愛我的社群了。

話雖如此，無論巴巴教長說了或做了什麼，我們都無法感覺自己是完全正常的。我們全都毀損了。女人會無所不用其極地淨化自己。很多倖存者進行「處女膜重建手術」，希望抹去強暴的記憶和恥辱。難民營裡有兩位治療倖存者的醫師提供這項服務，他們會若無其事地說：「來治療。」彷彿只是要做普通的檢查。「只需要二十分鐘。」他們告訴我們。

我很好奇，所以跟一些女孩去了診間。「如果你想回復處女狀態，只需要動個簡單的手術。」醫生說。我認識的一些女孩決定去做，但我說不要。一個「簡單的手術」怎麼可能抹去哈吉·薩曼多次強暴我的記憶，怎麼可能讓我淡忘他允許衛兵輪姦我，做為試圖逃跑的懲罰？那些侵犯造成的傷害不是僅在身體某個部位，不是僅在身體，所以不是一項手術可以修復的。不過，我可以理解為什麼其他女孩要做。我們迫切需要安慰，什麼樣的安慰都可以，而如果這項手術能幫助她們想像一個正常結婚生子、建立家庭的未來，那我會為她們感到高興。

至於我，我很難想像我的未來。小時候在克邱，我的世界好小，而且有滿滿的愛。我只需要為家人擔心，而種種跡象都告訴我，我們都會過得愈來愈好。現在，就算所有女孩都活下來，努力恢復原狀，願意娶我們的亞茲迪男孩在哪呢？他們都在辛賈爾的亂葬崗裡。我們的社會幾乎全毀了，而亞茲迪女孩將過著和小時候想像截然不同的生活。我們不會追尋快樂，只會求生存，以及，如果可能，用我們隨機保住的生命，做些有意義的事。

在難民營住了幾個月後，開始有社會運動人士跟我接觸，其中一位跟我要罩袍。「我在蒐集種族滅絕的證據。」她說：「我想在未來成立紀念館。」另一位，在聽了我的故事後，問我是否願意到英國把遭遇告訴官員。我答應了，沒料到這一趟旅程將徹底改變我的人生。

在營區的最後幾個月，我都在前往德國的準備工作中度過。狄瑪兒和我都要移居，但艾德姬不肯。「我永遠不會離開伊拉克。」她告訴我們。她向來固執，而我很羡慕她。德國固然會有學校可上，有安全的新人生，但伊拉克永遠是家鄉。

我們為這次行動經歷繁文縟節，也去了巴格達申辦護照。這是我第一次去伊拉克的首都，也是第一次坐飛機。我在巴格達待了十二天，天天跑不一樣的辦公室，蓋指印啦、拍照啦、打預防各種怪病的疫苗啦。那些程序看似永無止盡，然後在九月的某一天，我們接獲通知，是上路的時候了。

他們載我們去艾比爾，給我們一點錢買衣服。狄瑪兒和我哭著跟營區的每個人道別，特別是艾德姬。我想到好多年前，赫茲尼曾試圖偷渡到德國，認為如果他賺到錢——真正的錢，你可以在歐洲賺的那種錢——吉蘭的家人再無理由反對，一定會讓他們成婚。他被遣返了，而現在，我卻拿著政府出錢的機票。這是我做過最困難的事。

在前往德國之前，我們去了拉利什。數十位前薩巴亞湧上聖村的街頭，身穿哀悼的黑衣，邊哭邊禱告。狄瑪兒和我吻了阿迪教長的門框，把彩色的絲帶打結，每個結代表一個祈禱，祈禱活著的人平安歸來；祈禱死去的人，例如我們的母親，在來世幸福快樂；祈禱克邱能被解放；祈禱伊斯蘭國因對我們所做的惡行得到報應。我們把白泉清涼的泉水潑在臉上，向塔烏西．美雷克祈禱，比以往都要認真。

那天拉利什晴朗無雲，而我們在那裡的時候，巴巴僧人出來會見團體。那位聖者高高瘦瘦，有一把長鬍子及一雙親切好奇和能讓人們在他面前敞開心胸的眼睛。當他盤腿坐在阿迪教長陵墓的院子裡，他的白袍迎風飄揚，而從他木頭菸斗裡的綠菸草冒出的濃厚煙霧，瀰漫在這一大群前來問候他的女子上空。

我們跪在他面前，他吻了我們的頭，問我們問題。「你們發生了什麼事？」他想知道，而我們告訴他我們曾被伊斯蘭國俘虜，所幸逃了出來，現在準備要去德國。「那就好。」他的聲音輕柔又哀傷。他一定不忍見到這麼多亞茲迪人離開在伊拉克的家園。亞茲迪社群正在他的眼前逐漸萎縮，但他知道我們必須向前走。

他問了我們更多問題。你們從哪裡來？在伊斯蘭國那裡待了多久？難民營是什麼樣子？最後，當他的菸斗幾乎全空，太陽低垂，他轉頭看我們，簡單問一句：「你們失去了哪些人？」

然後他坐著，仔細聆聽每一個女子，包括先前害羞得不敢開口的女子，細數她們的家人和朋友，她們的孩子、爸媽和鄰居，已故的，失蹤的。她們的回答似乎持續了好幾個小時，說到空氣變涼，聖堂牆上的石頭在褪去的光線中變暗，亞茲迪的名字在無盡的疊句中列舉，延伸到天空，神聽得到的地方，而輪到我時，我說：賈洛、皮瑟、馬蘇德、凱里、艾里亞斯，我的哥哥。馬立克和哈尼，我的姪子。莫娜、吉蘭、史瑪荷，我的嫂嫂。凱薩琳和妮絲琳，我的姪女。哈吉，我同父異母的兄弟。好多好多被帶走而逃走的親人。我的父親，沒有活著拯救我們的父親。我的母親，夏美，不論她人在何方。

後記

二〇一五年十一月，伊斯蘭國入侵克邱一年三個月後，我離開德國前往瑞士，以少數民族為題對聯合國討論會發表演說。這是第一次我在一大群觀眾面前講我的故事。前一晚我跟負責規劃此次行程的社運人士妮絲琳幾乎熬了一整夜，思索該說什麼。我什麼都想談，逃離伊斯蘭國途中渴死的孩子、仍困在山區的家庭、成千上萬仍被俘的女人和小孩，以及我的哥哥在屠殺現場親眼目睹的一切。我只是數十萬受害的亞茲迪人之一。我的社群四分五裂，以難民身分住在伊拉克國內外，而克邱仍被伊斯蘭國占領。亞茲迪人許許多多的遭遇都需要讓世界聽到。

第一段旅程是搭火車通過幽暗的德國森林。朦朧的樹影掠過車窗。森林令我畏懼，那迥異於辛賈爾的山谷和原野，我很高興是搭車經過，不是在樹林裡流浪。但它真的很美，我開始喜歡我的新家了。德國人歡迎我們去德國；我多次聽聞有平民百姓列隊歡迎載來逃亡敘利亞人和伊拉克人的火車和飛機。在德國我們可望成為社會的一分子，不會只活在邊緣。亞茲迪人在其他國家會更難如此。有些難民到達顯然不歡迎他們的地方，不論他們曾受到什麼樣的戰慄。還有亞茲迪人仍困在伊拉克，苦等機會離開，那種等待是另一種煎熬。有些國家決定一概不收容難民，這令我們憤怒。不給無辜百姓安全地方居住是沒有道理的。那天，我想要對聯合國講上面這些事。

我想告訴他們，有好多事情非做不可。我們需要建立安全地帶收留伊拉克的宗教少數；要依種族滅絕和違反人權的罪行起訴伊斯蘭國；要解放辛賈爾全區；逃離伊斯蘭國的婦女和女孩需要協助來重返和重建社會，而她們遭受虐待的情事需要被列入伊斯蘭國的戰爭罪狀；亞茲迪教應該要在學校裡教，從伊拉克到美國的學校都要教，讓民眾了解保存古老宗教和保護其信眾的意義，不論那個社群有多小。亞茲迪人，和其他少數宗教及民族，曾讓伊拉克成為偉大的國家。

但他們只給我三分鐘，而妮絲琳勸我單純一點。「說你自己的故事。」她在我公寓喝茶時這麼說。那是個駭人的主意。我明白，若要我的故事產生影響力，我必須誠實且壓抑痛苦地說我的故事。我必須告訴聽眾有關哈吉．薩曼和他強暴我的次數、摩蘇爾檢查哨的驚魂夜，以及我目擊的虐待行徑。開誠布公是我這輩子做過最困難的決定，也是最重要的決定。

我渾身顫抖地唸講稿。盡可能保持平靜，我描述克邱如何被占領、像我這樣的女孩又如何淪為薩巴亞。我告訴他們我是怎麼被反覆強暴和毆打，以及最終如何逃離。我告訴他們我被殺害的哥哥。他們安靜地聽，會後，一個土耳其女子來找我。她在哭：「我哥哥阿里被殺了。」她告訴我：「我全家為此大受打擊。我不曉得怎麼有人承受得住一次失去六個哥哥。」

「確實很難。」我說：「但有些家庭失去的親人比我們還多。」

回到德國後，我告訴妮絲琳，如果他們需要我，我隨時可以去任何地方給予任何協助。當時我不知道我很快就會和亞茲迪社運人士合力運作亞茲達，展開新生。現在我明白，那些對我所犯的罪行，我生來就注定被它們包圍。

◆

起初，比起那些留在伊拉克經歷戰爭的人，我們在德國的新生感覺微不足道。狄瑪兒和兩個堂姊妹搬到一間兩個臥房的小公寓，用失去和拋下親人的照片做裝飾。晚上，我就睡在我媽和凱薩琳的大幅彩色照片底下。我們戴著拼出逝者姓名的項鍊，天天一起為他們哭泣，並向塔烏西・美雷克祈禱失蹤者平安歸來。我夜夜夢見克邱，而清晨醒來都想起，克邱，就我所知，已經不存在了。那種感覺好奇怪，好空洞。思念一個不復存在的地方，讓你覺得自己好像也消失了。我以社運人士的身分造訪過許多美麗的國度，但我最想居住的地方，還是伊拉克。

我們上德文課，並上醫院確定健康無虞。有些人試過他們提供的療程，但那痛苦得令人難忍。我們自己煮東西，做我們從小到大做的瑣事，打掃、烤麵包，這回是用狄瑪兒擺在客廳裡的小型可攜式金屬烤箱烤。但沒有真正消耗時間的工作，例如擠羊乳、農務，或伴隨緊密小村落或校園生活而來的社交，我們有太多空虛的時光。剛到德國時，我一直求赫茲尼讓我回去，但他要我給德國一個機會。他說我得待下來，最後一定可以在那裡生活，但我半信半疑。

不久，我遇到穆拉德・伊斯莫（Murad Ismael）。穆拉德和一群旅居世界各地的亞茲迪人，包括哈迪・皮爾（Hadi Pir）、阿哈默德・胡迪達（Ahmed Khudida）、阿必德・山迪恩（Abid Shamdeen）和海德・艾里亞斯，也就是和我哥賈洛電話聯繫到他死前最後一刻的那位前美軍翻譯，共同成立了亞茲達，一個為亞茲迪人奮戰不懈的團體。我剛認識他時，還不確定自己的新人生會是什麼情況。我想協助，想覺得有用處，但不知該怎麼做。但當穆拉德告訴我有關亞茲達和他們正在做的工作，特別是協助解救伊斯蘭國俘虜的婦女和女孩，並為其爭取公義，我的未來看得更清楚了。

這些亞茲迪人一聽說伊斯蘭國入侵辛賈爾，便放下正常生活協助我們回歸伊拉克。種族滅絕開始時，穆拉德本在休士頓研讀地球物理學，其他人則是教師或社工，也紛紛放下一切伸出援手。他告訴我，他在華府附近一間旅館的小房間度過無眠的兩週，夥同包括海德和哈迪在內的一群人，時時刻刻都在接聽伊拉克亞茲迪人打來的電話，試著協助他們轉往安全的地方。他們多半能夠成功，但有時力有未逮。他告訴我，他們曾試圖援救克邱，打電話給想得到在艾比爾和巴格達的每一個人脈。他們依照和美軍共事的經驗提供建議（美軍占領期間穆拉德和哈迪也是翻譯人員），並追蹤伊斯蘭國行經的每一條路和每一個村落。當功敗垂成，他們發誓會盡一切所能協助生還者，並且還我們公道。他們的身體乘載著悲傷，哈德常背痛，穆拉德的臉布滿疲憊的皺紋。儘管如此，我仍想跟他們一樣。跟穆拉德碰面後，我開始成為今天的我。雖然悲痛未曾中止，但我們在德國的生活感覺又有意義了。

在伊斯蘭國手中，我覺得自己軟弱無力。如果我在母親被拉走時擁有任何力量，一定會保護她。如果我能阻止恐怖分子賣我、強暴我，就不會讓他們得逞。每當回想我逃跑的過程，沒鎖的門、靜悄悄的院子，在到處都是伊斯蘭國支持者的鄰里，住著納賽爾一家人。想到事情可能多容易出錯，就不由自主發抖。我想，神助我脫逃是有理由的，我碰到亞茲達的社運人士是有理由的，我不會把我的自由視為理所當然。恐怖分子不認為亞茲迪女孩有本事離開他們，不認為我們有勇氣把他們對我們所做的一切一五一十告訴全世界。我們要辜負他們的期望，不讓他們的罪無人聞問。我每一次訴說自己的故事，就覺得從恐怖分子身上奪取一些力量。

自從第一次日內瓦之行，我已經對成千上萬人說過我的故事，政治和外交人物、電影製作人和新聞記者，以及無數對伊斯蘭國占領後的伊拉克感興趣的市井小民。我懇求遜尼派領導人更堅決地公開譴責伊斯蘭國；他們有雄厚的力量阻止暴行。我和亞茲達組織的所有男士和女士戮力合作，協助像我這樣必須帶著切身經歷度過每一天的倖存者，說服世界承認亞茲迪人的遭遇是種族滅絕，將伊斯蘭國繩之以法。

其他亞茲迪人也肩負同樣的使命，跟我做一樣的事：減輕我們的苦痛，幫助社群裡還活著的人繼續活下去。我們駭人聽聞的故事，已造成實質的影響。過去一、兩年，加拿大已決定收容更多亞茲迪難民；聯合國公開承認伊斯蘭國對亞茲迪人的暴行是種族滅絕；各國政府已開始討論是否要為伊拉克的宗教少數設置安全地帶；而最重要的是，有律師決定挺身幫助我們了。司法是現今亞茲迪唯一擁有的力量，而每一個亞茲迪人都是這場奮戰的一分子。

在伊拉克，艾德姬、赫茲尼、沙烏德和薩伊德則以他們自己的方式奮鬥。他們留在難民營裡，艾德姬不肯和其他女性一起去德國，每當我跟他們說話，都思念到不能自已。對難民營裡的亞茲迪人而言，每一天都是一場搏鬥，而他們仍盡一切所能協助整個社群。他們發動反伊斯蘭國的示威，並向庫德族和巴格達請願，請他們採取更多作為。每當發現某處的亂葬崗或有女孩因嘗試脫逃而死，都是營區裡的難民強忍悲痛安排葬禮。每一間貨櫃屋的住民都在祈禱摯愛回到他們身邊。

每一個亞茲迪難民都試著應付親身經歷造成的身心創傷，還努力讓我們的社群恢復如初。有些人幾年前還是農人、學生、商人或主婦，如今已成為決心傳播亞茲迪教的宗教學者，或在做為營區教室的小貨櫃屋裡執教的老師，或像我這樣的人權運動人士。我們只想要保存我們的文化和宗教，以及讓伊斯蘭國為罪行受司法制裁。我以我們齊心協力反擊到底的行動為傲。我一直以身為亞茲迪人為傲。

雖然我很幸運，在德國安全無虞，卻不由得羨慕起留在伊拉克的人。我的兄姊離家鄉更近，吃著我朝思暮想的伊拉克料理，住在他們認識的人而非陌生人隔壁。如果去鎮上，他們可以用庫德語跟店員和小貨車司機聊天。當敢死軍允許我們進入索拉夫，他們就能探訪母親的墓。我們成天通電話和傳訊息。赫茲尼告訴我他協助女孩脫逃的工作，艾德姬告訴我營區裡的生活。他們的故事大多苦澀悲傷，但有時我活潑爽朗的姊姊會讓我笑到從沙發摔下來。我深深思念伊拉克。

二〇一七年五月底，我接獲營區傳來的消息，克邱已經從伊斯蘭國手中解放。薩伊德加入了伊拉克武裝民兵「人民動員」(Hashd al-Shaabi) 的亞茲迪部隊，這場反攻正是由他們發動，我很高興他如願以償成為戰士。克邱並不安全，村裡仍有伊斯蘭國好戰分子做困獸之鬥，而離開的人也在逃命前四處布置土製炸彈，但我決意回去。赫茲尼答應了，我從德國飛到艾比爾，再轉往營區。

我不知道再見到克邱、我們一家人分開和我哥被殺的地方，會是什麼樣的感覺。我和一些家人同行，包括狄瑪兒和穆拉德（現在，他和其他亞茲達人士就像家人一樣），而當克邱夠安全可以前往，我們便一同繞一段漫長的路線避開戰區。村裡很空。學校的窗子破了，校內，我們見到一具屍體遺留的東西。我家已被洗劫過，連木材都被從屋頂剝下來，而留下的東西都付之一炬。那本新娘相片簿已燒成灰燼。我們肝腸寸斷，哭到跌倒。雖已破壞殆盡，我穿過前門的那一刻，仍知道那是我的家。有一瞬間，我竟然有伊斯蘭國入侵前的感覺，而當他們告訴我該離開了，我求他們讓我再待一個鐘頭。我對自己發誓，無論如何，在十二月來臨，當亞茲迪人為了更接近神和賦予我們生命的塔烏西．美雷克而齋戒之際，我一定要在克邱。

◆

在日內瓦發表首次演說將近一年後，也就是回克邱的大約一年前，我和數名亞茲達成員，包括阿必德、穆拉德、阿哈默德、海德、哈迪和馬赫爾．迦南共赴紐約，受聯合國任命為聯合國人口販賣倖存者尊嚴親善大使（Goodwill Ambassador for the Dignity of Survivors of Human Trafficking）。再一次，我要在一大群聽眾面前暢談我發生的事。每說一次，就等於重新經歷一次。每當我訴說那些男人強暴我的檢查哨，裹著毯子被哈吉．薩曼鞭笞的感覺，或我在那個社區求援時摩蘇爾漸暗的天色，我都彷彿回到伴隨著那些戰慄的時刻。其他亞茲迪人也被拉回這些記憶。有時當我訴說那些故事時，連聽過無數次的亞茲達成員也會哭泣；這也是他們的故事。

不過，我已經習慣發表演說，觀眾再多也嚇不倒我。我的故事，句句真實。這些說得不帶情緒的故事，是我反擊恐怖主義的最佳利器，而我打算用到那些恐怖分子受司法審判為止。這還需要很多努力。世界領袖，特別是穆斯林的宗教領導人，必須挺身而出，保護被壓迫的人。

我發表了我的簡短演說。說完我的故事，我繼續發聲。我告訴他們，父母生我育我，不是要我發表演說的。我告訴他們，每一個亞茲迪人都希望伊斯蘭國因種族滅絕被起訴，而他們有力量協助保護世界各地脆弱的人們。我告訴他們，我想要親眼看到那些強暴我的人接受法律制裁。而最重要的是，我說，我希望我是世上最後一個，有這種故事的人。

倖存的女孩：我被俘虜、以及逃離伊斯蘭國的日子 / 娜迪雅．穆拉德 (Nadia Murad) 著；洪世民譯．-- 初版．-- 臺北市：時報文化，2018.04
面；　公分．-- (People 417)
譯自：The last girl : my story of captivity, and my fight against the Islamic State
ISBN 978-957-13-7365-2(平裝)

1. 穆拉德 (Murad, Nadia) 2. 傳記

783.558　　107003894

ISBN 978-957-13-7365-2
Printed in Taiwan

PEOPLE 417

倖存的女孩：我被俘虜、以及逃離伊斯蘭國的日子

The Last Girl: My Story of Captivity, and My Fight Against the Islamic State

作者　娜迪雅．穆拉德 Nadia Murad｜**譯者**　洪世民｜**主編**　陳怡慈｜**特約編輯**　陳敬淳｜**責任企畫**　林進韋｜**美術設計**　Jupee Cheng｜**內文排版**　薛美惠｜**發行人**　趙政岷｜**出版者**　時報文化出版企業股份有限公司　10803 臺北市和平西路三段 240 號 4 樓 發行專線──(02)2306-6842 讀者服務專線──0800-231-705．(02)2304-7103 讀者服務傳真──(02)2304-6858　郵撥──19344724 時報文化出版公司　信箱──台北郵政 79-99 信箱　時報悅讀網──www.readingtimes.com.tw｜**電子郵件信箱**──ctliving@readingtimes.com.tw｜**人文科學線臉書**──http://www.facebook.com/jinbunkagaku｜**法律顧問**　理律法律事務所　陳長文律師、李念祖律師｜**印刷**　盈昌印刷有限公司｜**初版一刷**　2018 年 4 月｜**初版五刷**　2018 年 10 月 11 日｜**定價**　新台幣 360 元｜版權所有　翻印必究（缺頁或破損的書，請寄回更換）

時報文化出版公司成立於一九七五年，並於一九九九年股票上櫃公開發行，於二〇〇八年脫離中時集團非屬旺中，以「尊重智慧與創意的文化事業」為信念。